事故・災害事例とその対策

―― 再発防止のための処方箋 ――

特定非営利活動法人 安全工学会 編

養 賢 堂

執筆者一覧 （五十音順）

朝田 洋雄　（独）宇宙航空研究開発機構 宇宙基幹システム本部
伊藤 和也　（独）産業安全研究所 建設安全研究グループ
大谷 英雄　横浜国立大学大学院 工学研究院
橘内 良雄　（社）日本クレーン協会
古積　博　（独）消防研究所 基盤研究部
斎藤　直　（独）消防研究所 フェロー
坂　清次　（株）三菱総合研究所 安全政策研究本部
佐藤 国仁　（有）佐藤R＆D
佐藤 吉信　東京海洋大学 海洋工学部
菅　健彦　日経BP社 日経不動産マーケット情報編集部
関沢　愛　東京大学大学院 工学系研究科
高野 研一　（財）電力中央研究所 社会経済研究所 ヒューマンファクター研究センター
豊澤 康男　（独）産業安全研究所 建設安全研究グループ
野邊　潤　（株）三菱総合研究所 安全政策研究本部
平戸 誠一郎　（株）千代田化工建設 機械エンジニアリングセンター
福田 隆文　横浜国立大学大学院 工学研究院
本位田 正平　安全技術コンサルタント
松井 英憲　（社）産業安全技術協会
三宅 淳巳　横浜国立大学大学院 工学研究院
若倉 正英　神奈川産業技術総合研究所 資源・生活技術部

安全工学会 災害事例解析と防止対策検討委員会名簿

委員長　関根 和喜　横浜国立大学大学院 安心・安全の科学研究教育センター
幹　事　野邊　潤　（株）三菱総合研究所 安全政策研究本部
　〃　　福田 隆文　横浜国立大学大学院 工学研究院
委　員　大谷 英雄　横浜国立大学大学院 工学研究院
　　　　勝山 邦久　愛媛大学 農学部
　　　　古積　博　（独）消防研究所 基盤研究部
　　　　坂　清次　（株）三菱総合研究所 安全政策研究本部
　　　　佐藤 吉信　東京海洋大学 海洋工学部
　　　　首藤 由紀　（株）社会安全研究所 ヒューマンファクター研究部
　　　　高野 研一　（財）電力中央研究所 社会経済研究所 ヒューマンファクター研究センター
　　　　花安 繁郎　（独）産業安全研究所 化学安全研究グループ
　　　　本位田 正平　安全技術コンサルタント
　　　　前田　豊　（独）産業安全研究所 研究企画調整部
　　　　三宅 淳巳　横浜国立大学大学院 工学研究院
　　　　若倉 正英　神奈川県産業技術総合研究所 資源・生活技術部
　　　　和田 有司　（独）産業技術総合研究所 爆発安全研究センター
事務局　安全工学会

まえがき

　21世紀に入って数年，わが国においても，社会全体にインパクトを与えるような災害事故が頻発し続けている．ごく最近今年の4月にも，JR西日本福知山線脱線事故のように，一度に多くの尊い人命が失われるという悲惨な事故が起っている．JR西日本福知山線の事故もそうであるが，最近の災害事故は，単なる技術的欠陥や失敗ということでなく，高度に発達した科学技術と人や組織・文化を含めたいわゆる"複雑化した社会システム"とのはざま（インターフェイス）での"知の失敗"というべき「構造的災害事故（構造災）」の様相を色濃く持っている．われわれの社会の安全や安心を脅かす元凶としての"構造災"は，どのようなことに起因し，何故繰り返され，回避・低減できないのか？まさに，新しい意味での安全工学（安全科学といってもよい）の真価が問われる時代になっていると思う．ここでいう"新しい意味"とは，災害事象（自然災害も含む）を科学技術と人間社会との相互作用に起因する現象という視点で捉える立場と考えたい．

　安全工学または安全科学の発展には，われわれが過去に経験した災害事例の解析とそれらからもたらされる種々の教訓が必要不可欠であったことはいうまでもない．それゆえ，現在までに災害事例の収集や解析ならびにそれらのデータベース化など，多様なことがなされ，その成果としての出版物も多くある．しかしながら，過去から現在まで多くの災害事故事例研究がなされているにもかかわらず，「われわれが事故から学ぶことは，われわれは過去の事故例から何も学んでいないことである」という認識もあることも事実であろう．何故か？やはり，失敗・事故例からどのようなことを，どのようにして学ぶのかという方法論の確立がまだ十分でないことに起因しているといえる．事故の防止や回避に結びつけるアプローチ方法の考え方が必要に思う．本書のサブタイトルに「再発防止のための処方箋」を掲げたのは，少しでもこの難題に切り込む道筋をつけることができたらとの思いからである．

　現在の「特定非営利活動法人 安全工学会」の前身である安全工学協会では，前述の状況を鑑み，事故防止対策を目指す新しい視点に立った災害事例分析と分析結果から災害の回避・低減に役立つシステム的教訓が導出できるような事例解析集の刊行を目的とした「災害事例解析と防止対策検討委員会」を設置することを決め，平成13年3月からおよそ3年間を目標に具体的な検討作業に入った．その成果をまとめたのが本書である．

　委員会での作業は，社会的要因を重視するという観点から，事故防止策と安全施策立案に資する事例研究に絞るため，まず分析対象となるべき具体的事故事例の選択を行った．そこでは，主としてわが国で（一部は海外のものを含む）おおよそ過去30年間に発生した災害事故の候補事例を挙げ，それらがいかなる着眼点から，いかなる切り口で解析でき，どのような内容としてまとめられるかを個々の候補事例につき要因マトリックス表や事故シーケンスのフローシートなどを作成して委員全員で議論・検討した．その結果，本書編纂の趣旨に合致し，かつ重要で興味のある事故として35件の事故事例を選んだ．これらのなかには，技術的システムそのものを対象としたものでなく，社会的事件なども含まれており，このことは事例解析に対するわれわれの基本的姿勢を示すもので，本書の特徴の一つとして考えていただきたい．

　検討のベース資料となった要因マトリックス表は本書の冒頭に収録されており，読者の皆様

が本書を利用する際に，事例集全体を概観するのに都合がよいという意味ばかりでなく，要因マトリックス表が，われわれがどのような視点でこの事例解析集をまとめたかということを御理解する一助になればと思っている．

　本書では，通常の事故事例集にあるような各事故の原因，そのシーケンス，技術的要因，結果などの現象論的記述は最小限にとどめ，災害事故の社会的要因，システム的な欠陥など教訓や防止策につながるような視点や分析切り口を重要視するという立場から解析・記述されている．その意味で，まさに事故防止の"処方箋"として本書をご利用していただければ幸いと考えている．

　本書の企画と編纂作業は，平成12年度末から開始され，当初3年後には成果物として成書を出版する予定であった．しかしながら，実際には予定より1年半程度出版が遅れてしまう結果となってしまった．これは，事例の選択と解析着眼点の検討・整理などに時間がとられたという点と，各執筆者に対し，解析と原稿作成作業に十分時間をかけていただくことをお願いしたことにある．したがって，その分内容がより吟味・推敲され，われわれが目的とした新しい観点からの事例解析集になっていることを読み取っていただければ幸いである．

　最後に，本書の企画から出版までの作業を精力的に行っていただいた検討委員会の委員各位，中でも中核的なお仕事をしていただいた福田隆文氏と野邊潤氏の両幹事，さらにご多忙中にもかかわらず原稿をお書きいただいた執筆者の皆様，ならびに編集等でお世話になった養賢堂編集部の方々に心よりお礼申し上げたい．

平成17年8月31日
安全工学会・災害事例解析と防止対策検討委員会
委員長　関根和喜

目　次

第1部　火災・爆発事故

エチレンプラント水添塔爆発事故 …………………………………… 1
西武・高槻ショッピングセンター火災 ………………………………… 4
ポリプロピレンプラント爆発事故 ……………………………………… 8
英国フリックスボロー爆発事故 ………………………………………… 11
大清水トンネルでの建設工事中の火災 ………………………………… 16
テフロン焼成炉爆発事故 ………………………………………………… 22
長崎屋・尼崎店火災 ……………………………………………………… 27
液化窒素貯槽爆発事故 …………………………………………………… 33
富士石油・袖ヶ浦製油所爆発事故 ……………………………………… 38
ごみ処理施設での製本ごみの粉塵爆発事故 …………………………… 42
圧縮空気貯槽破損事故 …………………………………………………… 48
廃プラスチック油化施設での漏洩・火災 ……………………………… 53
首都高での過酸化水素運搬タンクローリ爆発事故 …………………… 57
ヒドロキシルアミン製造工場の爆発事故 ……………………………… 61
韓国でのMEKPOの爆発・火災 ………………………………………… 67
住友化学工業・千葉工場火災 …………………………………………… 72
セルフガソリンスタンドでの静電気着火火災 ………………………… 75

第2部　破損・破壊および交通機関の事故

日本航空ジャンボ機「B747」墜落事故 ……………………………… 81
天井クレーンのガーダの折損による落下事故 ………………………… 88
余部鉄橋車両転落事故 …………………………………………………… 93
信楽高原鉄道車両衝突事故 ……………………………………………… 100
中華航空機名古屋空港着陸失敗事故 …………………………………… 104
高速増殖原型炉「もんじゅ」ナトリウム漏洩事故 …………………… 108
オイルタンカー「ナホトカ号」油流出事故 …………………………… 114
純国産ロケット「H-II8号機」爆発事故 ……………………………… 119
地下鉄日比谷線脱線衝突事故 …………………………………………… 126
日本航空機ニアミス事故 ………………………………………………… 132

第3部　その他の社会的事件・事故

森永ヒ素ミルク中毒事件 ………………………………………………… 139
6価クロム不法投棄事件 ………………………………………………… 142
健康センター新築工事土砂崩壊事故 …………………………………… 146
国分川分水路改修工事現場トンネル水没事故 ………………………… 152
横浜市立大学附属病院患者取違え事故 ………………………………… 158
東海村核燃料加工工場臨界事故（JCO事故） ………………………… 163
雪印乳業・食品中毒事件 ………………………………………………… 168
ジャケット型マッサージ器による窒息事故 …………………………… 172

事故・災害要因マトリックス …………………………………… 前付（4）
事故・災害年表 …………………………………………………………… 174
索　　引 …………………………………………………………………… 175

事故・災害要因マトリックス

<事故・災害>	未経験	知識の活用の失敗	想定外・不・不認識	技術伝承の不足	情報伝達の失敗	安全知識の欠如	リスクマネジメントの不適切	組織的な事故	対応の失敗・成功 ソフト	対応の失敗・成功 ハード	ヒューマンファクター ミス	ヒューマンファクター 無視	マニュアルの不備	非定常作業	法制度の不備	教育の欠如	生産性の追求	情報開示の不足	安全と社会影響
森永ヒ素ミルク中毒事件							○												○
エチレンプラント水素塔爆発事故			○																
西武・高槻ショッピングセンター火災											○			○					
ポリプロピレンプラント爆発事故										○			○	○					
英国フリックスボロー爆発事故							○								○				
6価クロム不法投棄事件								○											○
大清水トンネルでの建設工事中の火災	○		○																
テフロン焼成炉爆発事故			○				○	○		○			○	○					
日本航空ジャンボ機「B747」墜落事故				○					○	○									
天井クレーンのガーダの折損による落下事故			○					○	○	○									
余部鉄橋車両転落事故					○				○	○	○								
健康センター新築工事土砂崩壊事故						○	○										○		
長崎屋火災					○							○			○	○			
信楽高原鉄道車両衝突事故					○							○					○	○	
国分川分水路改修工事現場トンネル水没事故																○			○
液化窒素貯槽爆発事故			○			○					○			○	○	○			

事故名	1	2	3	4	5	6	7	8	9	10	11	12	13	14
富士石油・袖ヶ浦製油所爆発事故	○													
中華航空機名古屋空港着陸失敗事故	○	○							○					
ごみ処理施設での製木ごみの粉塵爆発事故		○	○					○						
圧縮空気貯槽破損事故		○	○											
高速増殖原型炉「もんじゅ」ナトリウム漏洩事故			○		○					○				
オイルタンカー「ナホトカ号」油流出事故		○		○		○								
廃プラスチック油化施設での漏洩・火災		○					○	○		○				
横浜市立大学附属病院患者取違え事故		○	○			○		○				○		
東海村核燃料加工工場臨界事故（JCO事故）		○	○	○		○		○		○		○		
首都高での過酸化水素運搬タンクローリ爆発事故	○		○	○		○	○							
純国産ロケットH-Ⅱ8号機 爆発事故	○													
地下鉄日比谷線脱線衝突事故		○			○									
ヒドロキシルアミン製造工場の爆発事故		○			○		○			○				
雪印乳業・食品中毒事件				○					○					
韓国でのMEKPOの爆発		○	○											
住友化学工業・千葉工場火災				○										
ジャケット型マッサージ器による窒息事故		○				○				○	○			
日本航空機ニアミス事故							○					○		
セルフガソリンスタンドでの静電気着電気着火火災	○								○				○	○

第1部
火災・爆発事故

エチレンプラント水素塔爆発事故 …………………………………………… 1
西武・高槻ショッピングセンター火災 ………………………………………… 4
ポリプロピレンプラント爆発事故 ……………………………………………… 8
英国フリックスボロー爆発事故 ………………………………………………… 11
大清水トンネルでの建設工事中の火災 ………………………………………… 16
テフロン焼成炉爆発事故 ………………………………………………………… 22
長崎屋・尼崎店火災 ……………………………………………………………… 27
液化窒素貯槽爆発事故 …………………………………………………………… 33
富士石油・袖ヶ浦製油所爆発事故 ……………………………………………… 38
ごみ処理施設での製本ごみの粉塵爆発事故 …………………………………… 42
圧縮空気貯槽破損事故 …………………………………………………………… 48
廃プラスチック油化施設での漏洩・火災 ……………………………………… 53
首都高での過酸化水素運搬タンクローリ爆発事故 …………………………… 57
ヒドロキシルアミン製造工場の爆発事故 ……………………………………… 61
韓国でのMEKPOの爆発・火災 ………………………………………………… 67
住友化学工業・千葉工場火災 …………………………………………………… 72
セルフガソリンスタンドでの静電気着火火災 ………………………………… 75

第 1 部

エチレンプラント水素塔爆発事故

1. 事故の概要

1973年(昭和48年)7月7日,午後10時15分頃,出光石油化学(株)徳山工場第2エチレン製造装置の水添塔の配管が破壊し,エチレンガスが大量に漏洩し着火したため,爆発大火災となり,装置の約10%が損壊,作業中の作業員1名が死亡した(図1[1]).

エチレン分解炉チューブの定期的なデコーキング(チューブ内の炭化物除去)作業のため,装

図1 爆発したエチレン製造装置[1]

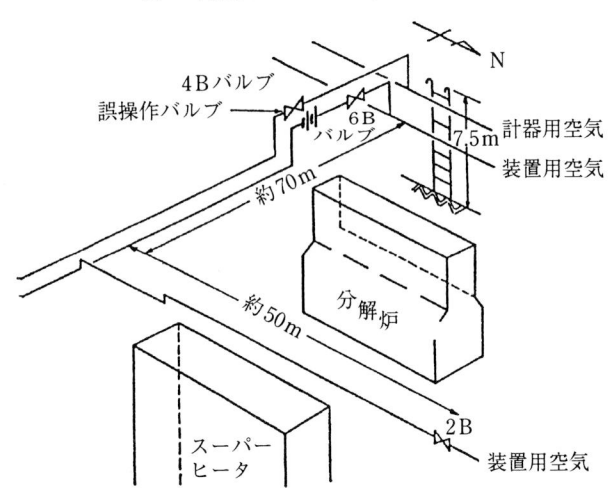

図2 空気系統図[2]

置用の作業用空気配管（図2[2)]）の元弁を閉じようとして，誤って計装用空気配管の元弁を閉止した．そのため，装置の停止作業に入ったが，作業員が誤操作に気がついて計装用空気元弁を再び開としたが，アセチレン水添塔の水素供給の元弁が開のままであったため，過剰の水素が導入され，エチレンが分解し暴走反応が起き，温度上昇して水添塔の配管破壊に至ったものである．

2．事故の経過

【第1段階】
(1) 1972年（昭和47年）7月7日，午後6時50分頃，第2エチレン製造装置の計器室の計器類が一斉にハンチングを始め，警報ブザーが鳴った．
(2) 原因がつかめなかったが，直ちに装置の緊急停止操作を行った．
(3) 同6時58分頃，計器類が正常に戻ったので，原因を調査する一方で運転再開準備に入った．

【第2段階】
(4) 数分後に第2アセチレン水添塔のエチレン流量が低下し，比例制御されていた水素ガス流量も低下したので，オートからマニュアルに切り替え，エチレンのCV（コントロール弁）を閉止した．
(5) 午後8時8分頃，水素のCVをマニュアルで閉止した．

【第3段階】
(6) 午後9時23分頃，3基ある水添塔のうちのB号反応器の触媒層温度が100℃を超えていたので，温度低下のため隣接の第1エチレン製造装置からエチレンを受け入れ，反応器に導入した．
(7) その直後に触媒層温度が急激に上昇し始めたので，同9時38分頃，水素の導入を停止し，元弁を閉止した．
(8) 触媒層温度は記録計の200℃を振り切れており，コンピュータで970℃が確認され，その後まもなく750℃にて低下した（時刻は不明）．

【第4段階】
(9) 反応器の温度低下を狙って流入エチレンの温度低下のため，加熱用熱交換器をバイパスしたり，流量増加のため，反応器出口ガスを低圧の燃料ラインに切り替えたりした．
(10) 午後10時過ぎ，B号反応器下部出口の配管が赤熱し，電動バルブのフランジからガスが着火した．
(11) 同10時15分頃，出口配管のエルボが破壊し，大量にガスが漏洩し着火，爆発大火災となった．
(12) 消火作業に当たっていた作業員2名のうち1名が死亡した．

【第5段階】
(13) 第2アセチレン水添塔の火災は，脱エタン塔，メタンガスストリッパ，エチレン塔および付属する熱交換器類に延焼した．
(14) 一時は直径約60mのファイヤボール（大きな球状の火炎）を生じた．

【第6段階】
(15) 火災発生後，自衛消防隊，公設消防隊，コンビナート消防隊が駆けつけたが，誘爆の危険のため活動は困難であった．
(16) 8日午前0時頃から放水が開始され，同0時30分頃，火勢はやや衰えたが，依然として燃え続けた．
(17) 同6時20分頃，燃え続ける塔類の爆発防止のため，窒素によるパージを行った．
(18) 脱エタン塔の冷却用プロピレンが燃え続き，完全鎮火は3.5日後の11日，午前9時40分頃となった．

3．事故の背景

(1) 分解炉のデコーキングは定期的に行われるが，デコーキングのための空気源確保のため，パイプラックに上がり，6Bの装置用空気元弁を開き，離れた位置にある2B弁を閉止する作業が必要であった．作業者は，開くべき6B元弁と隣接している4B計装用空気配管元弁を取り違え，しかも閉止してしまった．
(2) 作業員は，装置の緊急停止により放散されたフレヤスタック（廃ガス燃焼塔）の黒煙で誤操作に気がつき，閉じた計装用空気元弁開いたため正常に復帰した．
(3) 計器室では全計器が異常になったが，状況がわからず緊急停止を行った．計装空気圧力の正常復帰により，正常操業への準備のため整定作業に入った．
(4) 水添塔へのエチレンおよび水素の供給停止はCVのマニュアルによるもので，元弁を閉止しなかったため，水素が約1時間後の午後8時8分まで漏れ込むことになった．
(5) 水添器は，約1％のアセチレンを水素と等モル反応でエチレンに転換するものであるが，過剰な水素がエチレンと反応し，発熱反応のため温度が上昇し高温となった．
(6) その後の冷却のためのエチレン導入が，結果として触媒との接触分解によりさらに高温となり，エルボの破壊につながった．

4．学ぶべき教訓

(1) 作業は，指示によりマニュアルに従って行われるが，復唱・復命や他の作業員との情報共有が重要である．装置用空気元弁の作業を知っていれば，計装用空気元弁との間違や計装空気圧力低下に誰かが気がついたのではないか．
(2) 管理者と現場責任者，現場作業員間のコミュニケーションと判断が重要である．
(3) 緊急停止操作と再スタート操作の峻別と，そのための体制整備が必要であった．

参考文献

1) よみうり写真館, YOMIURI Photo Data Base, 読売新聞社.
2) 通商産業省 出光石油化学（株）徳山工場事故調査委員会：高圧ガス, 出光石油化学（株）徳山工場 第2エチレン製造装置事故調査報告書, 高圧ガス, Vol. 11, No. 2, p. 485 (1974).
3) アセチレン水添塔事故の教訓から学ぶ, KHK 第2回事故の教訓と保安対策, 平成15年3月.

（坂　清次）

西武・高槻ショッピングセンター火災

1. はじめに

1.1 事故の概要

　関東系の西武が関西進出の拠点作りに人口急増中の大阪府高槻市の国鉄駅前に百貨店・ショッピングセンターを建設，1973年（昭和48年）9月29日の開店を目指して諸準備を急いでいたときの9月25日の午前6時頃，地下1階から出火した．

　完成直前で商品が90％がた納入されていたこと，スプリンクラ増設工事のため，送水バルブが閉じられていたことなどから，火事は燃え広がり，消火に20有余時間掛かって26日の午前2時に至りやっと鎮火した．建物は伸べ6万 m^2 の6階建てであったが，60％ほどが焼失した．長時間の罹災であったため，鉄骨に石綿被覆した梁などもひどく曲がり，コンクリート床が爆裂して穴が開き，極めてひどい損傷であった．

　耐火被覆で屋内の温度上昇が早く，外壁開口部の少ない建物で，商品などの可燃性物資が累積していたことも原因の一つであった．損害総額は，当時の金額で55億円超といわれ，火災史上最大級の罹災の一つである．

1.2 罹災建物の概要

　罹災建物の概要は以下のとおりである．
- 住所：大阪府高槻市白梅町130-5番地
- 名称：西武・高槻ショッピングセンター
- 建物の構造・規模：

　　鉄骨鉄筋コンクリート造，地下1階，地上6階，塔屋あり
　　敷地面積 15 139 m^2，建築面積 10 447 m^2，延面積 59 142 m^2

　　　　R1 ……　　　189 m^2　（47 m^2）　　（　）内は焼損面積，合計 32 640 m^2
　　　　6F ……　　3 797 m^2　（108 m^2）
　　　　5F ……　　6 511 m^2　（3 797 m^2）
　　　　4F ……　　9 774 m^2　（9 774 m^2）
　　　　3F ……　　9 601 m^2　（7 425 m^2）
　　　　2F ……　　9 722 m^2　（6 244 m^2）
　　　　1F ……　10 046 m^2　（382 m^2）
　　　　B1 ……　　9 502 m^2　（4 863 m^2）

　この建物の防火区画 1 500 m^2 はスプリンクラ装置によって 3 000 m^2 に緩和されているところから，各階が 3 000 m^2 の3区画からできていた．地階だけは鉄骨鉄筋コンクリート造で，1階から上層階は柱が鉄製円筒で，梁はH型鋼，またこれらに耐火被覆した構造で，床は鉄筋コンクリートであった．

　地下1階から4階までが売り場で，銀行などが局部を占めており，5階，6階は主に駐車場

と事務室で，東外側の南から北に向けてスロープを設け，駐車場に出入りできるようになっていた．

1.3 火災の概要
(1) 出火日時：1973年（昭和48年）9月25日，午前6時0分頃
　　覚知日時：同日，午前6時27分（119番された）
　　鎮圧日時：同日，午後9時0分
　　鎮火日時：26日，午前2時0分
(2) 死者：男6名，負傷者14名（うち消防団員11名）
(3) 消防自動車出動関係〔（ ）は近隣応援〕：
　　　　高槻市消防本部：梯子車1台（2台），スノーケル車1台（1台），水槽ポンプ車：6台（1台），普通ポンプ車4台（6台），救急車4台，救助工作車1台（1台），指令車1台（3台），その他8台（10台）
　　　　高槻市消防団：普通ポンプ車1台，小型動力車（17台）
(4) 出動人員：消防本部143人（154人），消防団（340人）
(5) 気象：風速0m/s，気温19℃，湿度83％，晴れ
(6) 原因：ガードマンによる放火

2. 出火と火災拡大

2.1 出火時の状況
　出火当時，建築工事はほぼ完成し，電気工事関係や内装工事，一部の手直し工事などを残して突貫工事に入っていた．商品も90％がた搬入されていた．現場にいた工事関係者は83名といわれているが，その多くが徹夜作業続きのため疲れて仮眠中であった．出火場所は地下1階の北西隅あたりで，この地階にはガードマン4名と作業員など11名の合計15名がいた．
　最初に誰が火事を発見したかは不明であるが，中央監視室で仮眠していた監視人（I）は監視盤のベルとブザーで起き，通路の煙と電気的異常で火事と直感した．通路の向かい側の宿直室では8名が仮眠していたが，そのうちの1人（M）に火事を知らせて自室に戻った．濡れ雑巾を口に当て通路を壁伝いに南に進みP階段に向かったが，階段室がわからず，向かいの冷凍室付近でうずくまっていたところを宿直室で仮眠していたものに手を引かれP階段から避難した．ほかに，電気室と中央売場で仮眠していた者たちは煙や息苦しさで目を覚まし，火事であることを知った．このような状況から，建物はかなり早い燃え方をしており，黒煙の押し寄せで避難するのが精一杯の状態であったことがうかがえる．

2.2 消防活動
　消防署には付近の住民が通報した．火災建物の西側にある北出張所のタンク分隊は，北側の地階に入る階段から進入したが，火煙が激しく空気呼吸器を装着しても，猛烈な熱気のため内部に進入することは不可能な状態になっていた．やむを得ず入口付近から注水に当たった．さらに，活動最前線を屋外階段より延長し，1階エスカレータ付近に注水した．
　消防署本署は現場から1.5kmのところにあり，火事の知覚と同時に第1出場の梯子車，タンク車，ポンプ車が出場した．梯子車が現場に到着したとき，まず西北端の4階ベランダに人影を認め梯子を伸ばしたところ，被災者3名が自力によって降りた．続いて西南端の4階で救

助を求める者がいたが，位置的条件がよくないため，椅子の先端が窓に接近できなかった．しかし，自動停止装置を切って窓から約30 cmの間隔まで近づくことができ，全員自分で梯子に飛び移って降りた．さらに，東南端付近の5階スロープで見え隠れする4名を発見し，転進して梯子により救出した．このように，1台の梯子車で4カ所，9名を救助し得たことは，建物の周辺状況が障害物なく活動しやすかったためである．

2.3 燃焼拡大

地階にいた2，3名の脱出状況から見ると，宿直室で仮眠していて中央監視室にいた監視人（I）から「火事」と叫んで起こされた（M）は，目を覚ましS階段から非難しようとし，そちらに向かったが，濃煙のため誤って便所に入ってしまい，再び通路に出て宿直室の前のP階段から1階に避難した．

先着隊が到着したときは，近い北側のエスカレータ付近が激しく燃焼中であった．すなわち，西北隅付近に搬入されていた商品の入ったダンボール箱を並べたものが次々に燃え上がり，火勢が強くなって地階内を燃え広がっていた．北側中央のエスカレータの側のシャッタは閉鎖していなかったため，この部分の開口部を通しドラフト現象を生じ，一層激しさを加えたものと思われる．

このエスカレータは1階で閉鎖してあったが，一部開かれていたため，1階にも燃え広がることになったが，この付近には可燃物がなかったので，かえってこの開口部が火炎の吸込み作用をした．上階部分はシャッタが閉止されていなかったので，延焼を促進することになった模様である．そのことは，1階のエスカレータの周りは余り損傷していないが，その周りの部分のスプリンクラヘッドが開口していることからわかる．

火元近くの階段は，1階ではシャッタが閉止してあったので，この階段からの1階への延焼はなかった．中央ブロックにおける西側の階段では，これより中央部にある一部吹抜け天井に向かった部分のスプリンクラヘッドが開口しているところから，この階段は延焼経路となったようである．さらに，このブロックの南寄りにあるエスカレータの周りもスプリンクラヘッドが開口していた．

火事は，北側のエスカレータを真先に通り4階まで燃え抜けていった．地階の炎は，燃え広がるに従い，他の階段やエスカレータの開口部を燃え上げることになり，各階被害が拡大することになった．26日午後の半ば過ぎには地下1階，地上1，2階はほとんど鎮圧したが，内部の熱気はまだすさまじかった．3，4階では窓から吹き出す噴煙は止まらず，しかも広い面積が高熱のため，注水作業も思うようにはかどらない．構造体の被害も3，4階の上階の被害が最も激しかった．

2.4 避難の問題

避難できなくて死者が6名，負傷者が14名発生した．負傷者のうち11名が消防団員であり，長時間続いた消火活動の困難さがうかがい知れる．

死者6名のうち4名は出火場所の地階で，あとの2名は4階で亡くなっている．怪我人はすべての階で出た．出火階の地階で4名亡くなっていること，上部階すべてで怪我人が出たうえ，4階で2名亡くなっていることから，猛煙とその広がりが極めて激しかったことをうかがわせる．

3. おわりに

　このような大規模な建物の火災が発生し，鎮火までに20時間を要したことは様々な問題が生じることを明確にした．
　(1) 防御の交代要員の不足
　(2) 消防車両に対する燃料補給の必要性
　(3) 空気呼吸器ボンベの重点
など，人口が多くない地方の都市で周辺からの集中を前提とした大規模建物についての問題を考えさせられる例であった．

（本位田正平）

ポリプロピレンプラント爆発事故

1. 事故の概要

1973年（昭和48年）10月8日，午後10時7分頃，チッソ石油化学（株）五井工場の第2ポリプロピレン製造装置で爆発火災事故が発生した（図1[1]）．この事故で4名が死亡，重軽傷9名，付近住民と消火協力者各1名が負傷した．プラントの損害額は約25億円で，隣接事業所や地域でガラスの破損等被害が生じた．

事故直前の午後10時1分に，変電所のトランスの相間短絡により停電した．このための緊急停止作業時，第2ポリプロピレンプラントでチェックおよびバルブ操作中の現場作業員が，運転中の4号重合器のつもりで洗浄中の6号器のバルブを開いてしまった．そのため，約40tonの溶媒ノルマルヘキサンとプロピレンからなるスラリ（懸濁流動体）が流出し，蒸気雲を形成し，着火，爆発に至った．第2プラントには，4号器から7号器まで4基の重合器があり，4号重合器は，当日，午後9時55分に閉塞のため高圧ヘキサン洗浄中であり，6号器は10月5日から定例洗浄のため系列から切り離されており，一部配管が取り外されていた（図2[2]）．停電が頻発していた（この年は5回）状況で，直前の停電により暗がりでの現場作業であり，計器室のコックが開のままで，ローカルパネルのコックを間違って開としたためスラリが流出した（図3[2]）．

図1 爆発したポリプロピレンプラント[1]

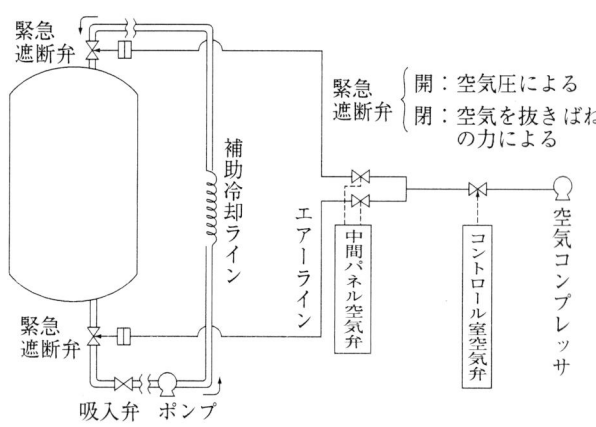

図2 重合器補助冷却配管，遮断弁の作動機構[2]

2. 事件の経過

(1) 1973年(昭和48年)10月8日，午後10時1分に変電所のトランスの相間短絡により，五井工場が部分的に停電した．
(2) そのため，第2ポリプロピレン製造装置では，全停電に対する指示により緊急停止作業に入った．
(3) パネルマンは，重合器などの非常パージ操作を行った．
(4) 現場作業員は，現場弁のチェックと4号，5号，7号器のメカニカルシールラインの閉止を行った．

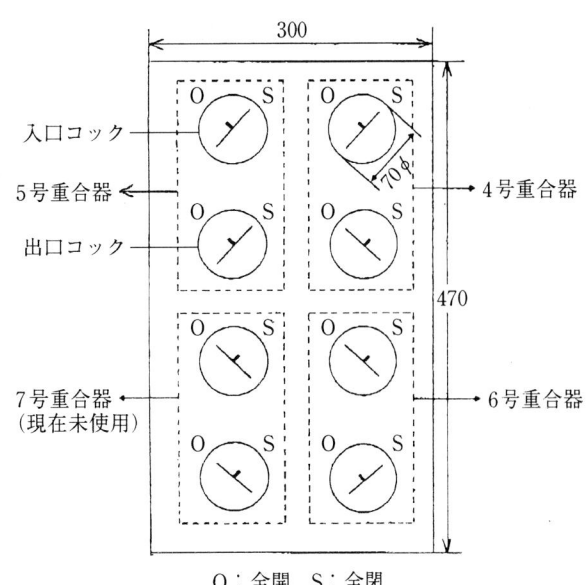

図3 事故当時の現場中間パネル表示[2)]

(5) 午後10時5分頃，作業員がヘキサン臭を感じてコントロール室へ報告し，作業長の指示により10号器の周りの散水を開始した．
(6) 午後10時7分頃，50m以上離れたペレット工場付近からコンプレッサ室付近にかけて爆発が起きた．
(7) 翌10月9日，午前3時50分頃鎮火した．

3. 事故の原因

【直接原因】
(1) 6号重合器は，10月5日に閉塞した補助冷却器を切り離して運転しており，補助冷却器を洗浄作業中であった．このとき下部の配管(短管)を取り外していたが，閉止板は取り付けていなかった．
(2) 事故の直前の10月8日，午後9時55分頃に4号重合器の補助冷却器ラインが不調となった．このため，補助冷却ラインのポンプ吸入側から高圧ヘキサンを注入し洗浄作業に入った．
(3) 午後10時1分に，トランスの相間短絡によりトリップし，絶縁油が漏れ火災になった．
(4) そのため，第2ポリプロピレン製造装置は停電し，緊急停止操作に入った．計装用空気は供給されており，重合器関係の工程は正常であった．
(5) 現場は非常灯のみで，暗闇の中で作業員は4号重合器の現場中間パネルのコックを「開」にしようとして，間違って6号重合器のコックを「開」にしてしまった．
(6) 6号重合器のコントロール室の緊急遮断弁が「閉」にすべきところ「開」となっていたため，取り外されていた短管部は閉止板がなく，大量のプロピレンを含むスラリが流出した．

(7) 50 m 離れていた運転中のペレット製造設備の電気機器は，防爆構造になっていなかった．
(8) 押出し機のマグネットスイッチあるいは電気ヒータが着火源となり爆発したと推定される．

【間接原因】
(1) 停電がたびたび発生し，この年は5回起きており，当日の朝および5分前にも停電したこと．
(2) 重合器の補助冷却ラインがたびたび閉塞し，非定常作業が頻繁に必要であったこと．また，それが半ば常態化しており，閉止板の取付けや弁の開閉などに逸脱が生じていたこと．
(3) 現場非常灯の設置数が少なく，夜間の照明が暗いため誤操作を誘発したこと．

4．学ぶべき教訓

現在のレベルでは考えられないような事故ではあるが，ハード面，ソフト面での改善や進歩を考慮しても，いまだにヒューマンエラーなどに起因するヒューマンファクターの問題は依然として存在しており，現に事故も起きている．

以下の採られた改善対策から学ぶべき教訓を汲み取る必要がある．

① 保安管理体制
・保安部門（設備部門）の強化
・安全管理部門の強化
② 安全教育と訓練
③ 設備関係
・重合器関係：補助冷却器の改良
・電源関係：電源の強化
・照明関係：照明の改善
・計装関係：緊急非常停止の自動化
・通報設備：通報・警報設備の改善
・ガス検知器：無停電化と改良
・誤操作防止設備：フールプルーフほかの強化
・事故拡大防止対策：スプリンクラと放水銃の強化，設置
④ 操業関係
・修理作業の作業基準（マニュアル）：マニュアルの整備と順守
・マニュアルの改訂：定期的見直しと改訂
・異常時マニュアルの作成
・制定，改訂したマニュアルの周知徹底

参考文献

1) よみうり写真館，YOMIURI Photo Data Base，読売新聞社．
2) 通産省 事故調査報告書：火薬類・高圧ガス取締月報 第106号，昭和48年11月号．

（坂　清次）

英国フリックスボロー爆発事故

1. 事故の概要

1974年（昭和49年）6月1日（土），午後4時53分，英国のナイプロ社フリックスボロー工場で大爆発事故が発生し，従業員28名が死亡し，36名が負傷した．住民53名が負傷し，他に多くの方が怪我をしたが，幸い死亡者はいなかった．

図1　工事中のフリックスボロー工場

図2　爆発事故後のプラント

（12）　英国フリックスボロー爆発事故

　本事故は，反応器の 20 in 仮説配管の破断により，大量の高温高圧シクロヘキサンが流出し，蒸気雲を形成し，引火爆発したものである．住宅 1821 戸と商店，工場 167 施設が大小の影響を受けた．英国史上最大の化学工場事故を厳しく捉えた英国政府は，危険物施設の規制を強化し，2 年後に起きたセベソ事故とともに世界の保安の流れを変えた．工事中と事故後のプラントの状況を図 1 と図 2 に示す．

2．事故の経過

（1）1974 年（昭和 49 年）3 月 27 日の夕方，6 基ある反応器のうち，第 5 反応器でシクロヘキサンの漏洩が発見された．反応器は 1/2 in の炭素鋼に 1/8 in のステンレス鋼がライニングされた構造で，炭素鋼に縦のクラック（ひび割れ）が存在しており，検査のためプラントを停止した．

（2）翌日の検査の結果，クラックは 6 ft に達しており，検討の結果，第 5 反応器を撤去し，第 4 反応器と第 6 反応器を図 3 のようにバイパス配管でつなぐことになった．

（3）ノズルサイズは 24 in であったが，ステンレス配管の在庫がなかったので 20 in で代用し，高さが段違いであった関係で犬の脚（dog leg）状のものとなった．この仮設配管の容量と耐圧の計算が行われ，支持には工事のため仮設足場が用いられた．

（4）耐圧・気密試験は，バイパス配管取付け後 9 kgf/cm^2 で行われた．

（5）プラントは順調にスタートした．

（6）5 月 29 日，反応器の液面計の下部バルブに漏れが見つかり，修理のためプラントは停止した．

（7）6 月 1 日に再スタートしたが，運転は不調で圧力が変動した．

（8）6 月 1 日，午後 4 時 53 分，大爆発が起きた．仮設バイパス配管が破損し，大量の高温・高圧のシクロヘキサンが漏洩したことによる蒸気爆発で，計器室の全員 18 名を含む 28 名が死亡した．近接の事務所なども完全に破壊されたが，休日で誰もいなかったため，被災者はゼロであった．

（9）事故の引き金として，8 in 配管の亜鉛腐食による破断が先行したとの説も検討されたが，最終的には採択されていない．

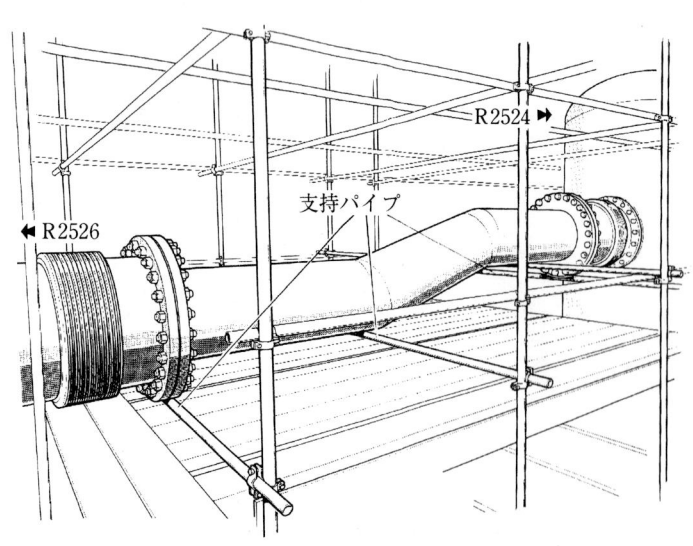

図 3　バイパス配管

3. 事故の背景

(1) 同工場は，1938年（昭和13年），硫安製造のためファイソン社の子会社「窒素肥料製造会社」として設立された．
(2) 1964年（昭和39年），ファイソン社とオランダのDSM社との合弁会社が設立され，同工場が買収された．
(3) 合弁新社は，ナイロン6の製造のためのカプロラクタム工場建設を計画し，1967年（昭和42年），カプロラクタム工場が完成した．フェノールの水添によるシクロヘキサノンを出発原料としたこの工場は，事故時点まで英国の唯一のカプロラクタム製造工場であった．
(4) 1967年（昭和42年），同社は，DSM社45％，英国石炭公社45％，ファイソン社10％に資本構成が変更され，同時に生産能力を年産2万tonから7万tonに増加すべく第2プラントの設計に着手した．
(5) 第2プラントは，シクロヘキサンの直接酸化による画期的なプロセスで，1500万ポンドの建設費で1972年（昭和47年）に完成した．
(6) シクロヘキサン工程は，シクロヘキサンが触媒の存在下でシクロヘキサノンとシクロヘキサノールに空気酸化される．反応は発熱反応で，8.8 kgf/cm^2，155℃で運転され，反応器は6基直列である．反応率は低く4％であり，大量の未反応物が循環リサイクルされる．
(7) 1972年，DSM社はファイソンの持ち株を購入し，出資比率を55％とした．
(8) 当時，技術部長が空席で補充されておらず，能力ある機械技術者がいなかったことが判明した．

4. 事故調査から得られた教訓

(1) 事故原因は徹底的に調べられ，後述のように法規制が強化された．
(2) 教　訓
  ① 危険物施設に対する法規制の強化
  ② 危険物施設の立地選定
  ③ 大量の危険物の貯蔵規制
  ④ 圧力容器と高圧システムの法規制
  ⑤ 危険物施設のマネジメントシステム
  ⑥ 生産優先と安全の問題
  ⑦ 基準・規格と実践規範の活用
  ⑧ プラントの危険物保有量の制限
  ⑨ プラントのエンジニアリング能力
(3) ユーティリティーの確保
(4) 要員の安全
(5) 計器室と建築物の位置，構造

(6) 計装システム
(7) 緊急時の意志決定
(8) 復旧後の再スタート
(9) プラントとプロセスの変更管理
(10) 外来者のプラントへのアクセスの管理
(11) 緊急時対応
(12) 金属の腐食などの解明
(13) 蒸気爆発
(14) 事故調査と再発防止のための技術情報のフィードバック

5. 事故後の法規制対応

事故後の法規制などの対応は次のとおりである.
① 1974年（昭和49年）：重大危険物諮問委員会（ACMH）設立
② 1982年（昭和57年）：危険物施設届け出規則（NIHHS）制定
③ 1982年（昭和57年）：（EC）セベソ指令 82/501/EEC 公布
④ 1984年（昭和59年）：重大産業災害防止規則（CIMAH）制定
⑤ 1996年（平成8年）：（EU）改定セベソ指令（COMAH）96/82/EC 公布
⑥ 1999年（平成11年）：重大災害防止規則（COMAH）制定, CIMAH の改定

6. その他の補足説明

【本事故の根本問題】
(1) ナイプロ社という1社, 1工場, しかも単一製品の製造工場であること.
(2) 一方で, 災害ポテンシャル, リスクが極めて大きいという問題があったこと.
(3) しかも, 親会社の資本構成がかなり変動するという特別な関係と状況が, 経営, マネジメント, とりわけ安全管理に強く影響していること.

以上に着目する必要がある. 分社化がこれから進行する状況下, フリックスボローの再来のないように学ばなければならない.

【変更管理（Management of change：MOC）の観点】
(1) 事故原因は, リーズンの提唱する「スイスチーズモデル」のように, 多くの要因が複合していることが多い. MOCは, 事故の引き金となっているが, 問題点は多面的に存在し事故に結びついている. 全体を考える中で, MOCについて考えることが大切であり, 固有技術であるエンジニアリングや管理の能力も必要で, MOCさえできれば事故が防げるものではない.
(2) フリックスボロー事故の場合においても, 追加資料に事故から学ぶべき教訓として, 本稿の2節から4節にわたって記述した31項目が列挙されているが, これらの一つ一つについて検討することも大切である.
(3) MOCについて
 ① 直接の事故は, 2度目の修理後の再スタートで時に起きているが, 再スタートという非

定常時の管理の問題であろう．再スタートは，システマティックなマネジメントの問題と捉えるのが妥当であると考えた．
② MOC としては，第 5 反応器を撤去し，バイパス配管を設置した点を捉えた．工場内で検討した結果の仮設配管であったが，如何せん配管設計の基本的な能力が欠如していた．ベローズの設置には，メーカーのマニュアルが存在していたが，参照していなかった．2 個のベローズを設置したこと，犬の脚状の段違いの配管構造は決定的な設計欠陥であった．
③ 技術的なハードの MOC に加え，この場合，人的な問題も明らかである．技術部長が空席で，電気技術者しかいなかったのである．図面も用意せず，仮設バイパス配管が設置された．支持パイプの設計にも問題があった．
(4) 反応器のクラックがすべての出発点であるが，腐食の解明と対策，ことに材料材質の問題は大きい．当時として最良であったかどうかである．小規模な工場であり，親会社の指導援助の有無なども問題である．合弁会社で資本が度々変更されていることも無関係ではないであろう．

7．おわりに

本事故に関しては 30 年を経た現在も解析検討が続けられており，レビュー論文が出されている．爆発は，二つのベローズを含む犬の脚状の仮設配管の破断により内容物が大量に漏洩したため，蒸気雲を生じたことによるものであるが，原因についての多くの説の中で次の説が有力である．

2 段階説では，最初に 4 号反応器側のベローズが疲労により破断し，10～15 ton のシクロヘキサンが噴出したのが主因で，TNT 火薬 280 ton 相当の爆発に至ったとしている．この量が，タンクローリにより輸送されている LPG（液化天然ガス）に匹敵することから，現在においても大規模な蒸気雲爆発が起こりうると警鐘を鳴らしている．1 段階説では，40～60 ton のシクロヘキサンの噴出によるニトログリセリン 6～16 ton 相当の爆発としている．

また，米国化学工学協会（AIChE）の化学プロセス安全センター（CCPS）では，現場向けの保安情報ニュースレター「Process Safety Beacon」において 30 年目に当たる 2004 年 6 月号で「フリックスボロー事故から 30 年」と題して，A4 用紙 1 枚に事故の状況と原因および教訓をわかりやすく解説している．そこでは，仮設配管といえども徹底した変更管理が必要であること，技術基準とメーカーの技術的推奨の活用が強調されており，安易な改造を戒めている．

参考文献

1) F. P. Lees : "Loss Prevention in the Process Industries", Butterworth Hynemann The Flixborough Disaster, Report of the Court of Inquiry, HSMO (1975).
2) J.E.S.Venart : "Flixborough : The Explosion and Its Aftermath", Trans IChmE, Part B, Process Safety and Environmental Protection, 82, B2, pp. 105-127 (2004).

（坂　清次）

大清水トンネルでの建設工事中の火災

1. 災害発生の概要

上越新幹線大清水トンネルは,図1に示のような6工区に分けて施工され,事故が発生した保登野沢工区は大宮側から2番目の工区で,1971年(昭和46年)12月から大宮方向から新潟方向に向かって本坑全断面の掘削がジャンボ(全断面削岩機)によって進められ,1979年(昭和54年)1月に隣接する万太郎谷工区に貫通し,3月15日,全断面の掘削が完了した.この結果,不要となったジャンボを解体して坑外に搬出するため解体作業を行うこととなった.ジャンボ解体作業は,3月19日,昼勤より2交替による昼夜作業で開始され,6~10人で作業を行っていた.

事故経過を図2のように示す.3月20日,午後9時40分頃,坑内にいた作業員より事務所にジャンボで火災が発生した旨の電話連絡があった.このとき,坑内にはジャンボ解体作業9人,セントルコンクリート打設作業9人,コンクリート運搬作業10人,中央下水掘削作業7人,梁コンクリート打設段取り作業3人,二次覆工コンクリート打設作業16人,電気係・火薬庫・汚水処理室・ポンプ室・充電所 各1人の合計59人が入坑していた.この火災は,ジャンボ上段で酸素アセチレン溶断機2台を使って削岩機取付け架台の取付けボルト,床板を溶断していたところ,溶断火花が中段に落下し,上段で矢板を切断した際に落ちて堆積してい

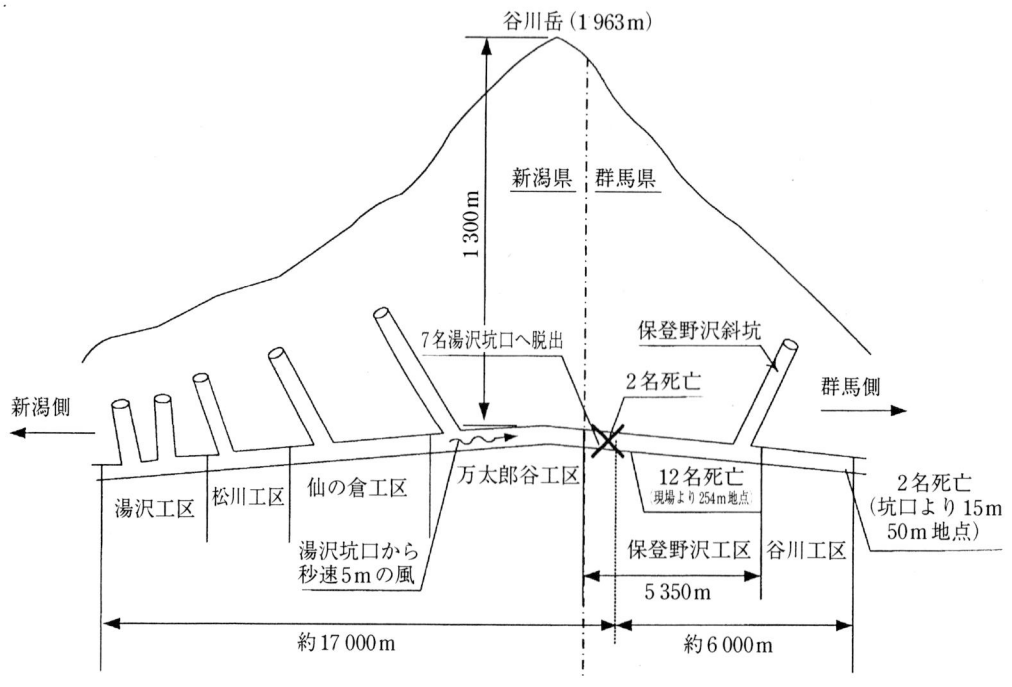

図1 大清水トンネルの断面図と災害状況[1)]

1. 災害発生の概要　（17）

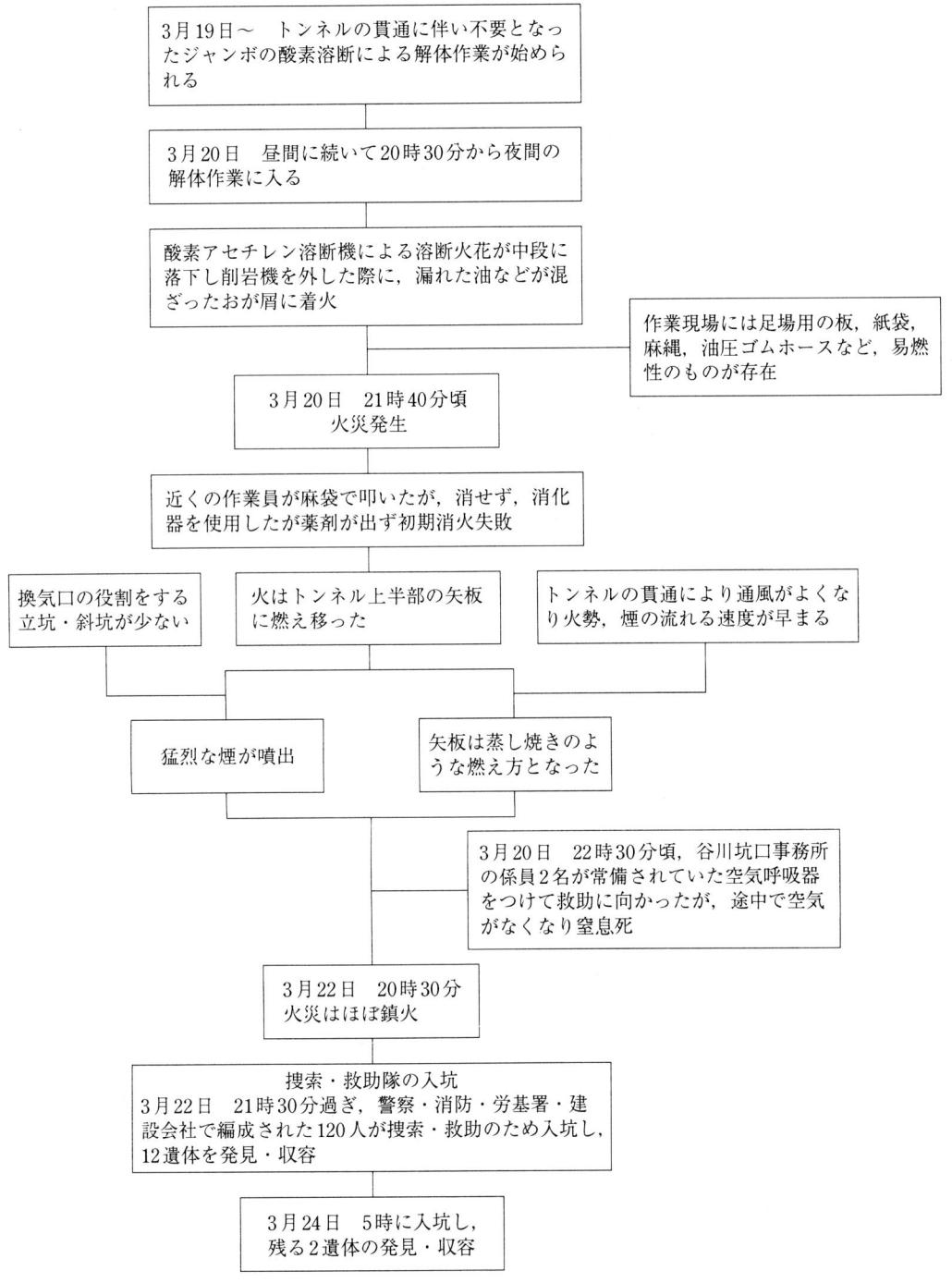

図2　事故の経過

たおが屑が中段にあり，これに着火したものである．このおが屑には，削岩機を外した際に漏れた油などがしみ込んでいた．トンネルが貫通したことにより，通風がよくなり新潟側から吹いていた風が煙突の役割を果たし，付近の油圧ゴムホース，麻縄などの易燃性のものに燃え広がった．出火に気づいた作業者は麻袋で叩いたが消せず，また消火器2本を使用したが薬剤が出ず，さらにもう1本の消火器も薬剤が出なかった．午後11時30分頃，坑内に残っ

ていると思われる者は21人（ジャンボ解体作業者8人，セントルコンクリート打設作業者8人，コンクリート運搬作業者4人，電工1人）で，他の作業者は保登野沢斜坑口に退避した．この退避途中で2人が負傷した．

3月20日，午後10時30分頃，谷川坑口事務所の係員3名が状況調査および救出のため備え付けてあった空気呼吸器（使用時間20～60分）を装備して入坑，1人は空気圧不足により出坑したが，他の2名は1度連絡電話をしたまま使用時間を過ぎても戻って来ず，3月21日，午後1時30分頃，同10時15分頃救出（病院にて死亡），死亡がそれぞれ確認された．3月21日未明，坑内に残留していると思われた者のうち7人（いずれもジャンボ解体作業者）が新潟側湯沢口からの脱出が確認された．

3月22日，午後9時30分頃より，ようやく煙の収まった坑内へ警察，消防，労働基準局関係者および関係会社作業員などが入坑し，捜索の結果，12人の遺体が23日未明までに確認収容されたが，セントル-ジャンボ間の支保工上部の矢板が燃え落ち，時おり落石があるため捜索できず，残る2人はこの間にいるものと推定された．落石防護用鋼製防護枠が製作され，24日からセントル-ジャンボ間の堆積した落石を排除しながら捜索した結果，24日，19時過ぎ，残る2人も遺体で確認収容された[2]．

2．直接の災害原因

大清水トンネル火災事故の約2年前の1977年（昭和52年）7月15日に，新潟県塩沢町の上越新幹線湯沢トンネル工事現場では，アセチレン溶接の火が換気用のビニール風管に燃え移り，作業員36名が現場に約6時間閉じ込められる事故が発生していた（湯沢トンネル火災事故）．湯沢トンネル火災事故では，避難場所付近に圧縮機があり，この換気用のエアー（20 m^3/s）により，幸運にも全員が助かっている．湯沢トンネル火災事故では，作業現場の足場が板であったこと，作業員の紙袋，換気用のビニールダクト，オイル缶などの燃えやすいものが傍にあったことがわかり，重要な反省点となった．この事故を踏まえ，1977年（昭和52年）7月25日に，労働省（現 厚生労働省）は，易燃性の材料を使用しない工法の採用，溶接作業などを行う場合の措置，休憩所，送気設備，連絡設備，避難用具，避難訓練，入坑人数の確認，整理整頓に関して，「トンネル工事等における坑内火災の防止について」と題する通達「基発第418号」を出し，再発防止の要請を行っている[3]．それにもかかわらず，大清水トンネル火災事故がこれほどの大惨事となった理由は，以下の5項目であると考えられる．

(1) 通達の無視

1977年（昭和52年）に発生した湯沢トンネル火災事故後，労働省と通産省（現 経済産業省）は通達を出し，易燃性の材料などを使用しない工法の採用や溶接作業などを行う際に，付近にある可燃物を除去し，または可燃物に不燃性の覆いをかけるような措置を講ずることを明記したが，そのような措置はとられていなかった．

(2) 消火器の不動作

設置された消火器が有効に作動しなかったため，初期消火に失敗した．

(3) 風の制御

トンネルの貫通により通風がよくなり，火勢・煙の流れる速度が著しく早まることになり，これに対する有効な手段を講じていなかった．

（4）緊急避難警報と連絡指令の不徹底

工区内全域に，一時に事故発生を知らせる警報設備がなく，また坑内にあった電話による状況の報告，退避の指示も不十分であった．

（5）空気呼吸器の使用時間も十分考慮しないで，救出・調査活動を行った状況判断の甘さが二次災害につながった．

以上の原因のほとんどは，湯沢トンネル火災事故の経験を踏まえた作業の安全手順の定めを厳格に守り，安全器具・設備は可能な限り整え，実際の操作を繰り返し身につけておくことにより，このような大惨事には至らなかったのではないだろうか．技術的な困難さという観点では，既に峠を越えていた段階での事故であり，当時の新聞記事は，この事故を"人災事故"として大きく取り上げている[4]．

3．事故発生により改正された法律

大清水トンネル火災事故を受けて，同種災害の再発を防止するため，運輸省（現 国土交通省），建設省（現 国土交通省），消防庁および労働省（現 厚生労働省）の4省庁の協議により，「工事中の長大トンネルにおける防火安全対策について」がまとめられ，それぞれの省庁において関係機関に通達することになった．建設省は，1979年（昭和54年）10月23日付け「建設省官技発 第474号」を以って各地方建設局長，北海道開発局長，沖縄総合事務局長宛に通知した[5]．また労働省は，昭和54年10月22日付け「基発 第523号」を以って，都道府県労働基準局長に対してその趣旨の徹底を指示するとともに，建設業労働災害防止協会長宛，同種災害の防止対策の徹底について要請がなされた[6]．

労働省では，トンネル工事における坑内火災による労働災害の防止については労働安全衛生規則などの関係法令および，1977年（昭和52年）7月25日付け「基発 第418号」通達により監督指導を進めてきたが，同災害の発生を受けてトンネル工事における坑内火災の防止などに関する規制をさらに強化することが検討された[3]．

1978年（昭和53年）9月，中央労働基準審議会から，「建設業をめぐる安全衛生上の諸問題とその対策の方向について」の建議があり，それを受けて労働省は，「建設業における総合的労働災害防止対策」をまとめ，同審議会に検討を依頼した．そのさなかに大清水トンネル火災事故が発生し，当面緊急に立法化を必要とする部分について審議会の意見がまとまった．そこで，労働省当局は，「労働安全衛生法一部改正案要綱」を作成し，同審議会の了承を得た．これに基づく同法案は，1980年（昭和55年）2月29日国会に提出され，5月9日成立し，6月2日公布された[7]．この改正法の内容としては，

1. 建設工事の計画の安全性に関する事前審査制度の充実強化
   ① 労働大臣への計画の届出
   ② 計画作成時における安全衛生に関する有資格者の参画
2. 重大事故発生時における救護の安全を確保するための措置
   ① 必要な機械などの備え付けおよび管理
   ② 救護に関する有資格者の参画
3. 下請混在作業現場における安全衛生対策の充実強化

① 特定元方事業者の講ずべき措置の強化
② 元方安全衛生管理者の新設

などである．なお，同法改正に伴い，労働安全衛生規則の改正も行われ，事業者がトンネルなどの建設作業を行う際，爆発または火災による労働災害を防止する措置を講じるための関連規定が設けられた．

4. 災害原因とその背景にあるもの—なぜ事故は起こったのか—

大清水トンネル火災事故は，特定分野の技術革新により，それまで潜在的に存在した別の危険要因が顕在化し，災害発生に至った典型的な事例であろう．上越新幹線の工事をめぐる事故死者は，当時までで50名，うちトンネル内での死者は40人を数えていた．このうち，大清水トンネルの工事での死者は，1971年（昭和46年）の着工以来，この事故までで13人，重軽傷者は266人を数えていたが，火災によるものは皆無であった．

従来，トンネル建設工事中に大規模な火災事故が発生することは比較的稀であった．その大きな理由として，わが国特有の地形・地質要因から，ほとんどのトンネルでは掘削に伴って湧水が見られ，坑内が湿潤な状態に保たれていたことが挙げられる．このことから，トンネルを施工するうえで湧水対策が最も重要な対策として位置づけられ，多大な努力が傾注され様々な処理技術が開発された結果，坑内環境が湿潤であることもかなり減少していた．さらに，施工技術の進展に伴い，使用される建設資材が易燃性材料，高分子材料が大量に利用される一方，ガス溶接・溶断などの直接火気を使用する機会も増え，また換気設備を設置して内燃機関を使用する頻度も増えていた．このように，坑内環境が変化したことにより易燃性材料が可燃物となり，そこに火種となる作業をする機会が増えていたため，トンネル施工中に火災事故が発生する危険性は増大していた．

ひとたび，トンネル坑内で火災が発生し，さらに初期消火が遅れ延焼が拡大すると，坑道内は煙，有毒ガスが充満し，視界は阻害され，また呼吸も困難な状態となる．また，トンネルでは，火災時に作業員が坑外へ脱出する避難口は，通常では坑口のみというトンネルの特殊条件から避難対策上厳しい制約条件も存在する．しかし，当時はトンネル工事での労働災害には火災に関する危険を体験していなかったため，その感受性がなかったことが大清水トンネル火災事故の背景にあるのではないかと思われる．

これは，現代に置き換えても同じことがいえるだろう．すなわち，国際化，小子・高齢化といった社会的変化を含め，高度情報化に伴う労働環境の変化，労働形態の多様化など，日々刻々と変化する労働環境により，これまで潜在的に存在していた危機要因が顕在化する可能性があることを十分認識しなければならないことを大清水トンネル火災事故は示している．

5. おわりに

大清水トンネル火災事故から既に26年が経過している．この間に，トンネル工事技術は飛躍的に進歩し，現在の山岳トンネルではNATM工法（New Austrian Tunnelling Method）が主流となり，掘削吹付けシステムは自動化・ロボット化が図られ，各種の管理システムが実用化されている．また，都市域の拡大，人口・社会機能の集中により，利用できる地上空間が

減少したため,深度 40 m 以深の,いわゆる"大深度地下"の利用が活発的に行われている.現在,大深度地下トンネルには,掘削面とシールド機の内部を隔壁によって仕切り,前方を密閉する構造を有する密閉型シールド工法により,より長く,速く,そして深い掘削を行うことができるようになり,昔に比べると工期・コストが大幅に低減している.しかし,このような技術発展により不可能だった工事が可能となったことにより,今まで潜在的に存在していた危険要因を引き起こす可能性もあることを認識しながら安全に対して取り組む姿勢が必要である.

参考文献

1) 岸田孝弥・男沢恭郎:大清水トンネル火災事故と人間行動,第 10 回安全工学シンポジウム講演予稿集,pp. 27-30 (1980).
2) 萩原良彦:上越新幹線―トンネルと豪雪に挑む男たち,新潮社 (1983).
3) 労働省労働基準局:トンネル工事等における坑内火災の防止について,通達―基発 第 418 号 (1977).
4) 各社新聞記事
5) 建設省:工事中の長大トンネルにおける防火安全対策について,通達―建設省官技発 第 474 号 (1979).
6) 労働省労働基準局:工事中の長大トンネルにおける防火安全対策について,通達―基発 第 523 号 (1979).
7) 労働大臣官房総務課編:昭和 55 年度労働行政要覧,日本労働協会 (1981).

(伊藤和也)

テフロン焼成炉爆発事故

1. はじめに

　本爆発事故は，直接熱風加熱方式テフロン焼成炉と呼ばれる装置で発生した．この種の焼成炉はさほど多く使用されておらず，したがって同種の災害はほかにほとんど例を見ない．しかし，爆発が装置の設置後，バーナなど燃焼系の調整を目的とした試運転時において発生しており，通常の運転時では機能すべき安全装置が無効にされた状態で調整作業が行われていたという事情がある[1]．

　本事故は，現在の機器・設備類の自動化の進展下で，それらの通常の自動運転時の安全対策はもとより，設置，調整，保守・保全，改修，そして廃却までのシステムのライフサイクル全般にわたり，それぞれの局面において十分な安全業務が実施されるべきことを警鐘している．

2. 事故の経緯

2.1 発生の概要

　1982年（昭和57年），Y社の東京営業所・東京工場において直接熱風加熱方式テフロン焼成炉が爆発し，5名が死傷する事故となった．この装置は，主として金属の加工物にテフロン皮膜を焼成する都市ガスを燃料とするガス燃焼焼成炉である．この焼成炉は，Y社がT社に発注し，T社から受注したH社がU工場において製造したものである．U工場での試運転後，分解され，K社がその運搬および組立てを行った．

　事故発生当日は，Y社に急ぎの受注品があり，テフロン焼成の前段階としてアルミ製加工物表面に付着した油脂を焼き飛ばす作業を兼ねて，焼成炉の試運転と燃焼系などの調整が行われていた．前炉側炉上にあるメインバーナの燃焼がうまくいかず，作業者がバーナへの空気の供給調節バタフライ弁などの調整を行っていたところ，突然，炉内で爆発が発生した．このため，焼成炉の側壁および前炉の扉などが飛散し，炉の前方にいた作業者などに激突したものである．

2.2 焼成炉の概要

　炉内寸法は，おおむねW2.5m×H2.4m×L7.0mで，炉内の床には炉外からレールが敷設され，加工物を積載した台車が炉内に進入し，加工物は400℃まで昇温された炉内の台車上でバッチ処理加工される．また，炉は，中央で台車上に固定した隔壁により間仕切ることができ，前炉と後炉との2分割運用が可能である．炉内加熱用メインバーナは，前炉と後炉の天井部にそれぞれ2基ずつ設置され，加熱された熱風を炉内に循環させる循環ファン，熱風吹出しダクトなどがバーナごとに付随した構造を取っている．メインバーナにより加熱された熱気は，図1に示す矢印の方向に，まず天井部ダクトを通って循環ファンに吸引され，同時に

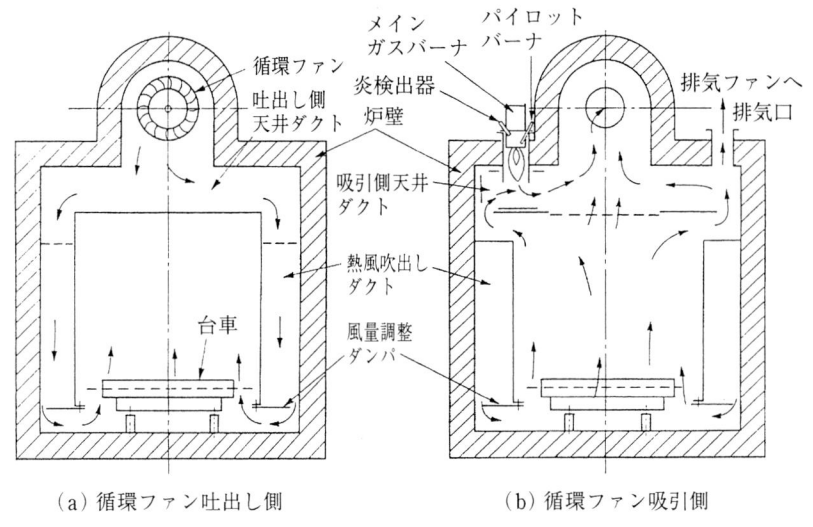

(a) 循環ファン吐出し側　　　(b) 循環ファン吸引側

図1　熱風循環ユニットのブロック断面図

炉中心部から吸引された熱気と混合された後，循環ファン吐出側天井ダクト，さらに熱風吹出しダクトを通って炉内に均一に放出される．そして，炉内の加工物を加熱した後，一部は再びメインバーナにより加熱され，循環ファンによる吸引の後，再び炉内を循環することとなり，一部の熱風は排気口から炉外へ排出される．

　バーナ燃焼配管系は，燃料ガス系統と燃焼用空気系統からなり，前炉と後炉との分岐後はそれぞれ同様の構成となっている．燃料の都市ガス13A（以下，ガス）は，元コックなどを通ってメインバーナ系とパイロットバーナ系とに分岐供給され，メインバーナ系では，自動の電磁メイン遮断弁およびメインバーナへのガス供給量を制御するバタフライ弁（以下，ガスバタ弁）などを通ってメインガスバーナに到達する．パイロットバーナ系では，手動パイロットガス元コック，自動の電磁パイロット元遮断弁を通ってパイロットバーナに供給される．

　燃焼用空気は，サイレンサを通して燃焼用ブロワに吸引・加圧され，メインバーナ系とパイロットバーナ系とに分岐し，前者では，メインバーナへの空気供給量を制御するバタフライ弁（以下，エアーバタ弁），エアーオリフィス，そして手動メインエアーコックを通った後，メインバーナに到達する．パイロットバーナ系空気は，パイロットバーナ系統とウルトラビジョンの冷却系統に分岐し，前者では，手動パイロットエアーコックを通った後，ティーミキサでガスと予混合され燃焼室に到達する．ウルトラビジョンとは，メインバーナの燃焼状態を監視する紫外線炎検出器である．

　焼成炉を運転するためには，手動の各ガスコックおよびエアーコックを「開」にし，操作盤において温度を設定し，各種運転切換えスイッチを操作する．すると，燃焼用空気が流入し，自動的に炉内がパージ（浄化）される．パージ完了ランプ確認後，点火押しボタンをONにすると，まず，パイロットバーナ系の各電磁弁が「開」になり，この系統にガスが流れ始め，パイロットバーナが着火する．その後，メインバーナ系の電磁弁が「開」になり，既に供給されている燃焼用空気とガスがメインバーナ内で混合し，パイロットバーナの炎によってメインバーナに着火する．

　バーナ内の燃焼状態はウルトラビジョンにより常時監視されており，パイロットバーナ点火スパークが終わっても炎が検出できない場合，メインバーナ系とパイロットバーナ系の電磁

弁はすべて自動的に遮断される．ここで，ウルトラビジョンは，メインまたはパイロットバーナのいずれかが燃焼しているとバーナ燃焼信号を出すので，メインバーナには着火せずパイロットバーナのみの燃焼が生じ得る．すると，メインバーナからの未燃焼ガスが炉内に放出され危険な状態となるため，制御回路内のタイマにより，メインバーナ系の電磁弁が「開」となった一定時間後にパイロットバーナ系の電磁弁が自動的に遮断される．すなわち，通常，バーナ内の燃焼は，バーナ点火操作の一定時間後にはメインバーナのみによって行われる．

なお，エアーバタ弁とガスバタ弁とは，1台の制御用モータと可変カム-リンク機構とからなる燃焼制御ユニットによって連動して制御される．すなわち，制御用モータは，炉内が運用プログラムに設定された温度になるように，エアーおよびガスバタ弁の開度を制御するが，制御開度0の場合でも，両バタ弁は完全には「閉」とはならず，メインバーナの最低限の燃焼が保持されるように調節される設計になっている．

3．事故の要因とその連鎖

事故調査の結果，次の事項が確認あるいは推定された．
(1) 爆発物質はバーナの燃料である都市ガス13Aである．
(2) メインバーナ系の電動弁が開となった一定時間後にパイロットバーナ系の電磁弁を遮断するためのタイマが無効の状態であった．
(3) エアーバタ弁とバタ弁レバー（図2）を連結する六角穴付き止めねじが緩んで，バタ弁レバーが空回りし，燃焼用空気がメインバーナに供給されない状態が生じた．
(4) パイロットバーナ燃焼中に(3)の止めねじの緩みを修正した．

上記の事項を踏まえて，事故に至る諸要因の連鎖が次のように推定された．

事故の前々日，パイロットバーナの燃焼調整作業時に，パイロットバーナ系の電磁弁を遮断するためのタイマが無効にされた．これは，パイロットバーナがタイマにより短時間で消炎すると，バーナの燃焼条件を調整しにくいためである．事故当日，パイロットバーナ消炎用タイマの無効状態を有効の状態に修正することなく，メインバーナの燃焼条件の調整作業が開始され，メインバーナにガスが供給された．しかし，エアーバタ弁とバタ弁レバーを連結する六角穴付き止めねじが緩んでおり，バタ弁レバーが空回りしていたため，燃焼用空気がメインバーナに供給されず，そのためメインバーナに着火せず，未燃ガスが炉内に流出した．この状況で，六角穴付き止めねじの緩みに気づき，パイロットバーナを消炎することなく，当該緩みを修正した．この修正により燃焼用空気がメインバーナに流入し，高濃度ガスが燃焼範囲の濃度にまで希釈され，燃焼し続けていたパイロットバーナの炎によってメインバーナに着火，さらに炉内に滞留していたガスに引火して爆発が発生したと推定される．なお，ウルトラビジョンは，パイロットバーナ

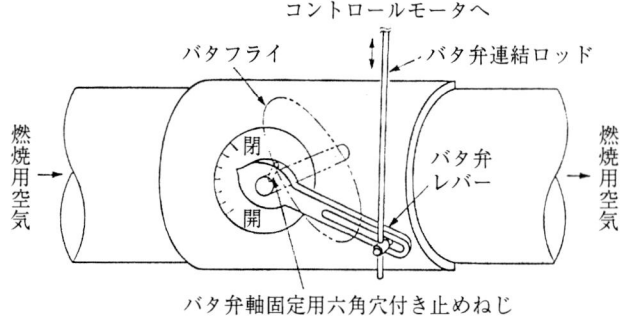

図2　エアーバタ弁開閉機構バタ弁レバー部分図

の炎のみによってもバーナ燃焼と判定するので，パイロットバーナ消炎用タイマの無効状態によってパイロットバーナが燃焼し続け，メインバーナが燃焼していない状況でもメインバーナ系の電磁弁を遮断できなかったものと考えられる．

4．背後要因と再発防止

本事故を教訓として，次のような直接原因，間接原因（→で表示），根本原因（⇒で表示）および再発防止措置（：で表示）が特定可能である．

(1) 飛散した扉の前に人が存在（直接原因）→ 調整作業に直接関与しない人員の閉め出しに失敗（間接原因）⇒ 調整作業時の作業計画が作成されない（根本原因）：ハザード（潜在危険）およびリスク評価の実施と作業安全計画の作成および実施（再発防止）

(2) 飛散した扉が人員に衝突 → 爆発防護壁が設置されていない ⇒ 設備計画時でのリスク認識の欠如：ハザードおよびリスク評価の実施と機能安全要求仕様[2]の作成および実施

(3) 扉の飛散 → 爆発放散孔などエネルギー放出のための限定設計の欠如 ⇒ 設備計画時でのリスク認識の欠如：ハザードおよびリスク評価の実施と機能安全要求仕様の作成および実施

(4) 炉内ガス濃度の上昇 → ガス濃度警報システムがない ⇒ 機能安全要求仕様の不適：機能安全計画[2]の実施と適切な安全要求仕様の作成および実施

(5) 炉内ガス濃度の急速な上昇 → 炉内温度を迅速に上昇させるために換気量を絞って運転 ⇒ 作業マニュアルの欠如：作業安全解析の実施と作業マニュアルの作成および訓練

(6) エアーバタ弁が閉 → バタ弁レバーによる拘束力喪失時のフェールセーフ構造の欠如 ⇒ 機能安全仕様の不適：機能安全計画の作成と実施

(7) 六角穴付き止めねじの緩み → 目視で発見できない構造 ⇒ 安全要求仕様の不適：システムの変化解析（HAZOPスタディズ[3]など）の実施と安全要求仕様への反映

(8) 六角穴付き止めねじの緩み → 点検で発見できず ⇒ 点検マニュアルの不適：機能安全計画の作成と実施

(9) パイロットバーナ燃焼中に六角穴付き止めねじの緩みの修正 → 納期の圧力 ⇒ 作業手順マニュアルの不備：ハザードおよびリスク評価の実施と適切な安全要求仕様の作成および実施

(10) メインバーナの失火に気づかない → 操作盤の燃焼ランプが点灯し，バーナ燃焼観察孔からの燃焼状態が見にくい構造である ⇒ 安全要求仕様の不適：ハザードおよびリスク解析の実施と機能安全計画の作成と実施

(11) パイロットバーナを消炎するタイマが無効時でのメインバーナ系へのガス供給 → タイマ無効時にメインバーナ系へのガス供給を遮断する制御回路上のインターロック機構の不備 ⇒ 安全要求仕様の不適：ハザードおよびリスク解析の実施と機能安全計画の作成と実施

(12) 現場監督者の不在 → 監督者による作業安全解析の不適 ⇒ 安全要求仕様の不適：ハザードおよびリスク解析の実施と機能安全計画の作成と実施

JIS C 0508では，全安全ライフサイクルを図3に示すように ① 概念，② 全対象範囲の定義，③ ハザードとリスク解析の実施，④ 全安全要求事項の特定，⑤ 安全要求事項の割当，⑥ 全運

(26)　テフロン焼成炉爆発事故

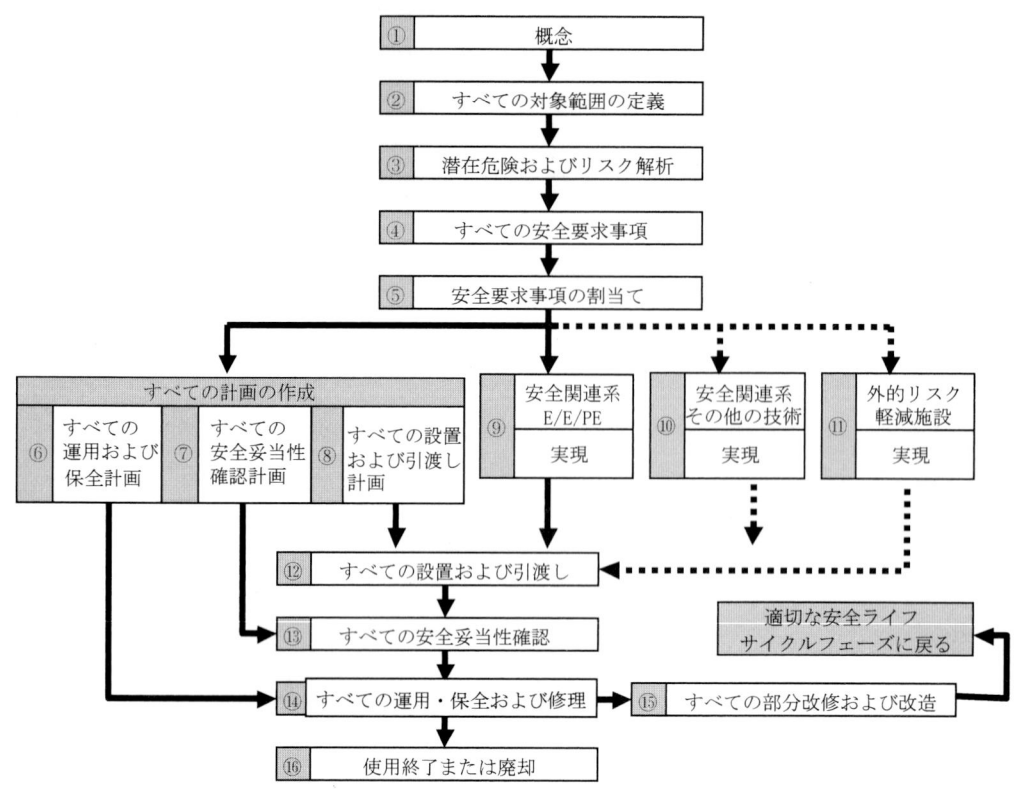

```
①  概念
②  すべての対象範囲の定義
③  潜在危険およびリスク解析
④  すべての安全要求事項
⑤  安全要求事項の割当て
```

すべての計画の作成
- ⑥ すべての運用および保全計画
- ⑦ すべての安全妥当性確認計画
- ⑧ すべての設置および引渡し計画

⑨ 安全関連系 E/E/PE 実現
⑩ 安全関連系 その他の技術 実現
⑪ 外的リスク軽減施設 実現

⑫ すべての設置および引渡し
⑬ すべての安全妥当性確認
⑭ すべての運用・保全および修理
⑮ すべての部分改修および改造 → 適切な安全ライフサイクルフェーズに戻る
⑯ 使用終了または廃却

注）「適合確認」，「機能安全の管理」および「機能安全評価」は，煩雑さを防ぐために図中に記入されていないが，安全ライフサイクルのすべてのフェーズに関連する．

図 3　全完全ライフサイクル[2]

用および保全計画の作成，⑦ 全安全妥当性確認計画の作成，⑧ 全設置および引渡し計画の作成，⑨ 電気・電子・プログラマブル電子安全関連系の実現，⑩ 他技術安全関連系の実現，⑪ 外的リスク軽減施設の実現，⑫ 全設置および引渡し，⑬ 全安全妥当性確認，⑭ 全運用・保全・修理，⑮ 全部分改修・改造，⑯ 使用終了または廃却の 16 フェーズに分類して，各フェーズ（局面）において実施すべき要求事項，適合確認，機能安全管理および機能安全評価について詳細に規定している[2]．

　本事例においても，本規格の全般的要求事項に基づき，フェーズ⑧「全設置および引渡し計画の作成」およびフェーズ⑫「全設置および引渡し」が実施されたならば，当該災害の発生を防げた可能性は非常に高いと考えられる．

参 考 文 献

1) 佐藤吉信・粂川壮一：安全工学，Vol. 25, No. 2, p. 106 (1986).
2) JIS C 0508-1：電気・電子・プログラマブル電子安全関連系の機能安全—第 1 部，一般要求事項，日本規格協会，p. 10 (2000).
3) IEC61882：Hazard and operability studies (HAZOP studies)-Application guide, IEC, Geneva (2001).

（佐藤吉信）

長崎屋・尼崎店火災

1. はじめに

　1990年（平成2年）3月18日に発生した長崎屋・尼崎店火災では，出火時刻が昼食時間帯で，かつ火災は出火階である4階だけで他の階へは延焼していないにもかかわらず，最上階の5階へ濃煙が伝搬したことによって，死者15名，負傷者6名を出す惨事となった．筆者は，火災直後の現地調査に参加する機会を得て，従業員などからのヒヤリングによって時間経過別の各階における在館者の行動概要を把握することができた．

　このような火災時の人間行動に関する実態分析は，筆者の経験からしても数が少なく，実火災時における避難心理，避難行動特性などに及ぼすヒューマンファクターの影響を知るうえでも参考になる．また，こうした分析は，今後の火災時の防災対応行動あるいは避難誘導対策の検討にも役立つ貴重な資料となるものと期待される．

　本稿では，まず本火災の概要と対応行動について事実経過を概観したのち，在館者の危急時の対応や避難行動に見られた特徴と問題点について述べることにする．なお，この火災は，地上5階建てという中低層物販用途ビルにおける防火管理や消防用設備のあり方に関する様々な防火上の問題を提起したが，これらの点については日本火災学会誌における本火災の特集記事[1]～[3]に触れられているので参照して頂ければと思う．

2. 火災の概要

（1）出火建物の概要
- 名　　　称：長崎屋・尼崎店
- 用　　　途：スーパーマーケット
- 建物構造：鉄筋コンクリート造，地下1階，地上5階建
- 面　　　積：建築面積814 m^2，延べ面積5 140 m^2
- 使用開始：1970年（昭和45年4月）

（2）出火～鎮火日時〔1990年（平成2年）3月18日〕
- 出　　　火：午後0時30分頃（推定）
- 覚　　　知：午後0時37分（119番通報）
- 鎮　　　圧：午後3時52分
- 鎮　　　火：午後5時06分

（3）出火場所，出火原因
- 出火場所：4階寝具売り場付近
- 出火原因：放火の疑い

（4）火災損害
- 死傷者：死者15名（従業員12名，客3名），負傷者6名（従業員4名，客2名）
- 焼損面積：814 m^2（4階部分全焼）

(28)　長崎屋・尼崎店火災

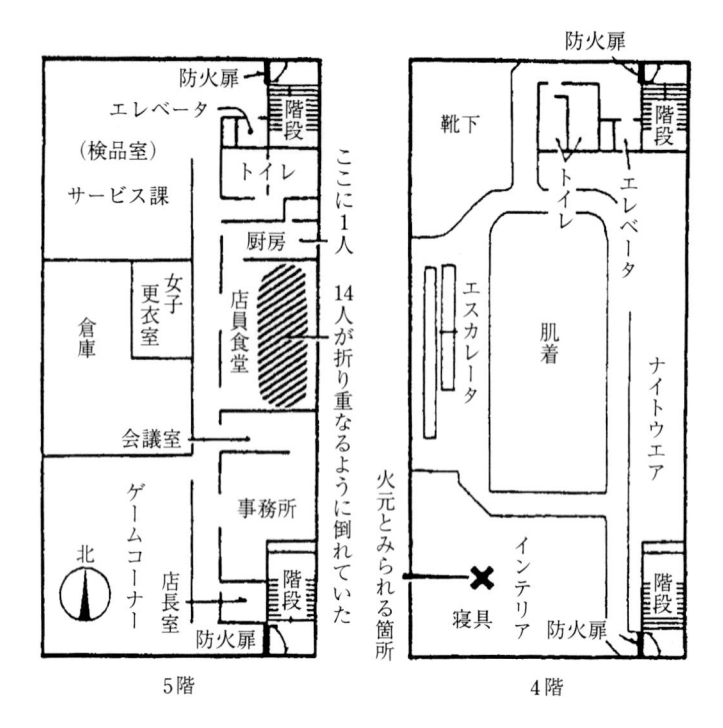

図1　長崎屋尼崎店の平面概要（出火階である4階と5階）（朝日新聞の記事より引用）

（5）建物の状況（図1）

　建物平面の形は，南北方向に長い長方形をしており，階段は東北角と東南角に各1箇所，地下1階から屋上まで通じる屋内階段が設置されている．主として事務用に使われている5階を除く，店舗部分の各階（1階〜4階）は，オープンフロアタイプであり，フロアと上記の階段室との間には煙感知器連動で閉鎖する防火戸が設置されている．

　このほか，地下1階から4階まで通じているエスカレータが店舗西側中央部に，また地下1階から5階まで通じているエレベータ（荷物用）が北側階段室の横に設置されている．通常，店内での客の昇り降りはエスカレータで行い，エレベータの設置されている北側のコーナーは，客の目につかない裏側となっていた．

3．火災の拡大状況と従業員などの対応行動

　火災拡大初期における火災状況（煙伝搬状況含む）と従業員等の対応行動の概要を整理したものが図2である．この図から時間経過別の各階における対応行動を概観すると，おおむね以下のようにまとめることができる．

【0：32 PM〜0：33 PM】（火災の感知から確認）

　午後0時半頃に，4階のふとん売場の近くで放火によるとみられる火災が発生した．5階の防災受信盤のある事務所兼管理室で最初に自動火災報知設備の作動信号を受信し（0：32 PM），また非常ベルも鳴動した．事務所にいた人が4階のふとん売場あたりを指示する箇所が赤く点滅したのを見て，寝具売場の人に電話して確認をとったところ，寝具売場の人が電話を受けてふと振り返ると，もう既に1mぐらい炎が上がっていたという．したがって，火災の覚知は非常ベルの鳴動後約1分後（0：33 PM）にはなされたことになる．問題は，これから以降

3. 火災の拡大状況と従業員などの対応行動　　（29）

　　　避難限界

　　　救助隊による
　　　救出第1号
　　　12:45頃

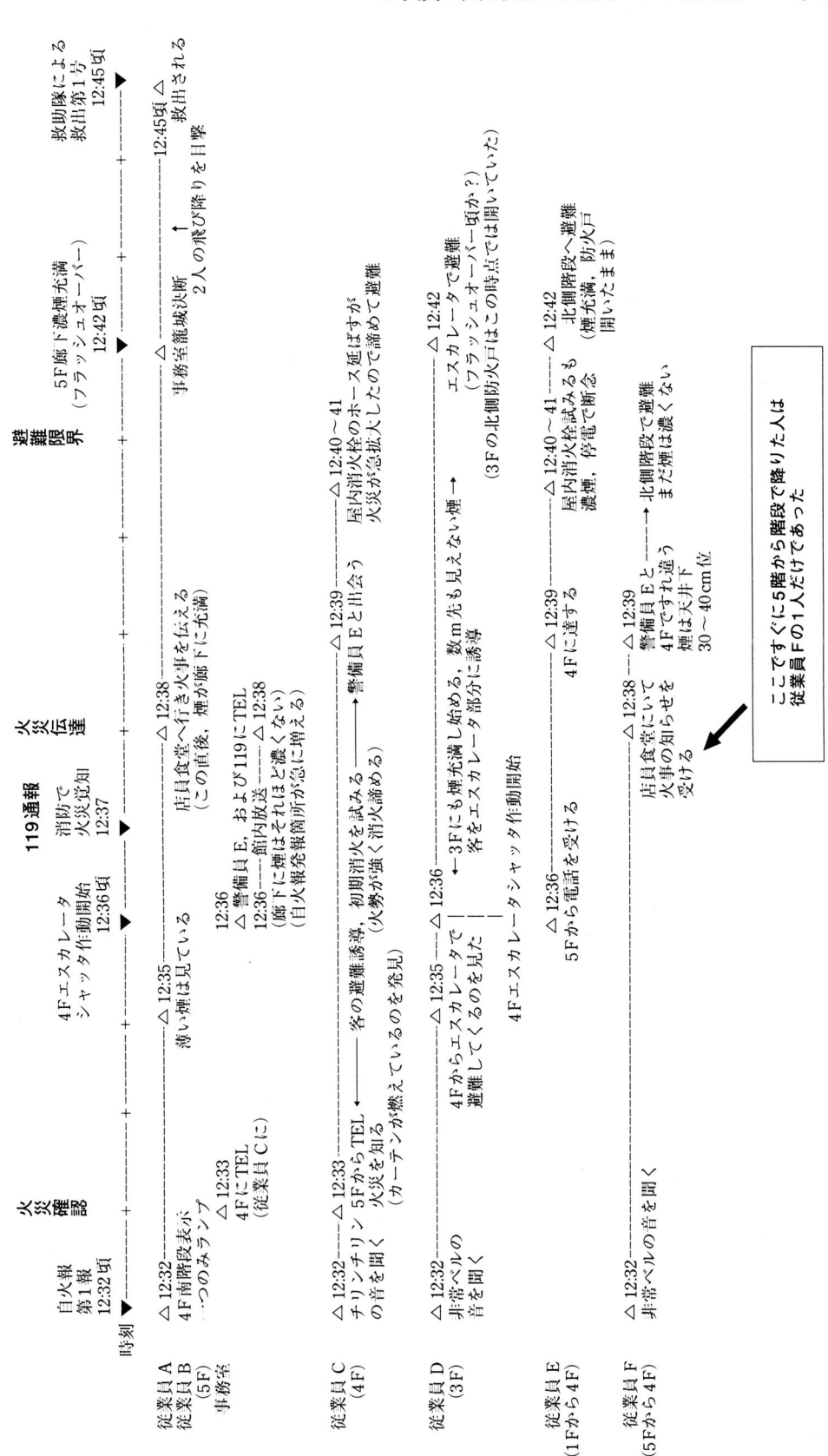

　　　5F廊下濃煙充満
　　　（フラッシュオーバー）
　　　12:42頃

　　　△12:45頃
　　　　　　　　　　　　　　　　　　　　　　　　　　　　　　　　　　　　　事務室籠城決断　　　　救出される
　　2人の飛び降りを目撃

　　　　　　　　　　　　　　　　　　　　火災伝達

　　　　　　　　　　　　　　　119通報
　　　　　　　　　　　　　　　消防で
　　　　　　　　　　　　　　　火災覚知
　　　　　　　　　　　　　　　12:37

　　　　　　　　　　　　　　　　　　　　　△12:38
　　　　　　　　　　　　　　　　　　　　　店員食堂へ行き火事を伝える
　　　　　　　　　　　　　　　　　　　　　（この直後、煙が廊下に充満）
　　　　　　　　　　　　薄い煙は見ている

　　　　　　　　　　　　　　　　　　　12:36
　　　　　　　　　　　　　　　　　　　△警備員E、および119にTEL
　　　　　　　　　　　　　　　　　　　12:36　　　　　　　　　　　12:38
　　　　　　　　　　　　　　　　　　　館内放送
　　　　　　　　　　　　　　　　　　　（廊下に煙はそれほど濃くない）
　　　　　　　　　　　　　　　　　　　（自火報発報箇所が急に増える）

　　　　火災確認　　　　　　　　　　　　　　　　　　　　　△12:39　　　△12:40〜41
　　　　　　　　　　　　　　　　　　　　　　　　警備員Eと出会う　　屋内消火栓のホース延ばすが
　　　　　　　　　　　　　　　　　　　　　　　　　　　　　　　　　　　火災が急拡大したので諦めて避難
　　　　　　　　　　　各の避難誘導、初期消火を試みる
　　　　　　　　　　　（火勢が強く消火諦める）

　　　　　　　　4Fエスカレータ
　　　　　　　　シャッタ作動開始
　　　　　　　　12:36頃

自火報　　　△12:35　　　　　　　　　　　　　　　　　　　　　　　　　　　　　　　　　　　　△12:42
第1報　　　　4F南階段表示　　　　　　　　　　　　　　　　　　　　　　　　　　　　　　　エスカレータで避難
12:32頃　　　一つのみランプ　　　　　　　　　　　　　　　　　　　　　　　　　　　　　　（フラッシュオーバー頃か？）
　　　（3Fの北側防火戸はこの時点では開いていた）
時刻　　　　　△12:33
　　　　　　　　4FにTEL
　　　　　　　　（従業員Cに）

従業員A　　△12:32　　△12:33
従業員B　　チリンチリン、5FからTEL　　→　3Fにも煙充満し始める、数m先も見えない煙
（5F）　　　のベルを聞く　火災を知る　　　　客をエスカレータ　　　　　　　　　　　　△12:40〜41
事務室　　　（カーテンが燃えているのを発見）　避難してくるのを見た　　　　　　　　　屋内消火栓試みるも
　　　濃煙、停電で断念
従業員C　　△12:32　　△12:35　　△12:36
（4F）　　　非常ベルの　　4Fからエスカレータで　　　　　　　　　　　　　　　　　　△12:42
　　　　　　　音を聞く　　　避難の　　　　　　　　　　　　　　　　　　　　　　　　北側階段へ避難
　　　　　　　　　　　　　　4Fエスカレータシャッタ作動開始　　　　　　　　　　　　（煙充満、防火戸
　　開いたまま）
従業員D
（3F）　　　　　　　　　　△12:36
　　　　　　　　　　　　　5Fから電話を受ける　　　△12:39
　　　　　　　　　　　　　　　　　　　　　　　　　4Fに達する
従業員E
（1Fから4F）

　　　　　　　　　　　　　　　　　　　△12:38　　△12:39
　　　　　　　　　　　　　　　　　　　店員食堂Eと　警備員Eと
従業員F　　△12:32　　　　　　　　　　火事の知らせを　4Fですれ違う
（5Fから4F）非常ベルの音を聞く　　　　受ける　　　　　煙は天井下
　　　　　　　　　　　　　　　　　　　　　　　　　　30〜40cm位

ここですぐに5階から階段で降りた人は
従業員Fの1人だけであった

図2　火災拡大初期における時間経過別の火災状況と従業員の対応行動の概要

の対応である．

【0：33 PM～0：38 PM】（火災確認後の初期対応）

まず4階，つまり出火階の従業員は自分の目で火災が実際起きていることを確認したことによって，すぐに4階にいる客を避難誘導し，自らは避難誘導の後に消火器による消火を試みている．一方，5階の事務所にいた人は，自分で火を見ていないことからマニュアルどおり，まず支配人を呼び出すなど内部の行動をとったが，この場合は感知器が作動し，かつ，実際に火元での火災確認が得られている（火災覚知0：33 PM）ので，本当は直ちに館内放送をかけて避難を呼びかけるべきであったろう．しかしながら，実際には彼らが隣室の食堂で昼食休憩をしていた従業員に火事だと伝えに行ったのは，火災覚知からさらに5分程度経ってからであった（0：38 PM）．

一方，店員食堂にいて火災を知らされた従業員のうち，これに対応してすぐに4階へ降りたのは従業員（F）のみであった．この従業員は，出火場所である4階寝具売り場が，たまたま自分の売り場であることから（注：避難という意識よりも責任感で），4階の様子を見に行くつもりで北側階段を使って4階に降りたものである．

【0：38 PM～0：42 PM】（火災の急拡大から避難限界まで）

従業員（F）は，階段室から4階フロア内に少し入ってすぐのところで4階フロア側から避難してくる従業員たちと遭遇し，これらの人々と一緒に避難している．従業員（F）が4階へ階段を降りるときには煙も少なく難なく行けたそうだが，4階に着いた時点からフロアの中央付近で火災が急激に拡大し（0：40 PM～0：41 PM），その直後には煙がドッと階段方向に押し寄せて，まもなく階段も利用できない状態になったようである．一方，5階に残っていた人たちは逃げる時機を逸し，それ以降，降りてこられなくなってしまったと考えられる．

出火時に5階にいた人の数は22名（従業員16名，客6名）であり，食堂にいた従業員たちも非常ベルの鳴動を聞いていたようだが，火災の発生を口頭で知らされてから実際に階下に降りたのは従業員（F）1名だけである．事務室にいた3名と食堂室の1名は，東側隣接ビルの屋上から渡された避難梯子で救助隊により窓側から救出された．また，他に食堂室の2名が飛び降りて一命をとりとめている．その残りの15名が火災による犠牲者となった．

【全体を通じての総括】

この火災の経過を冷静に振り返ると，5階にいた人たちが階段を利用して逃げられなくなった限界時刻を安全側にみて午後0時40分頃としても，彼らに許された避難余裕時間は決して短いものではなかった．自動火災報知設備の発報（0：32 PM）を起点とすれば，火災感知は正常に機能しており，むしろ余裕はあったといっても差し支えないものであった．そして，事務所の人が4階に電話をして火災確認できた時刻（0：33 PM）を基準にとれば7分，そして事務所の人に口頭で火事の発生を伝えられてから（0：38 PM）でも2分はあったと考えられる．実際，5階で唯一助かった従業員は，このときに階下へ降りている．しかし，結果として彼らは二度，避難開始時機を失っている．

一度目は，火災確認後すぐに事務室の人からその情報が伝えられなかったことによるものであり，二度目は口頭で直接伝えられた時機にすぐに避難開始しなかったことによるものである．前者は迅速な火災通報，館内連絡体制に係わる問題であり，非常時の防災マニュアルのあり方が問われる問題である．しかし一方，後者は明らかに彼ら自身の情報確認行動や身に迫る危険に対する主観的判断に係わるものであり，"正常化の偏見"による心理的作用の影響

があったのではないかと推察される．災害時における人間の心理には，たとえ危険な兆候を認知してもそれを過小評価する，あるいは自分の身にだけは深刻な被害は起きないとするような意識的・無意識的に自分を不快な感情から守り心理的平和を保とうとする傾向がある．これが「正常化の偏見（Normalcy Bias）」と呼ばれるものである．たとえば，この火事はそう大きくならないだろうとか，あるいは煙を見ても薄い煙であるから，まだ安心だとかいった誤った認識が迅速な対応を鈍らせてしまう恐れがある．

このような心理的傾向に対しては，安倍[4]はフラッシュオーバーなど火災の急激な成長変化に対する正しい知識を身につけることによって「いたずらに恐れるのではなく，正しく恐れる」という態度の意義を示し，防災教育の効果を説いている．また，危機的な場面において自己の果たすべき役割がきちんと決まっているとき，あるいは組織の中でのある役割が求められるときに，冷静な行動をすることができるという「役割人格（Role Personality）」が果たす効果についても指摘している．これは，5階から階段で降りて唯一助かったふとん売り場担当の従業員のケースにまさに当てはまるものであろう．

4．本火災の問題点と教訓

4.1 煙の急速な拡大と対応時間の制約（迅速な火災感知・伝達と初期対応の重要性）

火災は，火元近くにいた従業員がその徴候に気づく前に自動火災報知設備が感知しているが，そのすぐ後に着炎火災となって急速に拡大し，約10分後にはフロア全体に煙が充満するとともに，南北両階段室に煙が噴出し始めている．この間，初期消火を行う余裕もないほどの急速な火災拡大であったことが，従業員らの証言によって示されている．

火災階である4階とそれより下の階では，すぐに従業員らの避難誘導がなされていたため，客，従業員とも無事避難をしているが，5階では早期に火災確認情報が伝えられなかったという初期対応のまずさのために，避難余裕時間がかなり制約された模様である．店員食堂にいた従業員らは午後0時38分頃に火災を口頭で知らされているが，階段を通じて助かったのは，このときすぐに階下に降りた者1名だけであった．

今回の火災のように，急速に着炎火災となって拡大するケースでは，煙の拡散や濃度変化がかなり急激であるので，早期の的確な火災感知，確認と警報伝達の体制確立が極めて重要である．また火災の確認後は，危険が迫る前に迅速に対応行動（初期消火だけでなく避難誘導，避難など）を開始することが極めて重要である．一方，対応余裕時間をかせぐためには，スプリンクラなどによる自動初期消火や火災抑制など，火災の急激な拡大を抑えるための防火対策が有効である．

4.2 避難開始の契機（有効な避難誘導方法との関係）

本火災の例に見られた従業員の対応行動から，今後の避難行動開始の動機づけ，あるいは避難誘導方法の検討に関して，以下のような示唆が得られた．

(1) 一般に，自動火災報知設備の発報や非常ベルの音だけでは，すぐには火災とは思わず，現場での確認後，あるいは火や煙を見てはじめて火災と認識する．

(2) 火災階にいないとき，火災とわかった後でも火や煙の状態が自分の身に危険が及ぶ状況に達するまで真剣に避難を考えない場合がある．たとえば，薄い煙に対しては余裕を持って行動しており，濃い煙を見て，あるいは煙が背丈くらいまで降下して初めて即時避

難の必要性を感じている．
(3) フラッシュオーバー以降の煙伝搬の急速な拡大，濃度の変化についての認識が薄いためか，火災を知らされた後，躊躇なくすぐに避難するという行動がとられていない．
(4) 一方，火元の4階や3階以下では，一般客のいる店舗フロアであることも影響しているだろうが，早期の火災確認と従業員のすばやい避難誘導によって，客の安全な避難誘導に成功している．

4.3 安全な避難経路の確保，避難の知識と心得

今回の火災で問題と思われるのは，5階にいた人々にとって唯一の避難ルートと考えられる直通階段が煙で汚染されたために避難手段を失ったことである．このことは，2001年（平成13年）9月1日に発生し，44名が死亡した新宿歌舞伎町雑居ビル火災（唯一の避難階段部分で放火とみられる出火）でも繰り返された問題である．これらの事例に見られるように，平面計画上1階段しか設置されないような中低層ビルにおいても，2方向避難の原則，すなわち煙に対して安全な避難階段の確保のほかに，仮に屋内階段ルートが煙などで汚染された場合でも，屋外階段やバルコニーの設置，あるいは避難器具などの設置によるもう一つの避難ルートの確保が求められていることを示している．

さらに，今回の火災で特に指摘しておく必要があるのは避難の心得である．5階の店員食堂にいた従業員（F）は，午後0時38分頃，事務室の従業員（A）に火災を知らされたのち，すぐに階段を利用して階下に降りて助かっている．このときに，店員食堂にいた他の人々も同様にすぐに避難行動を開始していれば助かった可能性がある．このことは，火災時には一瞬の躊躇もなしに避難行動を開始することの重要性を改めて喚起するものといえよう．

さらに，もう一つ指摘するならば，避難手段を失って室内に籠城するときのサバイバル知識である．事務室にいて救助された従業員らは，煙の進入を防ぐことを意識して廊下に通じるドアを閉めたという．その結果，ドアのすき間から煙が進入してきたものの，救助されるに至るまで生命の危機を感じるほど苦しくはならなかったそうである．防火対策の基本方策とは別の意味で，避難手段を失った際の避難の心得としてこうした基礎的なサバイバル知識も無意味ではなかろう．

4.4 階段室や防火戸などの管理

従業員用として使用されていた北側階段室および踊り場には荷物が置かれていた．特に，5階の防火戸は，ドアの前の荷物が閉鎖障害となって，最初から最後まで開放状態であったことが確認されている．一方，エスカレータの周りの防火シャッタは，今回の火災では有効に作動した模様で，この部分が煙から守られたことによって，3階や4階から客がエスカレータ部分を利用して避難している．

このように，本火災は防火管理体制およびそのチェック体制の重要性を改めて喚起したものといえる．

参考文献

1) 尼崎市消防局：火災, Vol. 40, No. 3 (186号), p. 2 (1990).
2) 室崎益輝：火災, Vol. 40, No. 3 (186号), p. 6 (1990).
3) 塚本孝一：火災, Vol. 40, No. 3 (186号), p. 12 (1990).
4) 安倍北夫：パニックの心理, 講談社現代新書, p. 37 (1974).

（関沢　愛）

液化窒素貯槽爆発事故

1. 事故の概要[1]

- 発生日時：1992年（平成4年）8月28日（金），午後10時頃
- 発生場所：北海道石狩郡石狩町 食品工場
- 人的被害：死傷者0名
- 物的被害：液化窒素貯槽が破裂し，食品工場が半壊．貯槽を中心に半径200mにわたる工場などの建物25棟の外壁，窓ガラス，シャッタ，駐車中の車両39台，その他電柱などに爆風や飛散物による破損．

貯槽の破片の最大飛距離は350mに及び，貯槽の断熱剤（パーライト）は半径100mの範囲に飛散した．直接被害額は，約4億4,000万円に上るという．

1.1 貯槽の仕様，運転状況など

爆発した液化窒素貯槽および付属設備の概要を図1に示す．最高使用圧力0.931 MPa，設計温度-196℃，内容積8.34 m^3，最高充填量7.50 m^{3}である．

事故直近の状況は，1992年（平成4年）6月26日にタンクローリにより充填され，同月27,28日に使用の後，7月2日に再び2000 m^{3}充填されていた．なお，充填後の液量は標準状態の気体換算で2800 m^{3}であった．この後は，8月28日の事故が発生した日まで使用されていなかった．

保守管理上問題と思われるのは，食品工場に設置後の年1回の定期自主検査において，第1回目（1989年9月）～第3回目（1991年9月）まで毎回，検査を実施したエンジニアリング会社によって貯槽の圧力が最高使用圧力近くまで上昇しているので，使用しない場合は圧力上昇に注意する旨のコメントを受けていることである．たまたま毎回の定期検査時にかけて

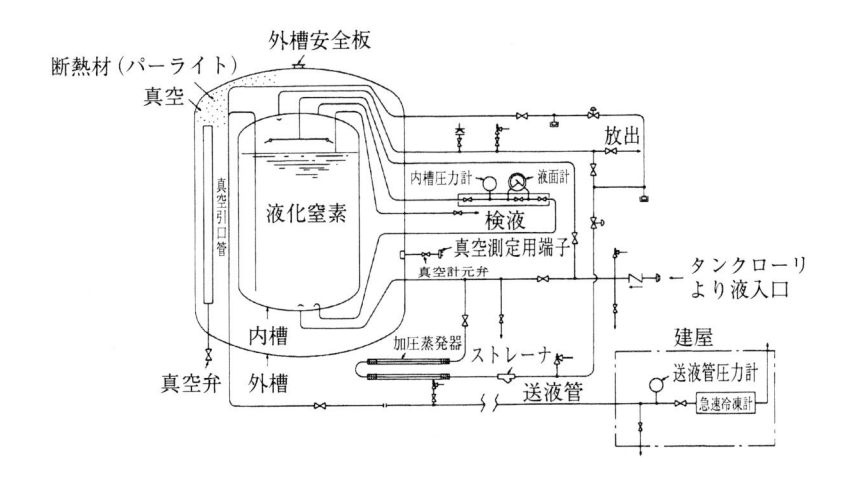

図1 貯槽および付属設備の概要[1]

(34)　　液化窒素貯槽爆発事故

徐々に内圧が上昇し，最高使用圧力まで上昇していたのか，それともばね式の主安全弁が作動して最高使用圧力に維持されていたのか疑問である．

また，定期自主検査はエンジニアリング会社に任せ，1日当たり始業時・終了時・ほか1回の点検と保安教育は実施されていなかった．そのため，この施設に関する知識を持ち，取扱

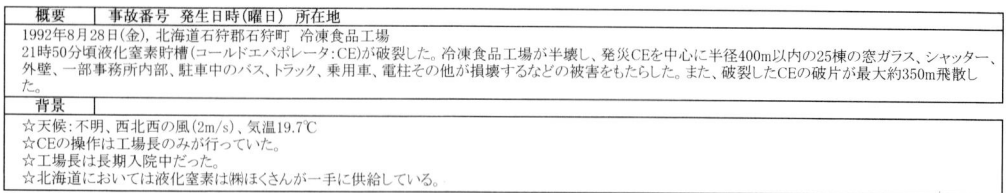

概要	事故番号	発生日時(曜日)	所在地
	1992年8月28日(金)，北海道石狩郡石狩町　冷凍食品工場		
	21時50分頃液化窒素貯槽(コールドエバポレータ：CE)が破裂した．冷凍食品工場が半壊し，発災CEを中心に半径400m以内の25棟の窓ガラス，シャッター，外壁，一部事務所内部，駐車中のバス，トラック，乗用車，電柱その他が損壊するなどの被害をもたらした．また，破裂したCEの破片が最大約350m飛散した．		

背景
☆天候：不明，西北西の風(2m/s)，気温19.7℃
☆CEの操作は工場長のみが行っていた．
☆工場長は長期入院中だった．
☆北海道においては液化窒素は㈱ほくさんが一手に供給している．

区分	原因事象		事故進展フロー	備考
経過		1	1988年9月　当該貯槽が冷凍食品工場に移設される．	㈱ほくさんの機器製作工場にて精密検査及び試験を実施済み
		2	1989年9月　貯槽の圧力が最高使用圧力(0.98MPa)近くまで上がっているので，使用しないときには圧力上昇に注意することとの指摘あり	第1回定期検査
		3	1990年9月　貯槽の圧力が最高使用圧力近くまで上がっているので，使用しないときには圧力上昇に注意することとの指摘あり	第2回定期検査
		4	1991年9月　貯槽の圧力が最高使用圧力近くまで上がっているので，使用しないときには圧力上昇に注意することとの指摘あり	第3回定期検査
		5	1992年7月2日　液化窒素2,000m³充填	破裂前最後の充填　充填後内容量2,800m³
	放置され，自然環境による加熱により内圧が上昇	6	?　バネ式安全弁作動	設定圧力1.1MPa
		7	?　バネ式安全弁元弁閉止	点検・交換の際に使用するためバネ式安全弁上流側に元弁が設置されて
	放置され，自然環境による加熱により内圧が上昇	8	?　破裂板式安全弁作動	設定圧力1.8MPa〜2.3MPa
		9	?　破裂板式安全弁元弁閉止	点検・交換の際に使用するため破裂板式安全弁上流側に元弁が設置されていた
	放置され，自然環境による加熱により内圧が上昇	10	8月28日22時頃　貯槽破裂	破裂圧力は7MPa程度と推定されている
対応操作		11	8月29日午前0時頃　北海道職員が現場に到着　人的被害及び二次災害の可能性がないことを確認	
		12	9月7日　全道のCE設置事業者に対し，一斉点検が指示される	
		13	9月21日　冷凍食品工場に対し，立ち入り検査が実施さ	
恒久的対応策		1	設備　安全弁，破裂板の元弁の常時開放	
		2	検証　保守管理の徹底・1日1回以上設備の作動状況を確認・異常に圧力が上昇している時は，ブローする等圧力を降下させるための適切な措置を行う	
		3	教育　従業員に対する保安教育の徹底	
		4	法改正	平成16年3月29日付で一般高圧ガス保安規則が改正される　〇同時に閉じることができない構造の元弁に接続された2以上の安全装置の設置，及び圧力上昇時に当該安全装置が作動する前に自動的に圧力を放出するための機能を設ける．　〇貯槽に取り付けた配管には，2つ以上のバルブ及び緊急時に遮断する措置を講ずる．
教訓	・届出のみで済む第二種事業者の設備であっても，複数の従業員にその設備に対する知識がなければならない．(この事故では唯一この設備に精通していた工場長が長期入院していた．)　・安全を確保するための設備には，その機能を容易に停止する機器をつけてはならない．　・十分な知識を持たない人が高圧ガス設備を操作してはならない．　・定期検査の結果を有効活用する仕組みが必要である．(この貯槽では定期検査のたびに圧力の異常上昇が指摘されていた．)　・不活性ガス設備であっても高圧力による危険性は小さくない．			

図2　事故進展フロー

いを行っていたのは工場長のみだったと思われる．事故後の経緯を図2に示す．

1.2 貯槽の破裂状況など

オーステナイト系ステンレス鋼（SUS 27 P，現行 JIS：SUS 304）の内槽は，図3に示すように約7個に破断し，飛散していた．破断面は典型的な延性破壊の様相を示しており，内槽は過大な圧力によって瞬間的に破裂したものと推定された．

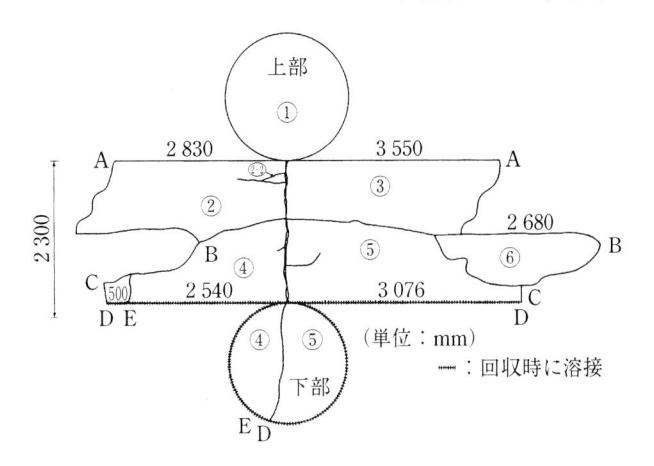

図3 内槽の破裂状況[1]

炭素鋼（SS 41 P，現行 JIS：SS 400）の外槽は約11個に破断し，飛散した．破断面の一部には低温脆性破壊の様相も認められたが，大部分は典型的な延性破壊の様相を示しており，外槽も過大な圧力により瞬間的に破裂したものと推定された．

貯槽の破片は，前述のように約18個になって周囲へ飛散した．最も遠くへ飛散したのは外槽の一部であり，380 kgの重量を有する破片が350 mも飛んでいた．

1.3 回収された弁類の状況など

内槽・外槽に直結した配管や弁類は，破裂に伴い飛散し，損傷を受けていたが，弁類はすべて閉止状態にあるものと判断された．特に安全弁の元弁については，X線透過試験および切断後の観察も行って閉止状態であることが確認された．他の弁類についても事故発生時には閉止状態であったものと推定され，この貯槽は密閉状態で事故に至ったものと推定された．また，破裂板式の補助安全弁の元弁が閉止状態であるにもかかわらず破裂板が破裂していることが確認された．破裂板は外側へ破裂しており，内圧により破裂したものと考えられる．

同一型式の安全弁やバルブ類について作動試験を行ったところ，主安全弁は1.04 MPa，また補助安全弁は1.57 MPaとほぼ設定圧力どおりであることが確認された．さらに，バルブ類は圧力9.80 MPaまで漏洩のないことが確認された．

2. 事故原因

以上のような調査結果から，内槽・外槽ともに過大な内圧により破裂したと考えられ，すべての弁類が閉止状態であったことも過大な内圧が発生しうる状況であったことを示している．低温液化ガスを常温で長期間放置すれば，断熱貯槽であっても熱伝導率は0ではないから，徐々に熱が内部に侵入し，液温が上昇して蒸発により内圧が上昇するのは当然であるが，なぜ貯槽の破裂にまで至ったのであろうか．

前述のように，この工場においては7月2日以降ほぼ2カ月にわたり液化窒素が使用されていなかった．また，高圧ガス取扱いの知識を有するのは工場長のみであったが，不幸なことに，この期間入院中であった．工場従業員に対する保安教育が行われていないことから，他の従業員は液化ガスに関する知識がなかったものと思われる．

次に，すべての弁類が閉止状態であったことについては理由が解明されていないが挙げられ

る．少なくとも，定期点検時には弁類，安全弁の元弁についても開放状態であることが記録されているので，閉止されたのはそれ以降であると考えられる．主安全弁の方が補助安全弁より設定圧が低いので，主安全弁と補助安全弁の両方の元弁が開放されていれば，まず主安全弁が働くものと考えられる．実際には補助安全弁の破裂板が破裂していたので，補助安全弁も働いたことがわかる．

以上のことから，定期点検後内圧が上昇して主安全弁が作動し，主安全弁の元弁閉止，内圧が再度上昇して補助安全弁が作動し，補助安全弁の元弁閉止，再び内圧が上昇して貯槽が破裂したという経過をたどったのではないかと想定される．このうち，時期が明確なのは定期点検の時点と貯槽破裂の時点だけであり，いつ安全弁が作動したか，あるいはいつ安全弁の元弁が閉止されたかという点は不明である．どちらかの安全弁の元弁が開放状態であればこのような事故は防げたものと考えられるが，安全弁の作動確認の試験を行ったところ，窒素蒸気の噴出による激しい白煙と音が発生し，液化ガスの知識を持たないものであれば，不安を感じて弁を閉止することにより噴出を止めようという行為に出ることも考えられる．ただし，聞取り調査の範囲では，安全弁の作動に気がついたか，あるいは安全弁の元弁を誰がいつ閉止したかということは不明である．

2.1 内圧上昇の原因

液化ガス貯槽の内圧上昇の過程には二つのケースが想定される．周囲空気との温度差により熱が液化ガスに伝わるのは同じであるが，熱平衡状態で徐々に液化ガスが蒸発して貯槽の内圧が上昇する場合と，温度は上昇するものの蒸気は発生しない過熱と呼ばれる非平衡状態になり，非平衡が崩れる限界の温度で一気に平衡状態に相当する蒸気が発生する過熱限界蒸気爆発と呼ばれる現象が起こる場合である．液化窒素では，過熱限界蒸気爆発では理論的に 1.27 MPa 以下の圧力しか発生しないので，この爆発事故の原因にはなり得ないことがわかった．

今回のケースは，初めの平衡状態で蒸気圧が上昇する場合であり，周囲の空気により液化窒素が徐々に暖められ，熱の侵入に見合うだけの液化窒素が蒸発して徐々に内圧が上昇したものと考えられている．7月2日の液化窒素充填時には，内槽の圧力は 0.1 MPa，温度 $-196\,°C$ であるものとして計算すると，外気温を $25\,°C$ としても，真空度が多少劣化していればほぼ2カ月で圧力が 7 MPa 程度に上昇することがわかった．なお，窒素は臨界圧力が 3.39 MPa であるので，これ以上の圧力になると液体は完全に気化し，気体の窒素のみとなっている．

2.2 破裂圧力の推定

次に，内槽に使用されている SUS 304 が破裂する圧力は，$-81\,°C$ のときに約 7 MPa と推定された．この温度は，まだ槽内に液体窒素が存在するときの気体部分の平均温度であり，槽内の圧力が 7 MPa まで上がった時点では槽内はすべて気体となり，当然，この温度よりも高くなっている．SUS 304 では，温度が高い方が強度は低下するので，$-81\,°C$ より高い温度では 7 MPa よりも低い圧力で破裂すると考えられる．すなわち，材料強度の点でも 7 MPa は破裂するのに十分な圧力であることが確かめられた．なお，外槽は内槽よりも強度が低いので，内槽が破裂すれば瞬時に外槽も破裂するものと考えられる．

また，貯槽の破片の飛散距離から，このような飛散状態となるためには破裂時の圧力はどの程度必要かを推定することもできる．最も遠くへ飛散していた外槽の破片は，重量 380 kg，また飛距離 350 m であったが，これだけの距離飛ばすためには破裂時の圧力は最低でも 5.9 MPa 必要と推定され，先の圧力上昇の推定値や材料強度からの破裂圧力の推定値より小さい矛盾

のない値であることが確認された．

　以上のように，今回の爆発事故では，液化窒素が貯槽内に約 2 カ月間放置されていたことにより，約 7 MPa まで内圧が上昇し，貯槽の破裂に至ったものと推定された．

3. 事故の教訓

　この事故の起こったときには，この工場で唯一この設備に精通していた工場長が長期入院していた．届出のみで済む第二種事業者の設備であっても，このような場合の対応を考えると，複数の従業員にその設備に対する知識がなければならない．

　破裂事故前に安全弁が噴いているはずであるが，安全弁の上流側の弁が閉じられていた．誰が閉じたかは不明であるが，工場長が不在であったことを考えると，高圧ガスに関する十分な知識を持たない人が弁を閉じたものと考えられる．その際に，液化窒素の供給業者に連絡していれば適切な対応がとれたのではないかと考えられ，十分な知識を持たない人が高圧ガス設備を操作してはならない．また，安全を確保するための安全弁のような設備には，その機能を容易に無効にできる機器をつけてはならない．

　さらに，この貯槽では定期検査のたびに圧力の異常上昇が指摘されており，貯槽の管理状況に問題があったものと推定される．定期検査の結果を有効活用し，事前に危険を回避する仕組みが必要である．

参考文献

1) 液化窒素貯槽事故調査委員会報告書, 高圧ガス保安協会 (1993).

（大谷英雄）

富士石油・袖ケ浦製油所爆発事故

1. 事故の概要[1]

- 発生日時：1992年（平成4年）10月16日（金），午後3時50分頃
- 発生場所：千葉県袖ヶ浦市 富士石油（株）袖ヶ浦製油所
- 人的被害：死傷者17名（内訳：死亡10名，負傷7名）
- 物的被害：同製油所の一部設備，トラックなどが破損するとともに，隣接事業所の設備，タンクなどが破損．被害金額は，直接被害額で約24億円．

減圧軽油水素化脱硫装置のスタートアップ作業時に，装置内の原料フィード熱交換器の上部フランジ付近から白煙が上がっているのを作業員が発見し，何らの対策をとろうと試みている最中に爆発が起こったものと考えられる．この爆発で熱交換器内部の高温の軽油と水素の混合流体が噴出し，何らかの着火源により発火し，周囲にいた作業員などが火炎にさらされたものと考えられる．熱交換器のチャンネルカバー，ロックリングなどは約200m離れた他社の建屋を直撃していた．以上の経緯を図1に示す．

2. 事故の原因

図2に，爆発した熱交換器の構造を示す．この爆発は，ロックリング⑲などの変形により，熱交換器内の高温・高圧の流体（胴側 約6.9 MPaG，395～340℃，管側 約7.8 MPaG，265～325℃）が漏洩し，その熱および圧力により熱交換器本体①とロックリングのねじ部のかみ合い高さが減少し，内部の圧力に耐え切れなくなってねじが外れてロックリング⑲，チャンネルカバー⑮などが内圧により押し出されて起こったものと考えられる．爆発の直接の引き金となったものは混合流体の漏洩であるが，この漏洩に関してはロックリング⑲などの変形がその原因となり，さらに混合流体の漏洩によりロックリング⑲の変形が進むというように両者は密接に関係している．

混合流体の漏洩に関しては，以下のようなシナリオが推定された．

(1) 熱交換器のガスケットリテイナ⑬は製作時には平板状であるが，バックアップリング⑱とコンプレッションリング⑯に拘束された状態で熱交換器の昇温・降温の熱サイクルが繰り返されることにより変形し，結果として直径が減少した．事故直前の開放検査時に，ガスケットリテイナがガスケット溝に収まらなくなったために生じたと推定される損傷が認められている．

(2) 溝に収まらなくなったため，ガスケット溝角部およびガスケットリテイナ角部が斜めにグラインダ補修された．この補修により，ガスケットリテイナ⑬はガスケット溝角部に乗り上げやすい状態になっていた．

(3) この補修後の昇温および通常使用時には，ガスケットリテイナ⑬はガスケット溝内のガ

2. 事故の原因

概要	事故番号　発生日時(曜日)　所在地
	整理番号:190, 1992年10月16日(金), 千葉県袖ヶ浦市　富士石油㈱袖ヶ浦製油所
	15時52分頃、重油間接脱硫装置内の熱交換器付近において爆発・火災が発生し、17分06分鎮圧、18時35分鎮火した。
	人的被害：死者10名、負傷者7名。
	物的被害：同製油所内の一部設備、トラック等が破損するとともに、火災および部品の飛散により隣接工場の設備、タンク等が破損した。
背景	☆天候：晴れ、東南東の風(4m/s)、気温21.6℃、湿度56.4%
	☆ブリーチロッククロージャー型の熱交換器であった。
	☆スタートアップ時に漏れがあっても、増し締めで対応できるものは増し締めを行うということが規定されていた。
	☆開放検査時の補修について検討がされていなかった。

区分	原因事象	事故進展フロー	備考
経過		1　1975年2月　当該熱交換器が製作される。	
		2　開放検査・整備3回	
		3　1988年5月／1991年6月　製作工場にて開放検査および整備を行う。	・内部品の目視検査、寸法測定 ・本体内面溶接部、管板耐圧溶接部およびフランジリング溝の浸透探傷試験 ・本体外面溶接部の磁粉探傷試験 ・脱水素処理 ・金属表面組織検査 ・耐圧／気密試験 ・部品交換および補修
	ガスケットリテイナーがガスケット溝に収まらなかったため、ガスケット溝角部をグラインダー補修した。		
		4　1992年9月30日〜10月3日　9月30日からチャージダウン、降温降圧作業を行い、10月3日に窒素ガス置換、反応器の開放作業を完了した。	
		5　10月4日〜10月11日　反応器内の触媒交換作業を実施した。	
		6　10月12日　窒素ガス置換、連結パイプ取付け、酸素の有無の確認等のスタートアップ準備作業を実施した。	
		7　10月12日　スタートアップ作業：実ガステスト、パイロットバーナ点火	
		8　10月13日　メインバーナ点火	
		9　10月14日　オイルイン	
		10　10月16日　発災頃　ほぼ定常状態	熱交換器管側入口温度194℃、圧力7.55MPa 　　　　　出口温度254℃、圧力7.53MPa 　　　　　胴側入口温度311℃、圧力6.67MPa 　　　　　　　出口温度262℃、圧力6.63MPa
		11　発災直前　最終段階のボルト締付け作業を実施していた。	
		12　15時52分頃　隣接熱交換器のボルト締付け作業後、発災熱交換器の検知孔から水素ガスの漏えいを発見し、対応中に爆発し、火災が発生した。	
対応操作		13　事故発生直後　通商産業省大臣官房参事官および石油精製課長等が現地に派遣され、情報収集を行うとともに、千葉県に対し、担当官の現地派遣および事故原因の究明等が指示される。	
		14　10月17日　通産省、労働省、警察、消防、千葉県による合同現場検証が実施された。	
		15　10月18日　政務次官、立地公害局長、大臣官房参事官、資源エネルギー庁石油部長、関東通商産業局総務企画部長等が現地視察を行った。	
		16　10月19日　関係各府県、業界団体および高圧ガス保安協会に対し、同種の重油間接脱硫装置等の再点検等を内容とする立地公害局長通達が出される。	
恒久的対応策		1　設備　保守管理に関して、コンビナート事業所の自主保安の意識を一層向上させること。	
		2　設備　設備の劣化等を先取りする計画的管理を行うための方法論についても研究すること。	
		3　教育　コンビナート事業所における教育・訓練の充実を図ること。	
教訓	・設備メーカーとコンビナート事業者との保守管理における役割分担が明確ではなく、技術的検討が不足していた。 ・本来の設計思想から外れるような補修を行ってはいけない。(ガスケット溝角部をグラインダー補修したことが直接的な原因の一つとなっている。) ・定期検査の結果を有効活用する仕組が必要である。ガスケットリテーナー、ロックリングの変形、ロックリングの熱交換器本体からの突出し等の保安上の問題点が検討されていれば事故を免れた可能性もある。 ・高圧ガス設備では、圧力による部品の離脱を予測しておくべきである。(作業員が熱交換器正面に待機していたため、ガスケットリテイナー、ロックリング等の離脱により、内容物が正面に喰い出し被災したものである。) ・7MPa程度の圧力でも1ton程度の物体を100mくらい飛散させるポテンシャルがある。		

図1　事故進展フロー

スケット⑭を押さえる状態になっており、高温流体は漏洩しなかった.
(4) 発災前の降温時に、ガスケットリテイナ⑬は熱収縮により再びガスケット溝角部に乗り上げ、ガスケット⑭は浮いた状態になっていたが、ガスケットリテイナ⑬とガスケット

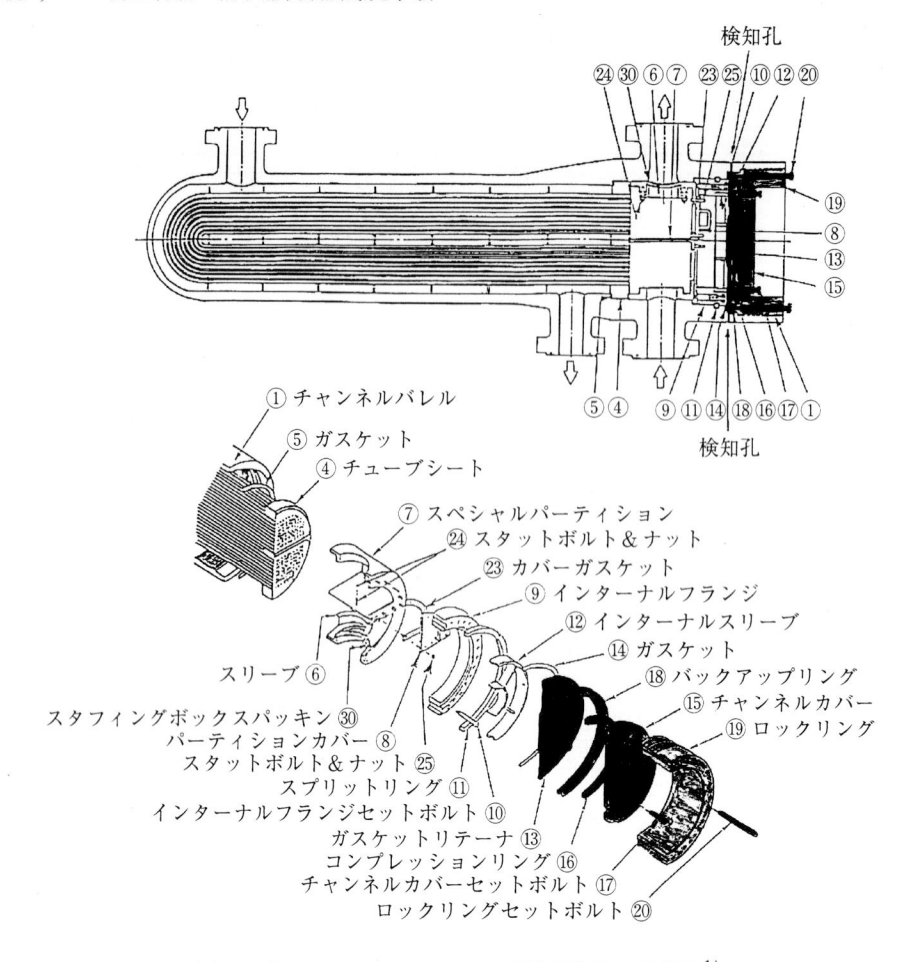

図2 ブリーチロッククロージャ型熱交換器の構造図[1]

溝角部が直接接触することによって高温流体の漏洩を防ぐ形になっていたものと推定される．すなわち，ガスケットリテイナ⑬とガスケット溝角部の接触が断たれれば熱交換器内部の高温流体は漏洩する状態であった．

(5) 発災に至る昇温時には，熱容量の小さいガスケットリテイナ⑬が先に熱膨張することによりガスケット溝角部から離れ，ガスケット⑭は浮いた状態のままであったので，内部の高温流体が漏洩を始めた．

(6) ガスケットリテイナ⑬とガスケット溝の間に生じたすき間から多量に漏れた高温流体は，熱交換器の上下にある内径6 mmの検知孔だけでは排出できないので，チャンネルバレル①内の各部材のすき間に高温・高圧の流体が溜まった．ここは，通常，高温・高圧とはならない箇所であるので，この圧力と温度により熱交換器本体が膨張変形し，ロックリング⑲とチャンネルバレル①のねじ部のかみ合い高さが減少する．

(7) 以上のような原因により，ねじ部のかみ合いが外れ，チャンネルカバー⑮などが内圧により押し出されてしまった．

3. 事故の教訓

　この事故では，発災前の点検時に熱交換器の不具合，たとえばガスケットリテイナの変形が確認されているにもかかわらず適切な対応がとられておらず，これが事故の間接的な原因ともなっている．その時点では，事故の発生を予想させるような不具合ではなかったかも知れないが，設計時の機器の運転条件から外れる状態が確認された場合には，現場の判断で対応するのではなく，運転・管理の責任者に必ず連絡し，できれば設計思想にまで立ち戻って十分に検討する体制を整備しておく必要がある．

　また，この事故は，まさに高圧の容器の蓋が飛んだ，あえていえばシャンペンのボトルからコルク栓が飛んだような事故である．高圧ガスボンベで圧力調整器を操作するときに圧力調整器のライン上に体を置いてはいけないとはよくいわれることであるが，同じように高圧容器の傍にいる場合には，高圧容器と一体になっていない部品，高圧容器から外れる可能性のある部品のライン上には立ち続けないという注意も必要ではないだろうか．今回の事故でも，ロックリングなどが外れて飛んだ方向からもう少し離れていたら，かなりの人が助かったのではと惜しまれる．

　なお，製造時のロックリングの取違えといったことも指摘されているようであるが，寸法などは同じであり，長期間の運転実績もあることから，取違えそのものが原因とは考えられない．

参考文献

1) 富士石油（株）袖ヶ浦製油所事故調査報告書，高圧ガス保安協会 (1993).

（大谷英雄）

ごみ処理施設での製本ごみの粉塵爆発事故

1. はじめに

　産業廃棄物や産業廃棄物を扱う施設での火災，事故は多く，特に，最近目立つようである．ここ数年，自動車シュレッダダスト，RDF（家庭ごみなどを固化・成形して発電用燃料に使用するもの）や木材チップ，マグネシウム合金，肉骨粉などの特殊な産業廃棄物やリサイクル物質による火災，事故も多く[1),2)]，今後の防災対策上，重要なテーマの一つである．

　本事故は，製本ごみ（産業廃棄物）が一般廃棄物処理施設に持ち込まれて，爆発・火災を起こしたものである．このような物質を一般廃棄物として出すべきではない．一方では，産業廃棄物の搬入を回収段階や施設への搬入の段階でストップするなど，搬入物に対して一般廃棄物施設で十分な対策をとっておれば防げた爆発・火災である．

2. 爆発の概要

　一般廃棄物施設（図1）において，製本業者から持ち込まれた製本ごみ（産業廃棄物）を処理中（ベルトコンベアで焼却炉へ移送中），粉塵爆発・火災を起こしたもので，火災の概要は，以下のとおりである．

- 発生日時：1995年（平成7年）3月7日，午後1時42分頃
- 発生場所：朝霞市クリーンセンター（埼玉県朝霞市大字浜崎）
- 消防活動：朝霞市消防本部から6隊，18人が出動し，屋内消火栓などを使ってごみ投入ホッパ付近のごみ火災を約2時間で消火した．
- 人的被害：なし（火災当時，通常運転中で，作業員はコントロール室で監視中であり，現場付近にはいなかった）
- 物的被害：ベルトコンベア室内での粉塵爆発で，処理施設の内部，建物壁面，屋根などが破壊された．また，ごみ投入ホッパ（漏斗状の貯蔵装置）付近で火災が発生した．被害は当該建物のみで，周囲への延焼などはなかった．

3. 爆発の直接原因

　爆発・火災の詳細な調査報告書は既に出されている[3),4)]ので，ここでは簡単に述べるにとどめる．火災前日に当該施設に持ち込まれた製本ごみ〔段ボール箱入り合計約30箱（1箱当たり最大重量18 kg以上）〕が，破砕機で破砕された後に，焼却炉へ運ぶため，ベルトコンベアで運搬中（断面積 $1.1\ m^2$，移送速度 $0.2\ m/s$，距離 28 m，高低差 16 m），製本ごみの約3分の1（10箱）の運搬を終えた頃，ベルトコンベアの振動によりベルトコンベア室内で製本ごみが舞っていたため，焼却炉の火を引いて発火，ベルトコンベア室内で粉塵爆発を起こし，さら

3. 爆発の直接原因

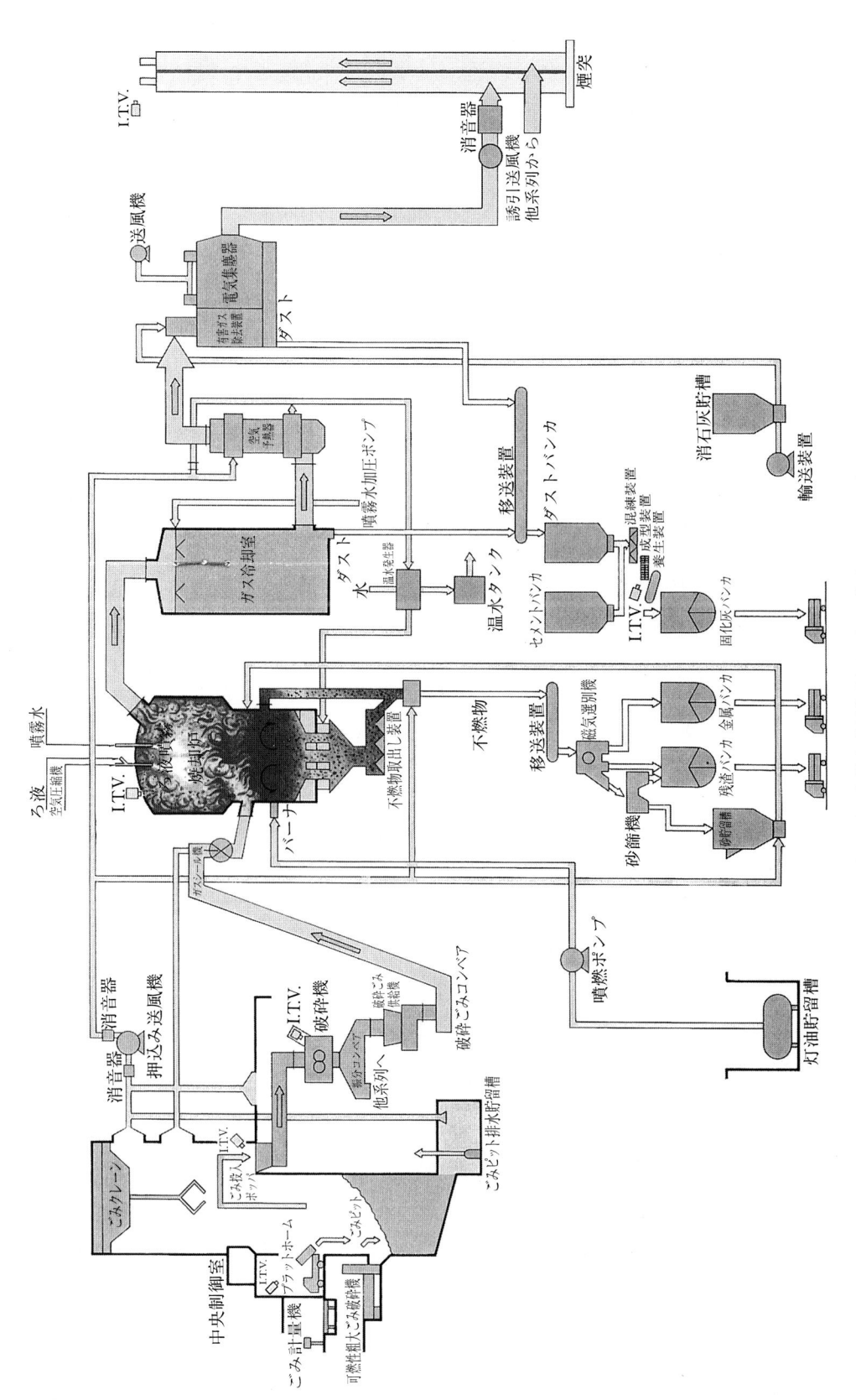

図1 施設の全体図（流動床式焼却炉型, 処理能力 70 ton/日）

図2 火災現場(爆発によって被害を受けた施設のドア)[3]

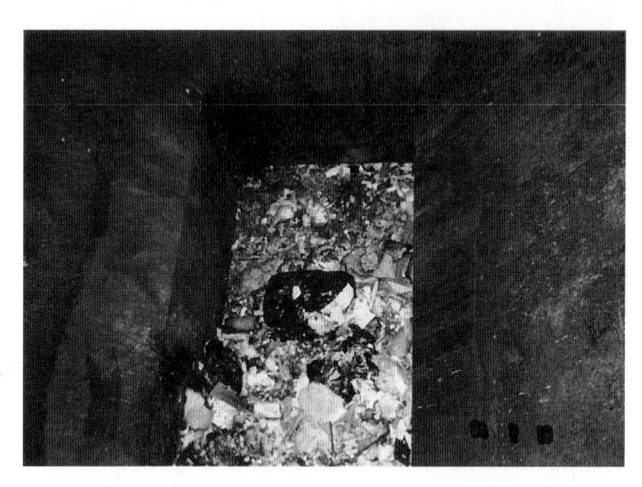

図3 ごみ投入ホッパ内のごみ[3]

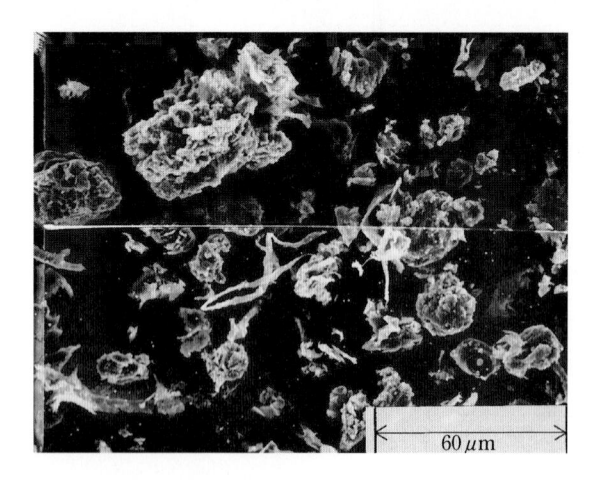

図4 製本ごみの電子顕微鏡写真[3],[4]

にごみピット付近で火災になったものである(図2,図3).

焼却炉の火炎が逆火しないようガスシール機が設置されていたが,ガスシール機の5mm程度のすき間から火炎がベルトコンベア部まで逸走し,そこで粉塵爆発に至ったものと思われる〔ガスシール機が十分なシール機能(逆火防止)を発揮していなかった可能性がある(設計または製造上のミスの可能性もある)〕.なお,事故当時の焼却炉の運転状況は良好で,焼却炉側には爆発に結びつく点はなかった.

火災を起こした製本ごみは,出版社に返本された書籍の汚れを落とし,新本並みの体裁に整え,再出荷するため,背表紙を除く3面を研磨した際に生じる紙の粉である.幅広い粒径分布を有するが,平均粒径は,48.5 μmで(図4),消防研究所の実験でも容易に粉塵爆発を起こすことがわかった(図5[3],[4]).

製本ごみは,段ボール箱に入れられて搬入されたため,そのままであれば余り粉塵が舞うことはないが,段ボール箱がうまく破砕され,ベルトコンベア上で振動のため,粉塵を形成した可能性がある.紙の粉の爆発下限界濃度を150 g/m^{2}とすれば,ベルトコンベアダクト室の容積が35 m^{2}であるため,5.3 kg以上の製本ごみがあれば,粉塵爆発の雰囲気を作ることが可能である.また,搬入ピットで散水が行われていたが,事故当日,乾燥注意報が出ており,散水の効果が十分であったかどうかはわからない.

図5 粉塵爆発の様子（左側の爆発室で，50 000 V の放電で製本ごみを爆発させ，右側の部屋に火炎が伝播，爆発して火炎が噴出したところ）[3),4)]

4. 爆発の背景，問題点および対策

4.1 産業廃棄物と一般廃棄物施設

　産業廃棄物は特殊なものが多く，産業廃棄物専門の企業によって処理すべきもので，一般廃棄物施設で受け入れるべきものではない．小規模な製本処理業は，朝霞市周辺に多く（数十の工場），いわば地域の地場産業であった．爆発を起こした物質は産業廃棄物であるが，事故を起こした施設は一般廃棄物施設である．産業廃棄物を一般廃棄物施設へ持ち込むということが，長年暗黙の慣行になっていたようである（あるいは気づかなかった）．

　しかし，一般廃棄物施設では，物質に応じて特殊な対応をしなければならない産業廃棄物までは扱うべきではない．事故を起こした物質も長年にわたって搬入されていたが，これまでは，たまたま事故に至らなかったようである．万一，産業廃棄物を受け入れるのであれば，化学物質の危険有害性表示制度に基づく MSDS（Material Safety Data Sheet：製品安全データシート）を提出させて，また MSDS が用意できない場合には，危険性について説明を受けて，事前に十分な対策を納入者と打ち合わせて確保する必要がある．

4.2 危険ごみの除去

　一般廃棄物でも，殺虫剤，整髪剤などのスプレー缶，LP ガスボンベ，乾電池，リチウム電池，塗料類など，火災，爆発を起こす可能性のある物質が十分な分別が行われないまま持ち込まれ，処理施設だけでなく，ごみ回収車でも火災を起こして問題になっている．これらの危険性の高いごみの回収時点または搬入時点での除去，有価ごみの回収など，一層の対策が望まれる．そのためには，施設での受入れ担当者，回収業者（担当者）の教育，一般市民を含めた啓蒙活動（ごみの分別回収の促進）も重要であろう．まして，危険性が不明な産業廃棄物の搬入は避けるべきである．

　製本ごみは，基本的には紙であり，一般ごみと大きな差がないとの考えもあったのだろうが〔採取した製本ごみの発熱量（未乾燥物 14.0 kJ/g，含水分 12 %）は，木材（18〜22 kJ/g），

石炭（20～30 kJ/g），木炭（28～32 kJ/g）よりも小さい］，平均粒径 48.5 μm と粉塵爆発を起こすことまでは予測していなかった．

4.3 ベルトコンベアでのごみ移送中の事故

ベルトコンベアでのごみ移送中の事故は極めて多く，廃棄物施設での最も注意すべき箇所の一つである．尾川[2]によれば，過去97件の廃棄物施設での火災例を調べると，その約25％がベルトコンベア上である．その他の事故多発場所としては，ごみピット（28％），破砕機（19％）が挙げられている（図6）．

一般の化学プラントでもベルトコンベアから出火という例が多い．これは，ベルトコンベアの摩擦や振動で温度が上昇したり，粉塵が舞っているにもかかわらず，密閉空間であるため，粉塵爆発や火災の発見が遅れることも多い．たとえば，2002年（平成14年）5月の東京都大田区での不燃ごみの中間処理施設での火災[5]や2003年（平成15年）5月，6月の川崎市や7月の福井市でのRPF（廃プラスチックなどを原料に固形化したもので，燃料，製鉄業で使用される）製造施設での火災もベルトコンベア室で火災が始まった．

そのために，消防本部の指導で，ベルトコンベア室に水蒸気や不活性ガスの封入や散水を行っている例も多い．散水は粉塵爆発の防止には一定の効果がある．なお，ガス爆発に対しては，散水だけでは不十分で，酸素濃度の低下を図る必要がある．また，紫外線感知式の火災感知器をつけている例もある（図7）．摩擦熱の発生を防ぐためにはベルトコンベアの移動速度は遅い方がよいが，施設の効率的稼働のためには速い方がよい．また，ベルトコンベア材料などの火災，事故を起こしやすい箇所は不燃化を進めるべきであろう．

4.4 その他

廃棄物施設は，化学工場に近い危険性を有しているといえる．したがって，電気設備の防爆化，建物の防爆構造化など，化学工場で行われている程度のレベルまで施設の安全化を進めるべきである．また，施設の管理者は，化学の知識を含めて幅広い知識を有し，MSDSが提出された場合でも十分に理解できることが望まれる．

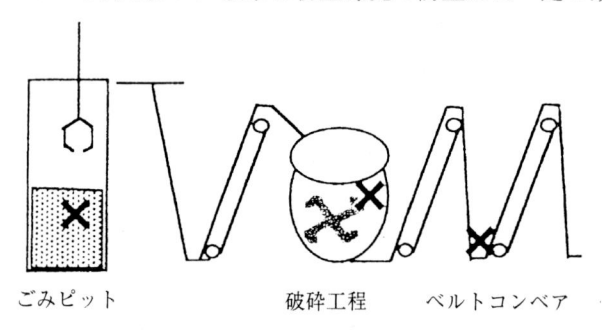

図6　廃棄物施設で事故を起こしやすい箇所（×印）[2]

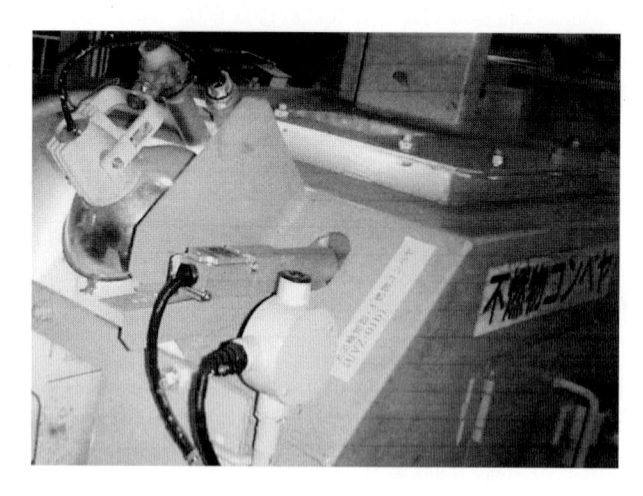

図7　ベルトコンベア内火災検知装置の例

5. おわりに

　廃棄物や廃棄物施設の火災，事故は，今後とも複雑化・多様化したうえで件数も増加する傾向があるように思われる．今後の防災対策上，重要なテーマの一つである．特に，産業の高度化によって産業廃棄物は複雑なものが増えている．これらは，十分な知識を有する産業廃棄物専門の業者に任せるべきで，一般廃棄物施設では，原則として受け入れてはならない．また，ベルトコンベア材料などの火災，事故を起こしやすい箇所は不燃化などの火災対策が必要である．

参考文献

1) M. Wakakura, T. Uchida, Y. Shimizu and H. Koseki : Hazard Evaluation of Fires and Exposions Occurred at Waste Treatment Area in Japan, Proceedings of 11th International Symposium Loss Prevention 2004, Praha (2004.5.31-6.3).
2) 尾川義雄：「廃棄物処理施設等における火災に関する文献紹介」，消防研究所報告 96, pp.109-113 (2003.9).
3) 朝霞市環境部：朝霞市ごみ処理施設爆発火災事故原因調査報告書 (1995.11).
4) 古積　博・長谷川和俊・駒宮功額：「ごみ処理施設での粉じん爆発火災」，安全工学，Vol.36, No.2, pp.115-121 (1997).
5) 佐田立郎・平山浩美・立川　克：「ベルトコンベアの燃焼性状に関する委託研究結果について」，第51回全国消防技術者会議資料, pp.45-49 (2003.10).

（古積　博）

圧縮空気貯槽破損事故

1. 事故の概要[1]

- 発生日時：1995年（平成7年）7月31日（月），午前8時27分頃
- 発生場所：埼玉県北本市 三菱マテリアル（株）桶川製作所
- 人的被害：事業所内…重傷4名（内1名は13日後に死亡），軽傷12名
  事業所外…重傷1名，軽傷1名
- 物的被害：銅合金押出しプレス装置に係わるアキュムレータ設備の破損．事業所内建物の外壁（スレート），窓ガラス，屋根などの破損．車両7台損傷．事業所外建物の損傷78件．事業所外畑，水田の被害27件．

1995年（平成7年）7月31日，午前8時27分頃，設備担当作業者が押出しプレス装置を稼動させるため，当該装置のアキュムレータ上部に設置されている手動バルブの操作を行っていたところ，当該設備に連結されている圧縮空気貯槽付近において爆発・火災が発生した．直ちに消防署に通報し，消防車が駆けつけて放水し，午前8時44分頃鎮火した．以上の経緯を図1に示す．

2. 事故の原因

爆発した圧縮空気貯槽は，図2に示す1650 ton押出しプレス装置の一部である．破裂したのは同型・同サイズの圧縮空気貯槽A号機およびB号機であり，他は火災による損傷はあるものの，内圧による破損は認められない．ただし，圧縮空気貯槽とアキュムレータ（蓄圧器）をつなぐ配管は，圧縮空気貯槽の破片の飛散により大きく変形していた．圧縮空気貯槽A号機の破裂の様子を図3に示す．B号機の破裂の様相もほぼ同じであり，ほぼ同時に破裂したものと考えられる．

圧縮空気貯槽の破壊は過大な圧力による延性破壊であることが明らかであり，圧縮空気貯槽2基がほぼ同時に破壊したことからも，同貯槽の破壊は材料劣化または製造時の欠陥によるものではない．圧縮空気貯槽2基の破壊状況およびその接続配管の変形状況から，圧縮空気貯槽内は約98 MPa以上の圧力に上昇したものと考えられた．

圧縮空気貯槽の破壊前の圧力は約20 MPaであり，これ以上の圧力を保持している機器は系内に存在しないことから，圧縮空気貯槽の内圧の上昇は貯槽内での発熱によるものと推定される．貯槽の内圧を98 MPa以上に上げるために必要な熱エネルギーは約7.2×10^8 Jとなる．これだけの熱エネルギーを発生するには約17 l の石油類が燃焼すればよく，圧縮空気貯槽内の空気量はこの石油類を完全燃焼させるのに十分な量である．

この事故が石油類による化学的な爆発事故であるものとすれば，前記の量に相当する石油類が発災設備内に存在する必要があるが，アキュムレータは完全に油密（作動油がピストンを超

2. 事故の原因

概要	事故番号　発生日時(曜日)　所在地
	午前8時27分頃, 作業者が押出プレス装置を稼動させるため, 当該装置のアキュムレータ上部に設置されている手動バルブの操作を行っていたところ, 当該設備に連結されている圧縮空気貯槽付近において爆発・火災が発生した。 人的被害：事業所内　重傷4名(13日後に1名死亡), 軽傷12名 　　　　　事業所外　重傷1名, 軽傷1名 物的被害：事業所内　アキュムレータ設備の破損, 建物外壁(スレート), 窓ガラス, 屋根等の破損, 車両7台損傷
背景	☆天候：晴れ, 北北東の風(0.6m/s), 気温28.4℃, 湿度78.8%, 気圧1006.8hPa ☆発災設備は設置以来, 適切な清掃等が行われていなかった。 ☆運転開始時の作業マニュアルがなかった。

区分	原因事象		事故進展フロー		備考
経過		1	1966年4月	圧縮空気貯槽およびアキュムレータが製造された。	労働基準監督署に対して第2種圧力容器としての設置届け提出
		2	1985年	空気圧縮機の更新により高圧ガス取締法の適用を受けることとなり, 製造許可を3月25日に, 完成検査合格証を8月2日に受ける。	完成検査時には, 315kg/cm2の耐圧試験を実施
		3	1994年12月11日	定期自主検査	
		4	1995年6月6日	保安検査	
		5	7月下旬	空気圧縮機を3時間程度稼動し, 圧縮空気貯槽の圧力を昇圧した。	
		6	7月22,23日, 7月26〜29日	ニッケル合金の押出し作業が実施された。設備は毎日運転開始および運転停止を繰り返	
		7	7月29日午後3時	設備の運転を停止した。	圧縮空気貯槽の圧力
	アキュムレータ内の油圧作動油が漏えいし, アキュムレータ内の圧力が低下				
		8	7月31日発災直前	アキュムレータ設備担当者が, 圧縮空気貯槽とアキュムレータを縁切りしている手動バルブを開ける操作を始めた。	
		9		他の運転作業者が「コツ」といった音を耳にし	
		10	7月31日午前8時27分頃	圧縮空気貯槽が爆発し, 火災が発生した。	
対応操作		11	7月31日午前8時40分	消防法第12条の3に基づき, 北本市長名で押出工場, 圧延工場および北本製作所内の全施設の使用停止が命じられた。	
		12	7月31日	事故発生後直ちに, 高圧ガス取締法第39条に基づき, 知事名で高圧ガス製造所および貯蔵所にある全高圧ガス施設に対して, 一時停止を命じた。	
		13	8月4日	通商産業省環境立地局保安課は, 高圧ガス保安協会内に圧縮空気貯槽等破損事故調査委員会を設置した。	
恒久的対応策		1	設備	空気部分と油部分を隔離する構造とする。	
		2	設備	設備系内の状態を適切に把握できる構造とす	
		3	検証	空気部分に混入した油類がごく少量であっても, その油類が変質していないことを確認するために, ドレンや油類の性状を管理すること。また, 系内を定期的に清掃して系内の油類を排除すること。	
		4	検証	空気部分を油部分の圧力が常に同圧で保持できないような構造である場合, 両者を分離する弁を開く時には, 衝撃的な流れを生じないような構造とするか, または作業手順を定め	
		5	教育	作業マニュアルを完備し, 実施するという保安のための基本的事項の遵守を徹底すること。	
教訓	・高圧の空気と油が接触するような設備は避けるべきである。 ・事業所外で被害, 特に人的被害が発生した。 ・高圧空気貯槽に油が混入して爆発した場合, 破裂時の容器内圧力は非常に大きくなる。(今回の爆発では, 約100MPaと推定さ ・破裂した容器の破片は思いもかけないくらい遠くへ飛散することもありうる。(今回の爆発で最も遠くへ飛散したものは, 79.1kgのも ・飛散物の発生, 飛散距離を事前に予測することは不可能である。				

図1　事故進展フロー

えて高圧空気側へ洩出することを防ぐ遮断)を保持できる構造ではなかったこと, 事故後の調査結果からアキュムレータ, 手動バルブ, 接続配管系内, 圧縮空気貯槽下鏡部に付着していた油(アキュムレータ用油圧作動油であることが確認されている)の量などから判断して前記の量の油が存在していた可能性は十分にある. 仮に, 厚さ1mmの油膜が圧縮空気貯槽表面に

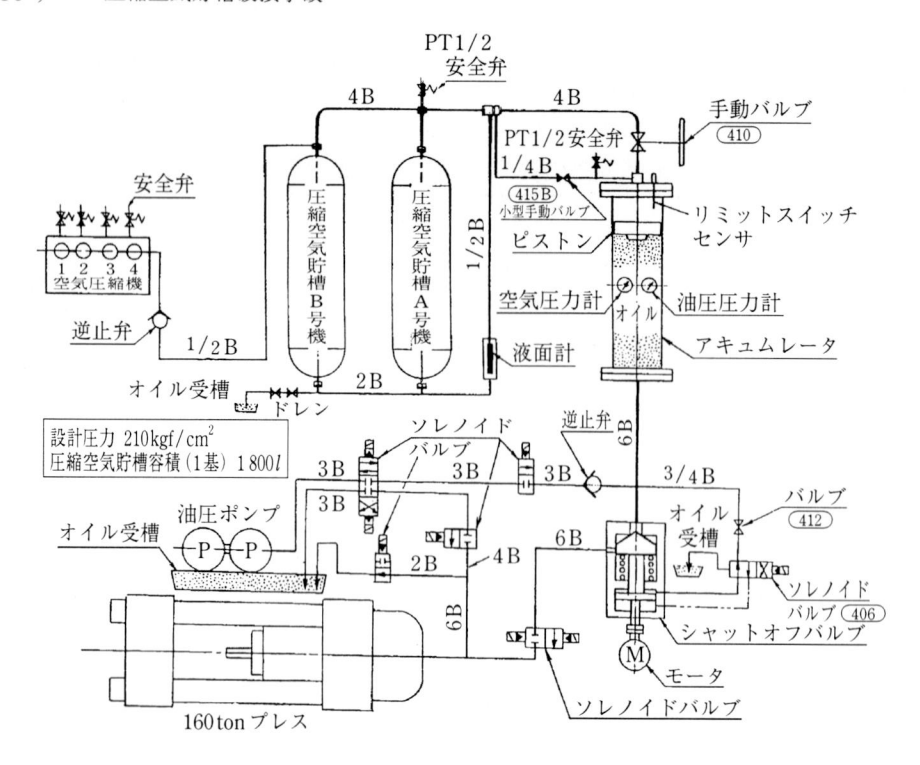

図2 油圧装置の概念図[1]

均一に付着していると，その量は約20 l になる．また，接続配管系内の残存油の調査では低沸点成分の生成と炭素化の傾向が見られ，空気圧縮時の昇温により付着していた石油類が熱分解し，摩擦熱の発生しやすい煤や着火しやすい低分子の炭化水素が生成していたことが考えられる．

これらの状況から，配管系内に付着していた石油類または煤が，手動バルブを開いた際にアキュムレータ側と圧縮空気貯槽側の圧力差から配管系内を高速で移動し，配管設備系内に噴霧または粉塵を形成して爆発したものと考えられる．アキュムレータ側と圧縮空気貯槽側に圧力差が生じた原因については，調査結果から，アキュムレータ内部の作動油の油圧配管系にあるソレノイドバルブが油圧を保持する構造ではなく，ここから作動油が漏洩するので，長期間放置するとアキュムレータ内部の圧力は，やがては大気圧まで低下することが確認された．発災前の運転記録から発災時には大気圧までは低下していないものの，アキュムレータ内の圧力は2.2 MPa程度まで低下していたものと推定されている．

3．事故の教訓

この事故に関しては，以下のような問題点が指摘されている．
(1) アキュムレータは，高圧空気下において油が使用されていたが，高圧空気下で使用する石油類の発火・爆発の危険性に対する認識が十分ではなかった．
(2) アキュムレータ設備を構成する圧縮空気貯槽とアキュムレータを遮断する手動バルブの開操作が両者の圧力を確認しないで，大きな圧力差のある状態で行われていた．
(3) 設備停止中に圧縮空気貯槽側とアキュムレータ側の圧力バランスが崩れる状態での維持

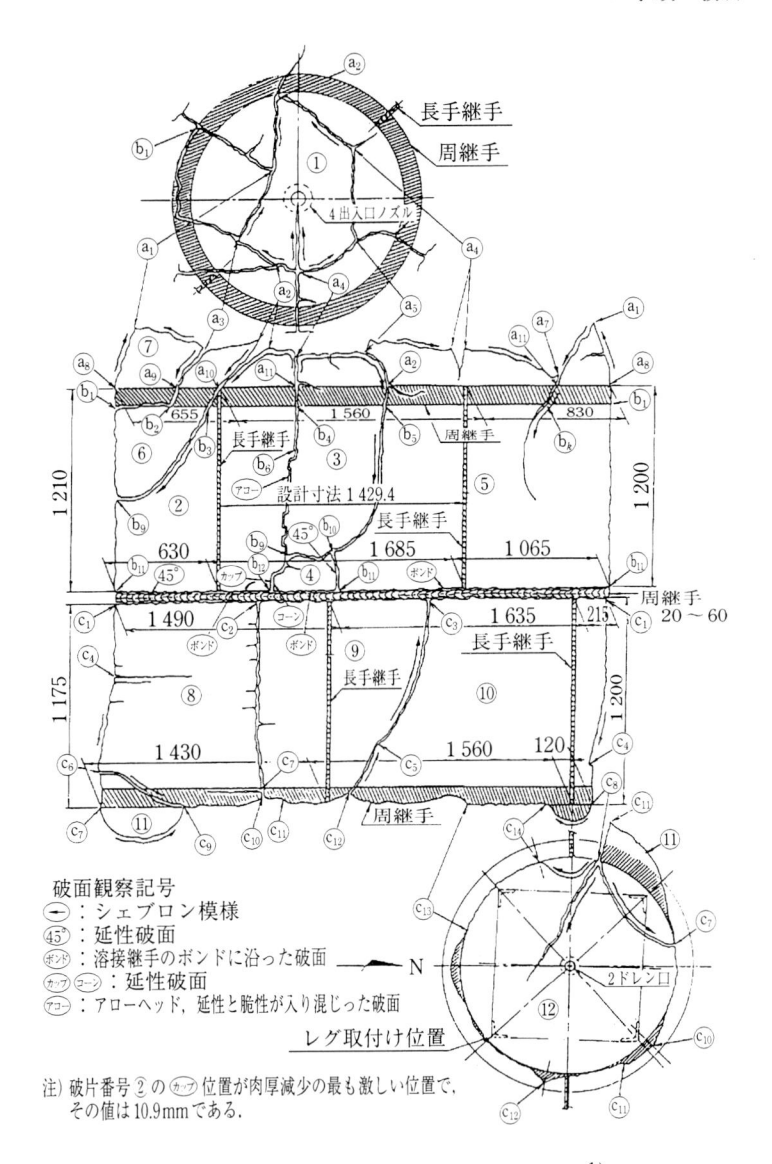

図3 圧縮空気貯蔵槽A号機の破裂の様相[1]

管理が行われていた．
(4) 当該アキュムレータ設備は，油密を保持できる構造でないにもかかわらず，油の管理，汚れに対する清掃の指示などが高圧空気保安基準，高圧空気定期自主検査基準などの中で何も規定されておらず，また，油の管理および汚れに対する清掃が適切に実施されていなかったこと．
(5) アキュムレータの運転開始および停止操作の指示が作業標準の中で明確に規定されておらず，運転作業者によって操作手順が異なっていたこと．

以上は，この設備に対する具体的な問題点であるが，同種の設備に対して共通して注意した方がよい点としては，まず高圧空気設備に油を使用する際には，油の発火・爆発のしやすさは酸素の分圧によることを認識し，酸素設備と同様の配慮が必要である．できれば油圧機器には空気ではなく，窒素のような不活性ガスを使用した方がよいし，空気を使用するのであ

れば，油圧ではなく水圧機器にした方がよい．この設備に限らず，油圧部と気相部の圧力は必ずしも同一ではないので，運転開始などの際には，油圧部と気相部の圧力を確認し，配管内に急激な流れの生じないような操作が行える構造であることが望ましい．

　また，この事故の特徴として，圧縮空気貯槽の破片のうち2個が事業所外に飛び出し，質量188.6 kgのものが630 m，質量79.1 kgのものが1 200 m飛散しているが，これが2個とも住民に衝突し，2名とも負傷した点にある．前述の破裂時の内圧の推定値から，630 m飛んだ破片の飛散距離は説明が可能であるが，1 200 m飛散した破片については，揚力を最大に受ける飛行形態で飛散したとしても理論的に説明することが困難な飛散距離である[2]．

　高圧容器のリスクアセスメントにおいては，圧力波の影響は考慮していても飛散物の危険性については考慮されていない．破裂前に容器の破裂状況を推定することは，現実的には困難であるが，この事故では実際に飛散物により負傷者が出ていることを考えると，破裂の様相の事前評価技術を確立することが必要ではないだろうか．

参 考 文 献

1) 圧縮空気貯槽等破損事故調査報告書, 高圧ガス保安協会 (1996).
2) 大谷英雄：「圧縮空気貯槽の事故について」, 安全工学, Vol. 36, No. 3, p. 188 (1997).

（大谷英雄）

廃プラスチック油化施設での漏洩・火災

1. 事故の概要

1997年（平成9年）4月23日，一般廃棄物として市内から分別回収された廃プラスチックを溶融して油化するプラントで火災が発生した．同プラントは廃プラスチックを予熱した後，熱分解炉で分解油化するものである．火災は，熱分解炉の下部から漏洩した，溶融プラスチックが発火炎上し，設備全体が焼損した．

2. プラスチック油化プラントの概要

本施設は，1997年（平成9年）4月より本格施行された「容器包装リサイクル法」（正式には「容器包装に係る分別収集及び再商品化の促進等に関する法律」）に対応するために建設され，1996年12月（平成8年）から試運転が始められた．その後，開放点検，設備改善工事を行い，1997年4月から実際の廃プラスチックによる設備運転を開始した．

この装置は，一般廃棄物のうち分別回収された廃プラスチックを加熱分解し，蒸留により油分を分離して回収するもので，以下の設備から構成されている．

2.1 設備構成

（1）前処理

ゴミ収集車で分別回収された廃プラスチックを破砕し，磁性，風力選別器などにより鉄，アルミニウムなどの金属成分や無機物，含水ごみなどを選別した後，加熱圧縮してペレット化される．このときのペレットは，おおむね20〜30 mmϕ，高さ40〜50 mm程度の円筒である．ペレットは貯留ホッパで一時保管される．

（2）油化

ペレットは押出し機により原料混合層に投入される．原料混合層は300〜350℃程度に加熱されており，プラスチックはここで溶融状態となり，均一に混合されると同時に，塩化ビニールなどの塩素化プラスチックから塩素が脱離除去される．その後，熱分解炉に投入され350〜380℃で熱分解される．油化プロセスの概要を図1に示す．

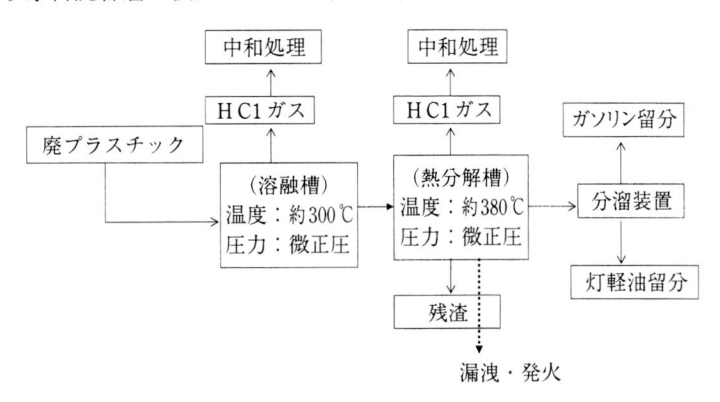

図1 油化プロセスの概略図

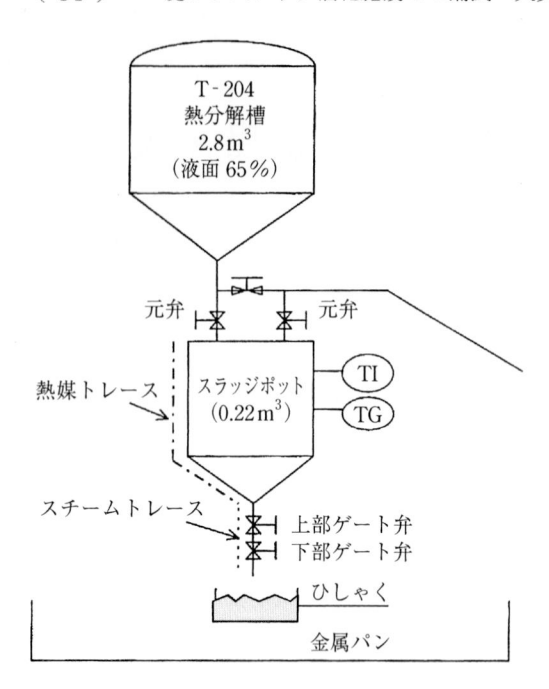

図2 スラッジポット（スラッジ排出用配管）

- 軽質油留分：沸点範囲 80～160℃
- 灯軽油留分：沸点範囲 160～270℃
- 重質油留分：沸点 270℃以上
- 接触分解ガス

なお，熱分解炉底部に金属を主成分とする残渣が堆積する．これは，プラスチックボトルのアルミニウム製の蓋など，前処理の選別で取り切れなかったものである．スラッジの抜出しは，熱分解槽底部から溶融プラスチックを含むスラッジを図2に示すスラッジポットに取り出す．溶融プラスチックは熱分解炉に戻し，二つのゲート弁を操作して弁の間にあるステンレス配管内にスラッジポットの底部に溜まった残渣を排出させる．その後，下部ゲート弁を開放して残さを柄杓で捕集する．

2.2 油分回収

熱分解された分解物は塩素を吸着除去した後，液体は蒸留により分離される．蒸留成分ならびに残渣は以下のとおり．なお，最大処理量は 10 ton/日である．

3. 事故の経緯

3.1 事故の経緯

火災発生時は，実証実験で熱分解槽下部のスラッジポット（図2）から熱分解炉中の残渣物の除去作業中であった．スラッジポット下部から溶融したプラスチックが流出し，火災となった．

時間経過は以下のとおり．
- 15：40 残渣抜取り開始
- 16：10 内容物流出，出火，自衛消防活動
- 17：00 自治体消防の活動により消炎

3.2 被害状況など

人災はなく，油化施設全体が炎にあぶられて焼損した．火災後，1年間近く停止していたが，処理すべき量に対して設備の規模が小さいこともあり廃止された．

4. 事故の原因

直接的な事故原因は，スラッジ排出バルブに廃プラスチック中に混入していたアルミ残渣などがはさみ込まれてしまったことである．これにより，バルブにすき間が生じ，溶融プラス

4. 事故の原因

チックが漏出した．漏出した溶融プラスチックは床部分に拡散し，空気と触れて比較的短時間で発火したものである．

間接的な要因としては，プラスチック分解炉中の残渣を排出するためのバルブであり，夾雑物によりバルブが完全に閉まらなくなることが予見されるにもかかわらず，残渣を取り出すための安全な手法が検討されていなかったことにある．残渣の混入は，プラントの試し運転中に発生したトラブル事象であり，応急対応で行った残渣排出法に対して危険性を十分に検討する時間的余裕がなかったものと推定される．

もう一つの間接的な要因として，プラスチックの発火温度を高めに見積もっていたことがある．古典的な文献では測定法が不適当であるため，プラスチックの発火温度が400℃またはそれ以上とされていることも少なくない．発火温度は，引火温度と異なり，測定法により大きく変動する値である．発火温度は，化学反応などによる試料の発熱速度と試料表面からの放熱速度により決定される．古い試験法では，放熱が大きい条件での測定が多く，炭化した後の発火温度が測られているとみられるデータが多い．

本火災の場合，溶融プラスチックの温度は350℃とみられる．ほとんどのプラスチックの発火温度は200～300℃の範囲にあり，漏洩と同時に火災となったのは当然である．加熱溶融された廃プラスチックの発火温度の測定に用いられる高圧示差熱天秤の概要と測定結果を図3，図4に示す．この試料は，類似の溶融プラスチック施設での火災時に採取されたものであり，発火温度は179℃であった．

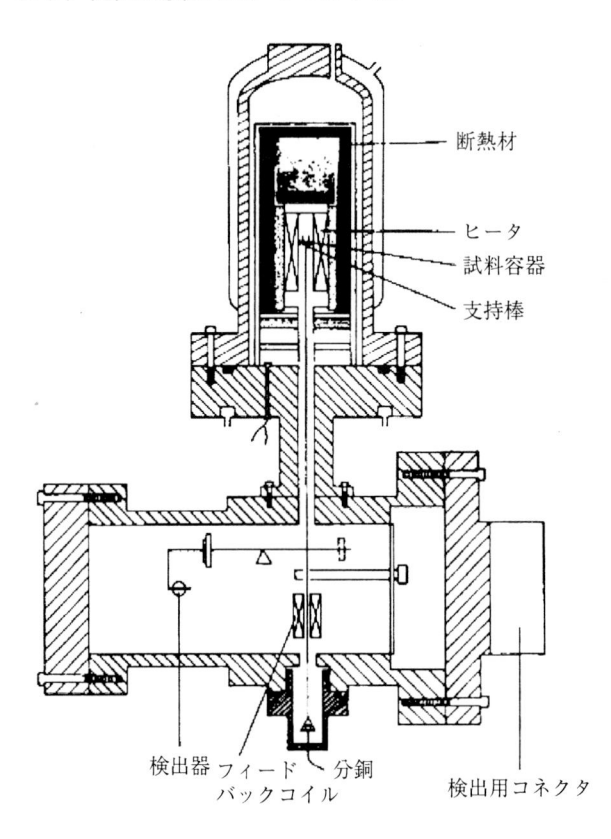

図3　高圧示差熱天秤

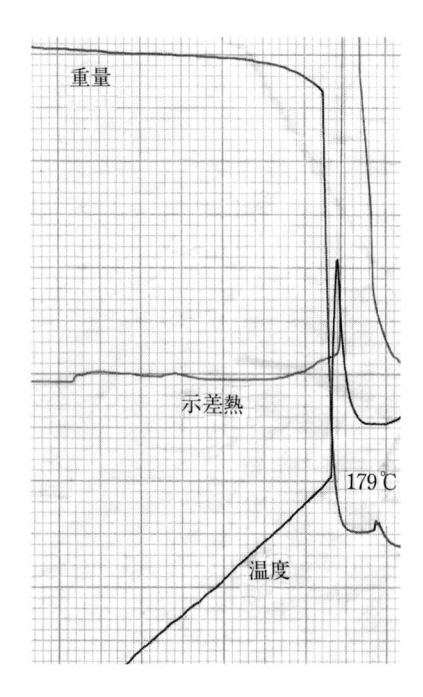

図4　廃プラスチックの発火温度測定例

5. 事故の背景・教訓

事故の背景,教訓を列記する.
(1) 容器包装リサイクル法が1997年(平成9年)4月に施行されることが決まっており,廃プラスチックを油化することが基本的な方針であった.そのため,比較的短時間で設備を立ち上げる必要があり,安全上の問題点を十分に抽出し,設備上の改討などを行い切れていなかった.
(2) 廃棄物は混合物であり,一般に目的とするもの(この場合,プラスチック)以外の不純物の混入を防ぎ得ない.これを前提としたプラント設計を試みるが,不純物除去のための手選別などを実施すべきであった.
(3) 製造施設に比べてプラント建設費が限られており,安全対策に十分な経費を準備できなかった.
(4) 本プラントは熱分解や蒸留などを行う化学プロセスであるが,施工者も使用者も化学の専門家がほとんどおらず,化学物質を取り扱うプロセスに対する安全上の検討が不十分となった.
(5) プラントの発注者や設計者に取り扱うものが所詮ごみであり,化学工場などで扱われる危険物とは違うという気持ちがなかったのかどうか,疑問が残る.その後続いて発生したごみ処理施設の火災や爆発も,このような感覚が背景にあったのではないだろうか.
(6) 廃棄物の多くは,消防法などの物質のエネルギー危険性に関する法律や指針の範疇外であり,安全対策などが自主判断にゆだねられていること,また規制外の設備に関して行政の専門家の助言が受けられないことなどの問題がある.
(7) 前年に類似施設で火災が発生しており,発生状況や原因を把握しておれば,防火対応が可能であったと想定される.「事故に学ぶ」ことの重要さが再認識される事故であった.
(8) 容器包装リサイクル法の施行に対応した先行的な装置の事故は,廃プラスチックを油化するという技術の流れに水をさす結果となった.

(若倉正英)

首都高での過酸化水素運搬タンクローリ爆発事故

1. はじめに

過酸化水素に限らず,化学薬品は,他の物質と混合した場合に化学反応を起こして,発熱・発火し,場合によっては,爆発して大きな被害をもたらすことがある.特に,廃棄物として出される化学薬品は,混合危険を十分に検討されることなく廃棄され,事故になる場合が多い[1].本事故はその典型的な例である.

2. 事故の概要

本事故は,首都高速道路2号線上(東京都港区南麻布)で,過酸化水素水溶液(濃度28%,以下,過酸化水素という)約500 l を運搬中のタンクローリが突然爆発したものである(図1,図2).

横浜市内の音響機器メーカーの工場閉鎖に伴い,工場内に残っていた過酸化水素700 l(濃度28%)の処分のため,産業廃棄物業者が千葉県袖ヶ浦市内の同社処理工場へ500 l を運搬の途中であったところ[2]〜[4],爆発があったもので,概要は以下のとおりである.

- 発生日時:1999年(平成11年)10月29日,午後6時30分頃
- 発生場所:東京都港区南麻布古川橋交差点上
- 人的被害:負傷者23人
- 物的被害:車両の破損24台,窓ガラスなどの破損被害建物28棟(事故により,高速道路が約59時間余り全面通行止めになった)
- 事故タンクローリ:廃棄物業者が所有

ローリのタンクは二槽式,全長約5 m,容量3.8 kl であった.鉄製で,内部にはゴムライニングが施されていた.タンクは2槽に分かれており,普段は,前部には塩化第二銅水溶液,後部には塩化第二鉄水溶液を入れて運搬しており,事故前日もこれらの運搬を行っていたが,荷降ろ

図1 高速道路周辺ビルの窓ガラス破損状況[3]

図2 一般道まで吹き飛んだタンクローリの蓋部[3]

し後,タンク内の洗浄は行っていなかった.同ローリは,長期間同一の物質を運搬しているため,洗浄の必要はなかった.そのときの運搬も,当初は別な小型タンク(容量200 kl)で運搬する予定だったのを,急きょ当ローリを使用することになったものである.

3. 直接原因

産業安全研究所,東京消防庁で詳細な原因究明のための実験研究がなされて,報告書も出ている[3),4)]ので,ここでは簡単に述べる.廃棄物として処理するために,運搬中の過酸化水素(500 l,濃度28%,未使用で不純物はなし)がローリに残っていた塩化第二銅の残渣と徐々に反応し,発熱・爆発した可能性が高い.

音響機器メーカーの工場で過酸化水素をタンク内に入れる際,まず後部タンクに少量入れてみたところ,白煙が出たため,直ちに作業を止めた.次いで,前部タンクに入れたところ,異常がなかったようにみえたため,過酸化水素500 lの積込みを行った.ところが,タンク内は洗浄していなかったため,前日運搬した塩化第二銅水溶液が前部タンクに残っており,過酸化水素と徐々に反応し,爆発に至ったものである.

産業安全研究所の松井らのグループ[3)]は,このプロセスを小型反応熱量計 superCRC(米国 OmniCal 社)を使って実験的に説明している.図3は,塩化第二鉄と塩化第二銅をそれぞれ別個に過酸化水素水溶液と混合した場合,塩化第二鉄は急激に反応するが,塩化第二銅では穏やかな反応が長時間進むことを示している.さらに,このように激しい爆発に至ったプロセスについては,タンク内の圧力が高くなって蒸気爆発(気液平衡破綻型)が起こったことを突き止めているが,ここでは省略する.

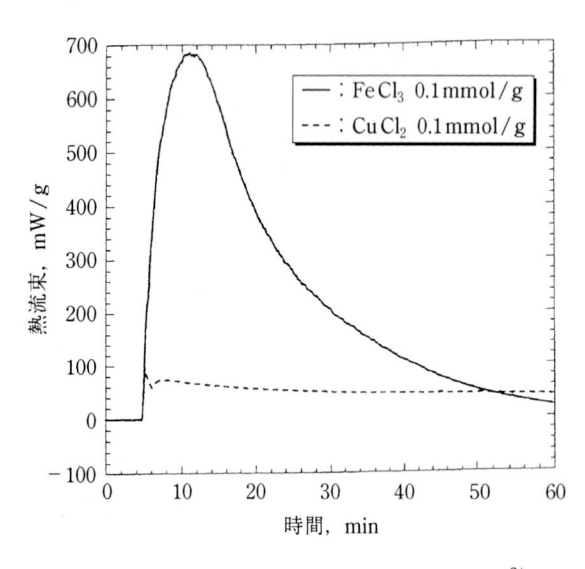

図3 過酸化水素の分解に及ぼす金属塩の影響[3)]

4. 事故の背景と問題点

4.1 過酸化水素に対する消防法の規制

過酸化水素は,高濃度の場合には消防法の危険性評価試験〔第六類(酸化性液体)の場合,燃焼試験〕を行って危険物に該当するかどうか判断される.危険物に該当する場合,一定以上の数量を扱う場合には,設置に当たっては危険物施設として市町村長の許可が必要なうえ,多くの技術基準が係わり,また貯蔵取扱いに当たっても規制が係わるほか,危険物取扱者による取扱い(または,立会い)が義務づけられている.

ところが,事故となった過酸化水素は28%水溶液であり,危険物規制に該当する濃度から外れており,一般的には安全なもの(酸化力が小さい)と考えられてしまう可能性がある.ま

た，発災物質は廃棄物であるため，音響機器メーカーは安全に対する配慮が十分でなかったと考えられる．廃棄物（＝ごみ）は捨てるものだから，気にしないのが普通である．そのため，取り扱った関係者も気が回らなかった点は理解できないわけではないが，事故を起こせば，廃棄物を出したメーカーも責任を問われる．

また，廃棄物業者も十分な知識がなかったのではないか．しかも，ローリに過酸化水素を入れた当初は反応が起こらないようにみえ，数時間経った後に大きな爆発に至った．反応が速ければローリに入れた直後に白煙を生じ，さらに速ければ爆発が起きて事業所の中で爆発するが，多くの一般市民を巻き込むこともなかった．このように，特異な事故ではあるが，ひとたび事故が起これば事故を起こした廃棄物業者，メーカーともに責任を負わなければならなくなる．

4.2 過酸化水素の反応と事故例

過酸化水素は，低濃度でも金属（イオン）や有機物と反応して分解し[3]，生成した酸素（ラジカル）が強い酸化作用を持つが，この反応は，温度，触媒（酸，アルカリ，金属）に影響を受ける．

【参考（過酸化水素の MSDS[5]）】

過酸化水素は，白金，銀，銅，鉄などに接触すると，急激に分解し水と酸素ガスになり，またこのとき 98.5 kJ/(mol・H_2O_2) の熱を発生し，加熱されると分解が促進される[3]．

$$H_2O_2 \rightarrow H_2O + O_2 + Q \quad (kJ/mol)$$

過酸化水素の濃度が薄ければ，反応性（酸化力）は小さくなり，また，触媒（不純物）によっては，本事故のように徐々に反応して結果的に道路上での爆発を起こし，市民を巻き込むことになる．

このような過酸化水素や過酸化物による類似の混触事故は後を絶たない．たとえば，2000年（平成12年）6月の大阪市での爆発事故は，廃液処理タンクでの過酸化水素とトルエンの混合で，また 2004年（平成16年）1月の四日市の事故は，過酸化水素を製造する事業所内でプラントに金属（鉄さび）が混入して過酸化水素が分解を始め，爆発に至ったものである．

本事故も含め，鉄との反応は非常に速いが，銅との反応は穏やかである．同様な例として，平成12年6月に群馬県で爆発事故を起こしたヒドロキシルアミンの場合がある．鉄イオンとは急激に反応し爆ごう（爆発現象）に至ったが，銅イオンとは穏やかな反応であった[6]．

4.3 本事故からの教訓

以下のような点が教訓として挙げられる．

(1) 危険物に該当するかどうかは，消防法に定める試験を行って判定されるが，該当しないからといって危険性が全くないわけではない．この点，実際に危険な物質を扱う者は，十分考えておく必要がある．

(2) 廃棄したものに興味を持たないのはわかるが，事故を起こせば廃棄した者も責任を問われる．したがって，処理業者に任せるだけでなく，適切な指示を与えるなどして関与しなければならない．

(3) 化学物質の危険有害性表示制度に基づく MSDS（Material Safety Data Sheet：製品安全データシート）の活用が重要である．化学物質排出把握管理促進法が指定する指定化学物質（第一種，第二種）435 物質は，MSDS を作成しなくてはならないが，廃棄物業者も処理する化学物質の MSDS を熟知する必要がある．

本物質は，非危険物であるため，取り扱ううえでは危険物取扱者といった資格は不要である．しかしながら，低濃度の過酸化水素といえども分解して酸化力を持つことを知っておく必要がある．すなわち，化学物質を含む廃棄物を扱う者は，かなり広範囲な化学知識を有する必要がある．過酸化水素のMSDSには，「白金，銀，銅，鉄などに接触すると急激に分解し…」と書かれてあり[5]，混触の危険について，当然知っていなければならない．

(4) ローリ運搬への変更が誰によって決定されたかは，著者の入手した報告書には書かれていないが，恐らく，産業廃棄物業者の一定の責任を有するレベルの人間（管理者）によってなされたものと思われる．このような判断を下すに当たって，当然，MSDSに書かれてある程度の知識は有していなければならない．もし，知識を有していれば，このような混触の恐れのあるローリでの運搬はしないはずで，どうしても運搬しなければならないなら，ローリのタンクは十分に洗浄する必要があるにもかかわらずなされていない．したがって，本事故のケースは管理者の判断ミスになる可能性がある．また，もし十分な知識を有していなければ，企業による管理者（または監督者）に対する教育不足になり，企業の責任も問われるため，廃棄物の専門家の養成（教育）が望まれる．

5. おわりに

本事故は，原因となった化学反応が低濃度の過酸化水素と少量の銅イオンという比較的穏やかなもので，混合後，約2時間経過後の爆発という特異な事故ではあるものの，事業者は，責任を負わなければならない．このような事故を避けるためには，取り扱う化学物質に対して十分な知識を持っていなければならず，最低限の知識としてMSDSの活用は重要であろう．

廃棄物といえども常に危険性を把握しておく必要があり，企業による日頃の教育は重要である．

参考文献

1) 上原陽一・大谷英雄・岡泰資：「廃棄物の混触危険」，廃棄物学会誌, Vol. 6, No. 4, pp. 322-329 (1995).
2) 消防庁危険物規制課：「過酸化水素水溶液を積載した産業廃棄物収集運搬車の爆発事故概要」, KHKだより, 危険物保安技術協会, No. 69, pp. 34-36, (2000-1).
3) 松井英憲・安藤隆之・熊崎美枝子：「首都高速道における過酸化水素積載タンク車の爆発」, 安全工学, Vol. 41, No. 2, pp. 114-118 (2002).
4) 岩澤昭一・塩川芳徳・町井雄一郎：過酸化水素の反応性に関する実証実験, 消防科学研究所報, 37, pp. 97-103 (2000).
5) 日本パーオキサイド（株）・内藤商店（株）：MSDS（過酸化水素水（35wt%）（2003-8).
6) 消防研究所：「ヒドロキシルアミン及びその塩類の危険性に関する研究報告書」, 消防研究所研究資料, 61号 (2003-11).

（古積 博）

ヒドロキシルアミン製造工場の爆発事故

1. はじめに

2000年（平成12年）6月10日（土），午後6時頃，群馬県尾島町の日進化工（株）群馬工場において，ヒドロキシルアミン（以下，HAと略記することがある）再蒸留設備が爆発し，作業員4名が死亡，7名が負傷する重大災害が発生した．被害は工場外にも及び，付近住民56名が負傷した．

この事故により，多数の周辺家屋が損壊し，劇物が工場敷地外に流出した．爆発の危険性を持つ化学物質が，その危険性について周辺住民や関係地方公共団体に知らされず，安全の確保について特別の規制もないまま市街地で生産されていたことなどが問題となった．以下に，この事故の原因や要因，背景などについて述べる．

2. 当該事業所の概要

- 会社名：日進化工（株）群馬工場
- 所在地：群馬県新田郡尾島町安養寺236-1
- 労働者数：30名（男26名，女4名）
- 資本金：2,500万円
- 主要製品：半導体チップの洗浄・はく離剤原料となる高純度ヒドロキシルアミン50wt％水溶液（製品名：「FH-50F」，不純物各種金属含有量1ppb以下）およびヒドロキシルアミン50wt％水溶液（商品名：「FH-50」，不純物各種金属含有量約50ppb）

なお，高純度ヒドロキシルアミンは，国内において当該事業所のみが製造を行っていた．

3. 事故の発生状況

爆発が発生したヒドロキシルアミン再蒸留工程の概略を図1に示す．2000年（平成12年）6月10日（土），午後0時頃，白濁が見られた真空ポンプの潤滑油を交換するため，再蒸留装置全体の運転を停止した．真空ポンプの潤滑油を交換し，当日，午後5時30分頃，運転を再開した．会社側メモによる再蒸留装置再開の手順は，各タンクレベルなど，初期値の確認と記録，各部バルブの確認，冷水塔運転開始，真空ポンプ起動，冷凍機起動，水洗塔運転開始，原料注入ポンプ起動，循環ポンプ起動の順に起動し，次いで加熱器に約70℃の蒸気を供給することになっていた．原料注入ポンプは，手動で注入量を徐々に増やしていき，通常は，注入量が10l/min程度の平常状態で，蒸発量も平常状態となる．なお再開後，平常状態まで通常約30〜60分を要する．当日，運転開始後，約40分経過時の同6時08分頃，突然，再蒸留設備の循環系配管，加熱器および蒸発缶がほぼ同時に爆発して四散した[1),2)]．

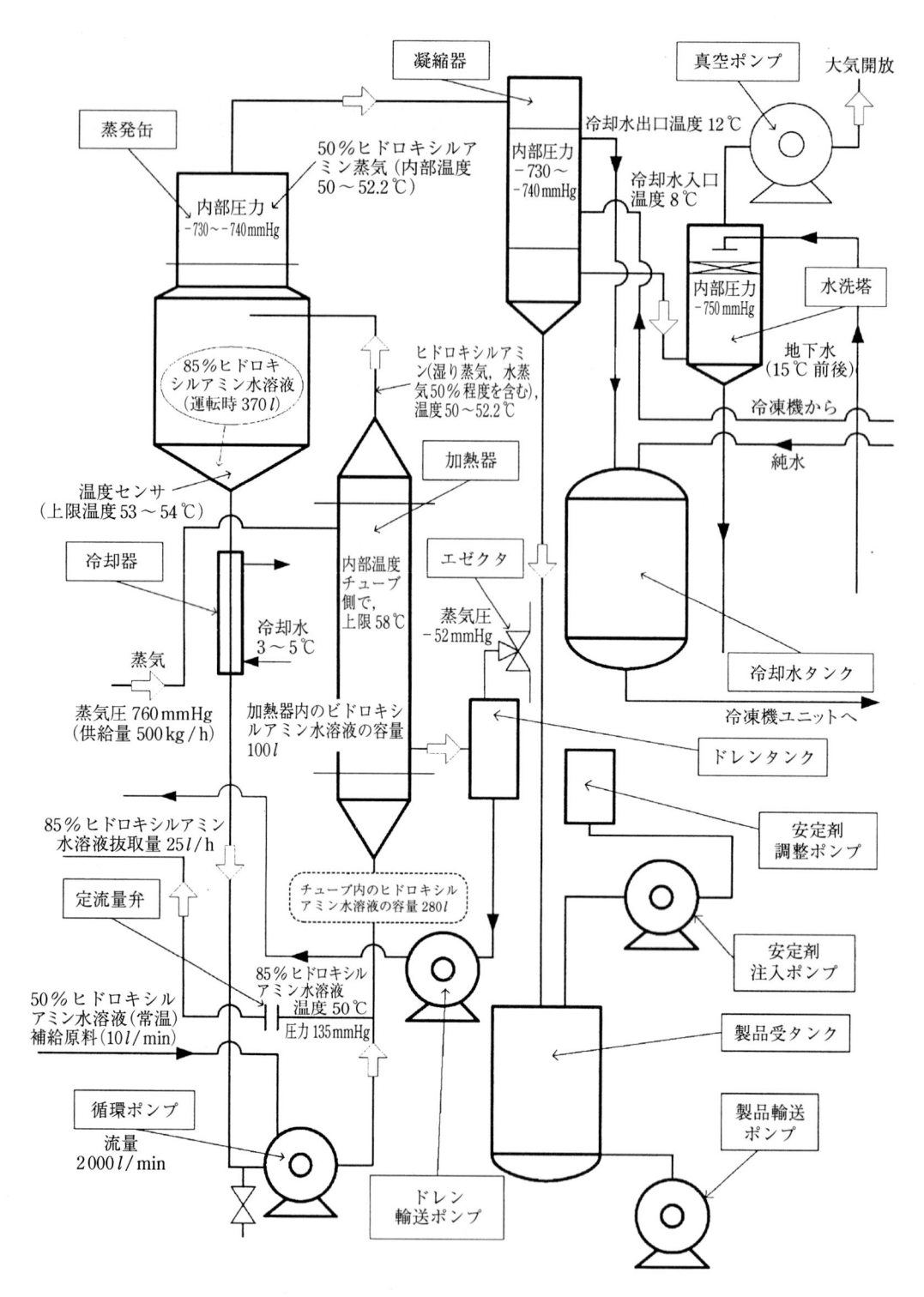

図1 再蒸留工程の概略図

尾島町役場が取りまとめた爆発現場の周辺家屋の被害状況によると，爆心地と推定されるところから半径約200m以内では7棟の建物が全半壊し，半径約1000m以内の数多くの家屋で窓ガラスや家屋の一部が破損するなどの被害が見られた．これらの被害状況から本件爆発

の爆発エネルギーをTNT爆薬に換算すると，200～400 kgに相当するものと推算された[3]．

4. 事故の原因 [3]

4.1 爆発現象と爆発が生じた場所

爆発した再蒸留設備は，①痕跡をとどめないほどに四散していること，②周辺の鉄製およびステンレス製のタンクに多数の孔が開き，内部に金属の破片が落ちており，一部では破片が貫通していること，③約50 m離れた車両のボンネットにも金属片による貫通孔が見られること，④1.5 km離れた民家の窓ガラスが爆風で破損していることなどから，爆発が音速を超える反応波面速度を有する爆発現象（爆ごう）であると断定された．すなわち，前節で推算されたTNT相当量から，爆発は気相による爆ごうではなく，凝相系（液体または固体）の爆ごう現象であると断定された．

200～400 kgの高性能爆薬に相当する爆発が生じたにもかかわらず，地表に顕著なロート孔が見られないことから，爆心は地表よりかなり高い位置であったことが推定された．再蒸留設備蒸発缶（貯留HA，370 l），加熱器（貯留HA，100 l）および循環系配管（貯留HA，280 l）は，爆発によって小片となって飛散している．再蒸留設備の北側に隣接する蒸留塔の鉄柱は，4層以下の部分に横向きの変形が見られることから，再蒸留設備の蒸発缶下部以下の部分が爆発したものと推定された（図2）．

蒸留塔下部に位置する横型蒸留母液貯蔵タンクに見られる破片の飛来による入射孔および貫通孔の弾道は，斜め上方約45°の方向からの飛来物によるものと推定され，その位置は再蒸留設備の加熱器の位置に相当する．したがって，貫通した飛来物は，加熱器の爆発によるものと推定された．再蒸留設備北側にあった原料「FH-50」貯蔵タンク2基の南側側面に見られる多数の虫食い状の貫入孔は，再蒸留設備下部配管部の爆発による横方向からの砕片の飛来によるものと推定された（図3）．

このような被害状況から，爆発の中心は1点ではなく，蒸発

図2　爆発した再蒸留塔周辺の被害の状況

図3　爆発により破損した「FH-50」貯蔵タンク

缶下部，加熱器および下部配管部全体がほぼ一瞬のうちに爆発したものと推定された．これらの場所は，HA が液体の状態で貯留されていた部分に相当する．ただし，最初の爆発の位置は特定できないものの，蒸発缶に連結する配管の底部の循環ポンプ付近で最初の HA の発火・爆発が起こり，爆ごうへ転移し，これが加熱器および蒸発二重管部へ超音速で伝爆して器壁を吹き飛ばし，さらに伝爆して蒸発缶内の HA 水溶液の爆発に至ったものと推定される．

4.2 爆発の起因物質とその量

爆発が生じた再蒸留装置内には，80 wt% 以上の濃度の HA 水溶液が貯留されており，これ以外に爆発の原因となる物質は見当たらない．したがって，爆発の起因物質は 80 wt% を越える濃度のヒドロキシルアミン水溶液と断定された．

本件爆発における爆発エネルギーは TNT 爆薬 200～400 kg に相当すると推定されることから，爆ごうしたヒドロキシルアミンの質量は，次の式によって推算される．

$$\text{爆ごうしたHAの質量} = \frac{\text{TNTの発熱量} \times \text{TNT相当量}}{\text{85 wt\% HAの発熱量}}$$

ここで，TNT の発熱量は 1 019 kcal/kg，85 wt% HA の発熱量は 784 kcal/kg である．したがって，爆ごうに関与した 85 wt% HA の質量は 260～520 kg となる．

爆心地付近に滞留していたヒドロキシルアミンは，濃度約 85 wt% の水溶液が合計約 890 kg（750 l）と推定されているから，およそその 30～60%（= 260/890～520/890）が爆ごうしたものと推定された．爆発に関与した爆発物の内，爆風（爆ごう）に関与した爆発物の割合を TNT 収率と呼んでいる．本件災害の TNT 収率は 30～60% と推定された．

4.3 ヒドロキシルアミンの発火原因

事故発生後，HA の爆発危険性について余り知られていないことがわかり，関係機関において実験による評価試験が行われた．その結果，以下のような幾つかの新たな知見が得られた．

(1) HA の爆発（爆ごう）が起こる必要条件として，HA の濃度が 80 wt% 以上の高濃度であること．

(2) 爆発のきっかけとして，不純物などがない場合には，約 130 ℃ 以上に加熱する必要があること．

(3) 鉄イオンなどの金属イオンが存在すると，常温，低濃度においても HA の分解・発火が生じ得ること．また，この場合，80 wt% 以上の高濃度では，爆ごうへの転移が起こり得ること．

爆発した HA の再蒸留設備内には，85 wt% の HA が貯留されていたことはほぼ間違いないので，爆発が生じたきっかけ（発火源・起爆源）は，何らかの原因による HA 水溶液の循環母液中の局所的な鉄イオン濃度の増大か局所的な温度の上昇によるものと考えられるが，いずれも決め手に欠け，今もって直接原因は特定できていない．

本事故の原因究明を困難とした理由として次のことがいえる．

(1) 発災時の作業者全員が死亡したため，どのような操作をしているときに爆発が生じたか，正確な状況が把握できない．

(2) 爆発の威力が大きかったため，証拠となる装置，機器が四散しており，復元が不可能である．

(3) 爆風やその後の火災，発災後の救命，消火活動などにより温度や流量，圧力などの記録類が逸散，消滅している．

(4) HAの危険特性に関する詳しい情報が不足していた.

原因を特定するためには,今後さらに固体不純物への鉄イオンの吸着,蓄積の可能性や,鉄イオンの触媒特性に関する研究,循環ポンプにおける気泡の発生と機械的衝撃・圧縮によるHAの発火の可能性などについて,実験などによる確認が必要である.

5. ヒドロキシルアミン水溶液による事故防止対策 [4]

事故原因の推定で述べたように,本件事故の直接の原因は特定されていないが,幾つかの原因が推定される.事故の再発防止対策としては,これらの可能性を排除する対策が求められる.本件事故は85wt%という高濃度のHAの蒸留プロセスで生じたものであるが,一般には50wt%濃度のものが市販されており,通常,これ以下の濃度で取り扱われている.このような低濃度のものも,取扱い条件によっては,発火,分解による容器の破裂などの危険性があるので,その取扱いには十分注意する必要がある.

ヒドロキシルアミン水溶液は,①濃度が高いほど,②温度が高いほど,③金属イオンなどのHAの分解を促進する混入物の濃度が高いほど,自己発熱分解が激しくなるので,取扱い時の危険を防ぐためには,これら三つの因子を適切な範囲に保つことが最も重要である.

5.1 ヒドロキシルアミン水溶液の取扱い濃度

甚大な被害をもたらす爆発現象(爆ごう)を起こす恐れがあるため,十分な安全対策を施すことなくHA濃度を70wt%以上にしてはならない.また,濃度が70wt%以下であっても,HAが分解して発生するガスによって容器の破裂などが生ずる危険性はあるため,みだりに濃度を高めて危険性を増大させるような操作を行ってはならない.

5.2 ヒドロキシルアミン水溶液の温度

HAの分解を促進する混入物の濃度が低い状態(たとえば,市販品の鉄イオン濃度50 ppb以下)でも,急速な発熱分解に至ることを防ぐためには,HA水溶液の濃度にかかわらず,みだりに加熱してはならない.

混入物濃度を低く管理することが難しい場合には,できるだけ低い温度で管理し,急速な発熱分解の発生を防がなければならない.

5.3 混入物濃度

HA水溶液の取扱いにおいては,HAの分解を促進する金属イオンなどの混入をできる限り防ぐために,容器,配管,器具などのHAと接触する部分に金属材料を用いてはならない.ただし,HAに対して不活性であることが確認されている金属種ないしは有効な不活性化処理を施した金属材料を用いる場合にはその限りではないが,後者の場合には定期的にその不活性化処理の有効性を確認しなければならない.

6. 事故の背景や要因

ヒドロキシルアミン(HA)は,これまで有害性や腐食性を勘案して毒劇物取締法などの規制を受けてはいたが,爆発危険性については一般には認識されていなかったため,消防法などの危険物としての規制を受けないままに住宅地の近くで製造されていた.国は,事故が起こってからあわててヒドロキシルアミンなどを危険物に指定し,規制を強化した.国内では数

万種の化学物質が製造・使用されており，すべての危険性を把握することは困難ではあるが，海外での事故情報などにより，新たに危険性が判明した化学物質については，速やかにその危険性を関係者に周知させる公的機関の取組みが重要である．

1999年（平成11年）2月，米国・ペンシルベニア州のヒドロキシルアミン製造工場において，5名死亡，14名負傷の事故が生じている．これは，高濃度ヒドロキシルアミンを蒸留中，蒸留プロセスに使われていた約10 kl容量のFRP製ヒドロキシルアミン水溶液貯蔵タンクが爆発したものである．大事故であったにもかかわらず，事故の詳細や原因についての情報が，なぜか一般には余り知られていなかった（当該企業は情報を入手していたとみられる）．また，1年半前の1998年（平成10年）11月には，本件事業所においてヒドロキシルアミン再蒸留設備の凝縮器下流側真空ポンプ排気口に連結したステンレス製ベローズが爆発音とともに破裂する事故が生じている．この事故は，破裂事故として処理され（爆発事故としての監督官庁への届け出がなかった），事故が重要視された形跡が見られない．このような国内外での類似事故の教訓が生かされていなかったことにも問題がある．過去に生じた事故の教訓を生かす体制や取組みが重要である．

当該企業は，ヒドロキシルアミンの製造に関して国内では寡占状況にあり，事故当時，増産に追われていた．2000年（平成12年）4月末までは毎週土曜日に運転を停止し，月曜日に再開していたが，翌5月から事故当日までは，生産量を増強するため連続運転していた．このような状況も事故の要因になったものと思われる．

安全に対する経営者の意識や社風も大切である．特に，高レベルの安全技術が要求される製造設備においては，些細な危険の兆候も見逃すことなく対応できる会社の風土が求められる．技術に対する経営者の過信が大事故をもたらしてしまったともいえる．

7．おわりに

事故を起こした企業は，従業員数30名という小さな会社ではあるが，高い技術力を有し，不純物各種金属含有量1 ppb以下という他社の追随を許さない高純度ヒドロキシルアミンを国内においては当該事業所のみが唯一製造を行っていた優良企業であった．今回の大事故を生じたことにより，付近住民の不信感が募り，この事故をきっかけとして消防法や労働安全衛生規則の一部が改正され，規制が強化されたこともあり，当該企業は同地において製造業務を再開することができず，廃業のやむなきに至っている．

特に技術に自信を持っている経営者は，安全については細心の注意を払う必要があることが教訓として得られたが，当該企業にとっては時既に遅く，一度の大事故が4名の人命の犠牲とともに企業の命取りとなった事例の一つである．

参考文献

1) 田村昌三：「ヒドロキシルアミン爆発火災事故」，安全工学，Vol. 40, No. 5, pp. 321-327 (2001).
2) 危険物保安技術協会：群馬県の化学工場において発生したヒドロキシルアミン爆発火災事故調査報告書 (2001).
3) 産業安全研究所：日進化工（株）群馬工場爆発災害調査報告書，A-2000-1 (2001).
4) 産業安全研究所：「ヒドロキシルアミン等の爆発危険性と安全な取り扱いについて」，産業安全研究所安全ガイド，NIIS-SG-No. 1 (2001).

（松井英憲）

韓国でのMEKPOの爆発・火災

1. はじめに

2000年（平成12年）8月，韓国・麗川（ヨーチョン）市でメチルエチルケトンパーオキサイド（MEKPO）の爆発火災があった．MEKPOは，有機過酸化物の一つで日本国内でも過去に多くの事故を起こした物質である[1]．しかし，最近では，製造，貯蔵，運搬といった段階では事故例は減少気味ではあるが，消費先で小さな事故が時々起きている[2]．

本事故は，製造工場における従業員の知識（教育）不足または従業員間の連絡不足によって製造途中のMEKPOが休暇中，放置されてあったために徐々に分解発熱し，暴走反応を起こした可能性がある．

2. 爆発・火災の概要

- 発生日時：2000年（平成12年）8月24日，午前10時10分頃
- 発生場所：韓国・チョンラ南道麗川（ヨーチョン，Yochun）市，湖成CHEMEX（株）（従業員71人）

  発災工場では，メチルエチルケトン（MEK）からMEKPOを製造していた（図1）．ろ過後，容器に包装，出荷している．同設備は，日本企業からの技術提供によって建設され，1994年（平成6年）から稼働していたものであるが，2000年1月に韓国側の判断でプラント配管などの改造が行われた．

- 死傷者：死者6人，負傷者19人
- 被害状況：発災工場は，全壊全焼した（図1，図2）．車両破損20台，物的被害約60億ウォン（約6億円）

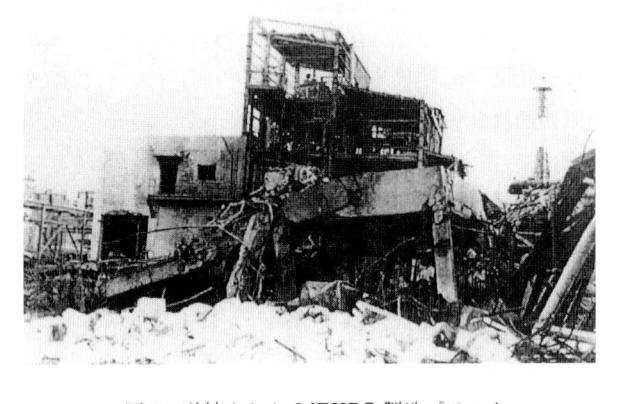

図1 破壊されたMEKPO製造プラント

図2 MEKPO製造プラント（「V-510」容器）

3. 事故の原因とその問題点

3.1 事故時の状況と原因

発災工場では，メチルエチルケトン（MEK）を，硫酸触媒を用いて過酸化水素で酸化してMEKPOを製造していた（図3）．ろ過後，5 kg，10 kgのポリエチレン容器に包装，出荷していた．事故2日前，反応容器内で，硫酸を使ってMEKPOが製造されていた．その後，中和作業を十分に行わずに，休暇（会社の創立記念日）に入ったため，精製容器「V-510/510」内に放置したまま帰宅した可能性がある．

本来，この中和による精製作業は，温度を監視しながら冷却水注入，撹拌といった作業を行えるよう温度管理システム（警報装置付き）があり，夜間の作業員も配置されていた（この間，休暇のためか夜間の作業員は配置されていなかった）．その2日後，休暇明けで出勤した作業員によって「V-512/512」タンクへの移送作業を開始した直後に爆発が起きた．この作業の詳細な状況は，現場にいた作業員6名が死亡したためはっきりはわからない．しかし，事故直前には，急激にMEKPOの酸分解反応が進んでいって暴走反応に至った可能性がある．

3.2 事故の背景

事故の背景としては，工場従業員がMEKPOの危険性をどの程度認識していたのか，特に硫酸酸性で放置していた場合の危険性について十分認識していなかった可能性がある．また，作業手順に関して従業員間の連絡が十分行われていたかどうかわからず，このあたりが事故の間接的な原因であった可能性は大きい．ただし，これらは従業員の過失というのではなく，企業による従業員教育が十分になされていなかった点と，詳細な作業マニュアルが作成されていたかどうかがむしろ問題である．

一方，事故前日休暇中ではあったが，工場内では修理などのために約30人の従業員が働いていたとのことであるが，本事故とは直接関係ないようである．また，事故当初いわれていた作業場所の冷房装置の故障による作業場所の室温の上昇があったとの報道は誤りのようである．したがって，室温の上昇によって精製用の容器内のMEKPOの急激な分解が起こった可能性は小さい．また，ハード面では製造貯蔵タンクの場合，十分な能力を持った圧力の放散装置がついていたかどうか，2000年1月に行われた改造が適正なものだったかどうかが問題になるが，ここでは検討していない．

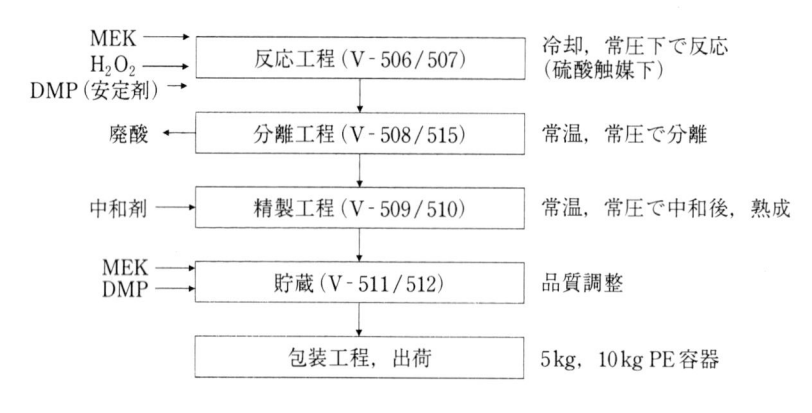

```
MEK      ─→
H₂O₂     ─→  反応工程（V-506/507）    冷却，常圧下で反応
DMP（安定剤）─→                      （硫酸触媒下）
                    ↓
廃酸     ←─  分離工程（V-508/515）    常温，常圧で分離
                    ↓
中和剤   ─→  精製工程（V-509/510）    常温，常圧で中和後，熟成
                    ↓
MEK      ─→
DMP      ─→  貯蔵（V-511/512）        品質調整
                    ↓
             包装工程，出荷            5kg，10kg PE容器
```

図3　MEKPO製造プロセス

有機過酸化物の爆発事故は，悲惨なものになる可能性がある．日本国内では，メーカーの努力もあって，最近では，製造，貯蔵，運搬といった段階では事故例は減少し，消費先で小さな事故が時々起きているにすぎない[2]．しかし，多くのアジア諸国や発展途上国では，なお本事故のような大規模な事故が起きている．日本国内では，最近，化学工場，製鉄工場などで事故が多発して大きな問題になっている[3]が，発展途上国の事故はより深刻である．これも，日本で行われているような従業員に対する安全教育の徹底を行うことで事故はある程度防ぐことが可能であろう．

4．MEKPOの危険性

　MEKPOは，典型的な有機過酸化物であり，幅広い用途がある．その危険性から消防法上，危険物第五類危険物（自己反応性危険物）として規制されている．日本国内では「パーメック」，その他の商品名で販売されており，事故を起こした物質は「パーメックH」相当の性状を有している．その化学的性状は，表1のとおりである[4]．また，MEKPOは二量体，三量体となっている場合もある（図4）．
　MEKPOのような有機過酸化物は，多くの物質と混合して，また保管温度によっては発熱分解反応を起こすことが知られている．すなわち，
（1）熱による分解
（2）強酸による分解（図5）
（3）強酸化剤と混合させると激しく分解する
の三つのいずれかの原因で，あるいは複合的に分解が進む．今回の事故は，上記（2）が主体

表1　MEKPO「パーメックH」の化学的性状[4]

引火点	82℃（セタ密閉式）
発火点	200℃（ASTM試験器）
自己分解開始温度（SADT）	65℃
活性酸素量	10.0％（ジメチルフタレート希釈）

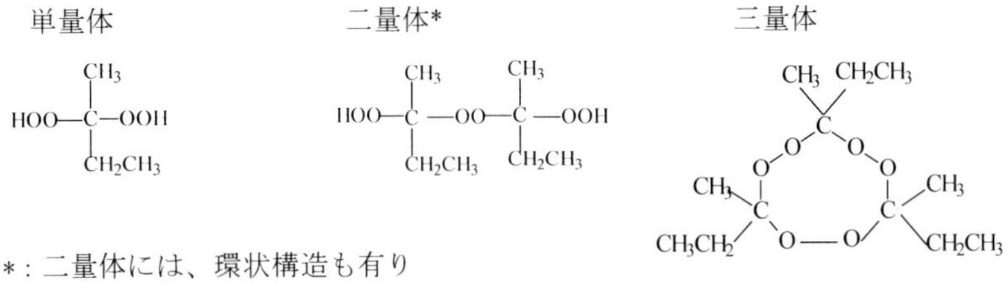

*：二量体には、環状構造も有り

図4　MEKPOの化学式

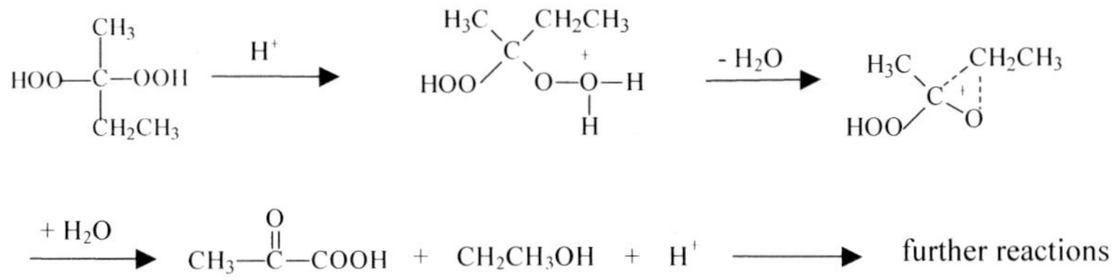

図5　MEKPOの酸分解反応機構

であると思われ、また、その分解機構は図5の反応で進む．そこで、MEKPOおよび硫酸を添加したMEKPOをMCPVT（小型圧力容器試験[5]）によって試験を行ったところ、他の有機過酸化物と比べてより激しい性状を有していることがわかった．さらに、「C80」高感度熱量計の実験から硫酸を加えることで、その反応が低温側にずれることがわかった（図6[6]）．

酸分解は、硫酸以外の酸でも起こるが、比較的穏やかな反応なため、軽視することもある．過酸化水素の金属イオンによる分解では、穏やかな反応のために、かえって大きな事故になった例もある[7]．化学物質の混合危険は十分な検討、考察が必要である．

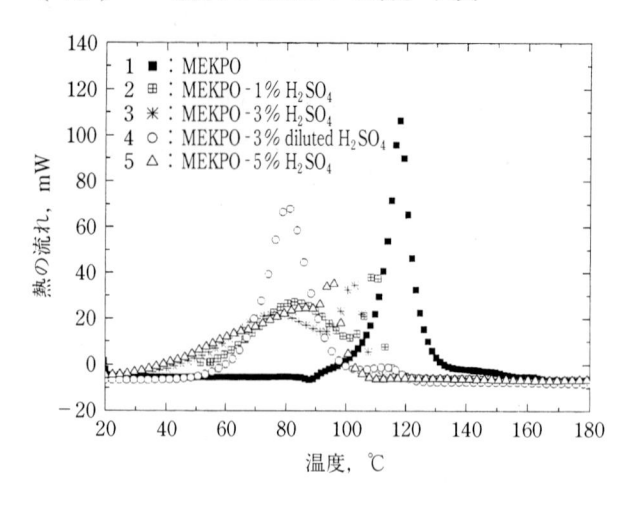

図6　MEKPOの「C80」による発熱曲線[6]

5. 有機過酸化物の事故

有機過酸化物の事故は、日本国内でも年に1～2件程度は起きている[2]．過去のMEKPOの爆発事故としては、1964年（昭和39年）7月、東京都品川区で19人が死亡した勝島倉庫（貯蔵中）での爆発火災が有名である．また、1990年（平成2年）5月には東京でもBPO（ベンゾイルパーオキサイド）製造中（小分け作業中）に死者8人、負傷者18人を出す事故を起こした．

有機過酸化物の事故は、夏場の暑いときによく起こることが統計的にもわかっている[2]．有機過酸化物は、爆発した場合には、火薬・爆薬ほどではないが、激しいものになる可能性がある．MEKPOの事故は、最近でも消費先などでの事故があるため件数的には余り減っていないが、大きな事故は減っている．一方、中国、台湾、タイなどでは、最近でも製造中や貯蔵中に大きな事故が起き、多数の死傷者が出ている．

6. 本事故の教訓

長期的に見れば、日本国内では有機過酸化物のメーカーでの事故は減少傾向にある[2]．しかし、最近（2003年前後）の日本国内での化学工業、石油精製、製鉄などの大メーカーでの事故の多発の原因の一つは、日本のメーカーに安全面への対応の余裕がなくなってきたためとも考えられる．

製造、取り扱う危険物の危険性を文献、各種危険性評価試験を行って確認し、さらに従業員に対する安全教育を通して、非常に危険なものを扱っているという自覚を徹底させることが重要であろう[8]．特に、MEKPOなどの有機過酸化物の場合、温度管理、不純物や安定剤の管理が重要なことは本事故の原因の調査結果からも明らかで、繰り返して安全教育を行う必要がある．

最近，円高，その他の経済的な理由から日本企業のアジア諸国などへの進出が目覚しく，日本国内での製造業の空洞化が懸念されている．進出先で大事故を起こした場合，本社が関知していなくても本社の存立にも影響が出ることは，1984年12月，インドのボパールで起きたMIC（メチルイソシアネート）の漏洩事故[9]によって米国のユニオンカーバイト社が大きなダメージを受けたことでも明らかである．言葉の壁や文化の違いを考え，日本国内以上に安全への教育が必要と考えられる．

7. おわりに

本事故は，日本国内では，最近余り起きていない有機過酸化物の製造中の大事故である．日本国内で行われているような従業員の教育によってある程度防ぐことが可能である．本事故を他山の石として一層の災害防止を図る必要がある．なお，本事故については，原稿執筆時も原因調査が進められており，今後，新しい情報が得られる可能性はある．

謝 辞

韓国・Pukyong大学を通して韓国政府関連の情報，新聞報道を入手した．同大学Mok学長に感謝致します．また，日本油脂（株）からも多くの情報を得た．併せて感謝致します．

参考文献

1) N. Ujikawa, M. Takamura and T. Kojima : "Evaluation of curing agents using DSC", Proceedings of the International Composites EXPO '98, 21-B/1 21-B/9 (1998).
2) 幅 道雄：「有機過酸化物の火災事故例の推移と分析」，安全工学，Vo. 41, No. 3, pp. 190-198 (2002).
3) 小林恭一：「繰り返される産業災害の背景」，消防研修，76, pp. 1-4 (2004.10).
4) 日本油脂（株）：有機過酸化物（1996.4）．
5) Xinrui Li, Dabin Liu, Y. Iwata, H. Koseki, K. Masugi and F. Sanuki : "Update Results of MCPVT as a test method for Studying the Decomposition of Self-reactive Materials", 火薬学会誌, Vol. 62, No. 5, pp. 203-256 (2001).
6) Xinrui Li, H. Koseki, Y. Iwata and Y-S Mok : "Decomposition of methyl ethyl ketone peroxide and mixtures with sulfuric acid", Journal of Loss Prevention in the Process Industries, 17, pp. 23-28 (2004).
7) 松井英憲・安藤隆之・熊崎美枝子：「首都高速道における過酸化水素積載タンク車の爆発」，安全工学，Vol. 41, No. 2, pp. 114-118 (2002).
8) 若倉正英：「化学物質の火災・爆発危険性と事故事例」，ケミカルエンジニアリング，Vol. 49, 7, pp. 21-25 (2004).
9) I. Eckerman : "The Bhopal Saga", Universities Press, India (2005).

（古積　博）

住友化学工業・千葉工場火災

1. 事故の概要

1.1 発生場所とその概要

本事故は，住友化学工業（株）千葉工場で起こった．従業員数1274名で，出火当時，当該プラント計器室に運転員7名，少し離れた事務所に11名がいた．当該地は，北の市原市海岸部の姉ヶ崎埋立地の南側に続き，袖ヶ浦市海岸部埋立地内にある．袖ヶ浦海岸のため，北から「北袖」，「中袖」，「南袖」の埋立地と呼ばれている．住友化学は北袖の中央と北の陸側を占めており，この火災事故は北袖の北の陸側プラント部〔袖Ⅰ地区と呼ばれる場所（図1[1]）〕で発生した．場所の詳細は以下のとおり．

- 敷地面積：袖Ⅰ地区……600 932 m^2
  袖Ⅱ地区……739 164 m^2
  合計…1 340 096 m^2
- 発生場所：千葉県袖ヶ浦市北袖2番地袖ヶ浦Ⅰ地区

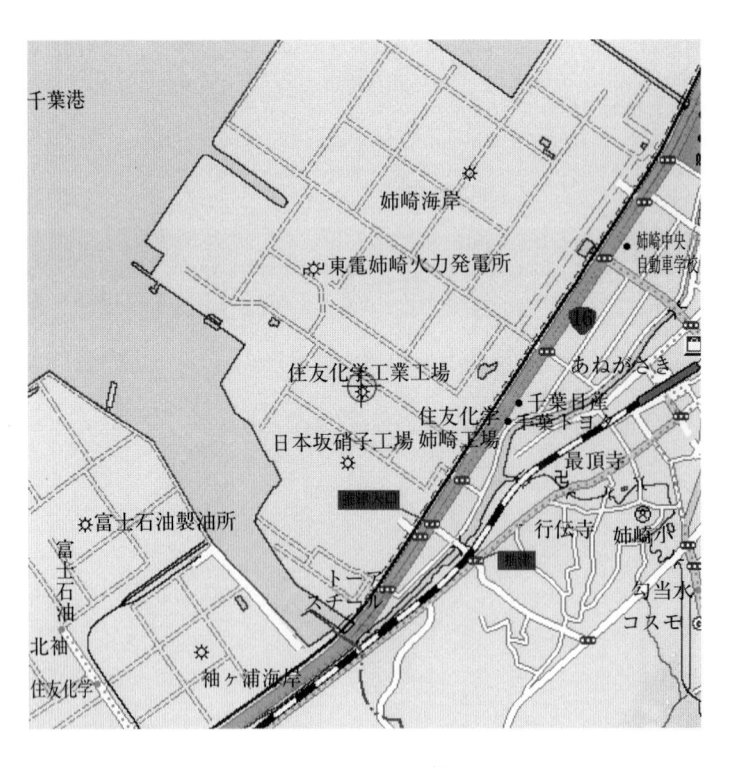

図1　袖Ⅰ地区[1]

1.2 事故の概要

- 発生日時：2000年（平成12年）12月1日（金）午後3時33分頃
- 覚知時間：午後3時47分（専用電話による）
- 使用停止命令：午後4時00分
- 鎮圧時間：午後7時40分
- 鎮火時間：午後8時42分
- 罹災施設：危険物一般取扱所（高危混合施設．石油コンビナート等災害防止法第1種レイアウト事業所）
- 施設名：CEP重合プラント〔EP（エチレンプロピレン）ゴム製造〕
- 施設被害概要：エチレン・プロピレン・ゴム製造設備は鉄骨2階形式の構造物である．敷地面積1700 m^{2}のうち，1階部に設置された槽，ポンプなどを約250 m^2，2階部の熱交換器などを約300 m^2，合計延べ床面積550 m^{2}を損傷した．

1.3 被害状況

- 工場外への影響：怪我人や工場構内から外への延焼，薬品の漏出などはなかった．
- 損害額：焼失設備簿価 21,475,000円
  　　　　　復旧費概算 約1億5,000万円
- 焼失ヘキサン量：約20 ton（＝30 m^3）
- 火災の発生：エチレン・プロピレン・ゴム製造設備の未反応原料回収槽（脱ガス槽とも呼ばれる．重合反応工程から移送されてきたヘキサン溶液"エチレン・プロピレン・ゴムのヘキサン溶液"からエチレン，プロピレンなどの未反応原料ガスを回収する装置）が次の工程にヘキサン溶液を送るためのポンプと配管を接続するフランジ（継ぎ手のこと．内径約8 cm）からヘキサン溶液が漏洩着火して火災となった．

2. 原　因

　操業時の設備の振動などによってフランジ接合部に緩みが生じ，ヘキサン溶液が漏洩した．漏洩時の噴出・摩擦によって静電気が発生し，このヘキサン溶液に着火したと考えられている．フランジ接合部に緩みを起こさせた恐れがあると考えられる振動の原因などについては以下のとおりと考えられる．

　まず，2000年（平成12年）8月に完成した他の装置の試運転のため，当該ポンプ付近にある他のポンプを同年11月に稼動させたが，そのとき想定外のキャビテーション（ポンプ内の気圧発生による圧力・流量などの変動）に伴う振動が数回発生した．この振動が，当該ポンプに伝わって緩みを生じさせた可能性がある．また，前工程の重合槽などにおいて装置の内壁に生成した不溶性のポリマーがはく離してポンプに流入し，振動を生じさせることがある．

　さらに事故後の調査によって，当該ポンプのベアリングの潤滑油がなくなっていたことなどから，当該ポンプにおいて強い振動が発生したと思われる．この振動が火災の前か後かは確定できないが，仮に火災の前であるとすれば，それがフランジ接合部の緩みの原因である可能性がある．

　加えて，当該ポンプに特有の要因も指摘できる．すなわち，当該ポンプ側の吐出口の内径は約8 cmであるが，次工程側の配管の内径は約15 cmである．その間をレデューサと呼ばれる

短い配管で接続している．当該フランジは，当該ポンプとこのレデューサの接続部分に設置されており，構造上上部の重量を約 8 cm の小さな部分で支える形になっている．そのため，前期のような幾つかの原因で生じた振動による力が配管にかかった場合，当該フランジ接合部の緩みが増幅された可能性がある．

3．再発防止策

　ヘキサンに関しては，わが国においても過去数回の静電気着火事故が報告されているが，今回の事故の検証の結果，ヘキサン溶液はヘキサン以上に帯電性が強く，静電気による着火が容易であることが判明した．
　これらを踏まえて次のような再発防止策が考えられている．
（1）不要振動の関知装置として振動モニタを問題のポンプの近くに設置する．
（2）当該ポンプ・配管や付近の設備のうち，振動を起こしやすいものを改造する．
（3）通報訓練，防災訓練など，教育訓練を一層充実強化する．

参考文献

1) http : // map. yahoo. co. jp

（本位田正平）

セルフガソリンスタンドでの静電気着火火災

1. はじめに

　世の中の制度は様々な理由で変更される．時に利便性を追求するためであったり，はたまた安全性を高めるためであったり，国としての競争力を維持したり高めたりするためであったり，消費者や業界団体からの要求であったり，変更の理由は多様である．このような制度変更は，何らかのメリットを狙ったものである．しかし，その制度変更の裏には必ず負の側面も存在する．

　このような社会制度の変化に伴い，目立たなかったリスクが顕在化する現象が事故事例にも見てとれる．ここでは，重大事故には至っていないが，社会制度の変化によって顕在化した新たなリスクという視点から，セルフガソリンスタンドで発生した火災事故を取り上げる．併せて，リスク分析と対策の難しさについても言及する．

2. 事故の概要

　春の陽射しを感じるような穏やかな薄曇りの日，女性が運転するRV車がガソリンスタンドに入ってきて停車した．彼女は，給油するため車を降りると車の左後方に回り，燃料タンクのオイルキャップを外し始めた．とその瞬間，大きな炎が彼女の眼前に迫り彼女の前髪を焼いた．こんな出来事が2001年（平成13年）4月30日（月），新潟県長岡市のガソリンスタンドで現実に起きた[1]．幸い，給油口付近の焼損と女性は右前腕と唇にⅠ度の火傷を負っただけで，命に別状はなかった[2]．

　この事故から遡ること2週間余りの4月15日（日）の朝，神戸市北区でも同様の事故が発生している．こちらは男性の運転者である．やはり給油口キャップを途中まで回したところ，炎が約50cmの高さまで立ちのぼった．すぐに従業員が消火器で消し止め，大事には至らなかったのが幸いであった[3]．

　これらの事故は，1998年（平成10年）4月1日に消防法が改正され，顧客が自ら給油などをすることができる給油取扱所（有人セルフサービス方式の給油取扱所），いわゆるセルフガソリンスタンドで発生したものである．この制度変更は，「規制緩和推進計画」（平成7年3月，閣議決定）によって取り上げられ，1997年（平成9年）中に安全性の問題に結論を得た後，施行されたものである．

　法改正から2004年（平成16年）度までに設置されたセルフガソリンスタンド数の推移を図1に示す[4]．この図からもわかるように，2001年（平成13年）度に全国で1000箇所を突破し，増加率が高くなっている．ここに紹介した2件の事故は，平成13年度に入った矢先に起きたものであり，利用者が増え出した年に発生したことになる．

　さて，これらの二つの事例はセルフガソリンスタンドという場所で発生したという以外にも

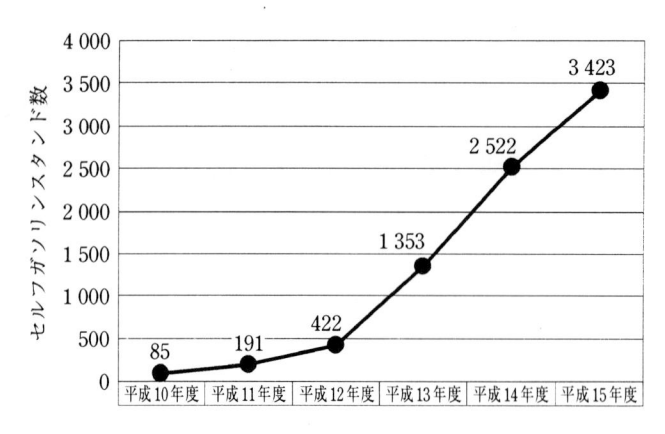

図1 セルフガソリンスタンド数の推移〔2004年（平成16年）3月末現在〕

幾つかの共通点が見られる．次節ではその共通点を解きほぐし，事故原因を推定する．

3．事故原因の推定

　一つ目の共通点は，両者の事故とも2人の人間が給油に関与している点である．長岡市の例では，セルフガソリンスタンドといえども有人式であり，彼女が車内から給油口カバーのスイッチを開けた後，スタンドにいた従業員がそのカバーを給油しやすいように開けている．神戸市の例では，助手席に乗っていた女性が給油を手伝うために，やはり給油口カバーを開けている．また，二つ目の共通点は，事故を引き起こした当該車両の給油口キャップはどちらもプラスチック製であった点である．

　これらの共通点から，帯電した給油者がそのまま給油をしたことによる静電気着火火災であることが推察される．自動車の乗降時は，シートとの摩擦などで帯電しやすい状況にある．このような状況でキャップを緩めたため，ガソリンタンク内部で気化したガスが放出した際に，帯電した電気が放電するとともに静電気着火したのである．

　ここで，通常のガソリンスタンドであれば，従業員の多くは帯電を防止するユニホームや靴を着用しており，給油者となる従業員が帯電していることは少ない．仮に帯電していたとしても，給油口カバーを開く際に車体に触れるので，その際に放電するのが一般的である．ところが，今回の事故では給油口カバーを給油者とは別の人が開き，給油者は放電の機会を逸したまま，給油口キャップに手をかけたことになる．さらに，給油口キャップ金属製であれば，やはりキャップに触れた際に放電する可能性が高いが，今回の場合はプラスチック製のために放電されにくい状況でもあった．特に神戸市のケースでは，給油口キャップに触れた運転者はドアを閉めておらず，車体自体に触れるもう一つの機会も逸していたことがわかっている．次に，神戸市の当日の湿度を見ると40％前後であり，乾燥注意報が出てもおかしくない条件で，静電気も帯びやすい状況だった．また，そもそもガソリンは低温でも気化しやすい性質を有しているが，春先の比較的暖かい日（長岡市：最高気温22℃，神戸市：当刻気温16℃）に両方の事故とも発生しており，タンク内の気化量も冬場に較べて多くなってきた矢先の事故であった．

　以上から，かなりの条件が重なって発生した事故であるといえるが，従来のガソリンスタン

ドでは考えにくかった複数人が給油に係わることによる静電気着火の様相が浮かび上がった．この一連の事故に対して，どのような対策が取られたのか次節にまとめる．

4. セルフガソリンスタンドの静電気対策とその後の状況

セルフガソリンスタンドにおける静電気着火と推測される火災が発生したことを契機に，まず火災の該当車種を生産していたメーカーが，次に総務省 消防庁や（社）日本自動車工業会などが相次いで対策に乗り出した[5]．

該当車種を販売していたメーカーは，2001年（平成13年）8月に自社の全車両の燃料キャップを静電気防止型に変更する旨を発表した．また同月，消防庁が「セルフ給油は必ず1人で行う」，「作業前には自動車の金属部分に触れる」などの呼びかけを行った．さらに翌月，日本自動車工業会は2002年（平成14年）末までを目処に，今後生産する国産車すべての給油口の改良を行い，発火の原因となる静電気を逃がす仕組みにすることを発表するとともに，給油前には車体に触れるなどして静電気発生防止をPRしていく計画を示した[6]．

その後，各セルフガソリンスタンドにおいて注意喚起や対策がとられるなか，1年ほど経過して静電気除去シートを石油連盟などが中心となって配布している[7]．このほかにも，給油量や支払い方法を操作するコンピュータ画面において，触れると静電気を放電するような装置も開発されてきた．これらの取組みを表1に示す．

なお，2003年（平成15年）7月までの期間に，全国セルフガソリンスタンドを対象に行った調査では27件の火災があり，その内，給油中に発生したものが15件となっている．この火災発生件数をセルフガソリンスタンドの数に対する比率で考えると，紹介した2件の事故以降も余り改善されていないことになる．

以上が，セルフガソリンスタンドにおける2件の火災事故を契機とした対策の実態である．かなりの条件が重なって発生する事故であるといえるが，このような事故の発生はそもそも予見できなかったのであろうか．次節では，セルフガソリンスタンドの認可前に検討された情報をもとに，事故の予見性について考えてみたい．

表1 セルフガソリンスタンドの静電気対策に関連した取組み

時期	組織	主な内容
2001年8月3日	事故車メーカー	燃料キャップを静電気防止型に変更する旨を発表した
2001年8月13日	総務省 消防庁	セルフ給油に関する注意喚起
2001年9月20日	日本自動車工業会	2002年末までに，今後生産する国産車すべての給油口の改良を行うことを発表
2001年9月20日	全国石油商業組合連合会	「セルフ式ガソリンスタンドの静電気対策について」を発表
2002年5月	石油連盟	給油機に取り付ける静電気除去シートをGSに配布

5. セルフガソリンスタンド導入時のリスク検討

ここに一つの興味深い資料がある．消防法を改正する前年に給油取扱所をセルフサービス方式とした場合の危険要因の抽出した調査資料である．「セルフサービス方式の給油取扱所の安全性に係わる検討結果について」と題され，消防庁危険物規制課が1997年（平成9年）11月

```
火災における着火物に関するもの
├─ 固定給油設備からの危険物の漏洩
│   ├─ 固定給油設備への車両の衝突            ACB +++
│   ├─ 誤発進等によるホースの破断等          ABA ++
│   ├─ いたずら，故意による破損，粗暴な取扱いによる破損   CCC +, ++
│   ├─ 不適切な取扱いによる漏洩              AAA +++
│   └─ 自動停止装置等の故障                  BAA ++
├─ その他の危険物の漏洩，放置
│   ├─ 誤給油による抜取り                    BBB ++
│   └─ 車両キャップの締め忘れ                CCC +
├─ 給油時等に発生する可燃性蒸気              ABA ++
└─ 危険物以外の可燃物の設置，放置            CCC ++

火災における発火源に関するもの
├─ 車両関係（エンジン，排気管，ディストリビュータ，セルモータ等）  AAA ++
├─ ライター，タバコ                          ABA ++, +++
├─ 静電気，衝撃火花                          BBB ++
└─ 固定給油設備の電気配線                    ACB +++

その他
├─ 事故発生時の覚知，対応の遅れ，対応の不備        ++, +++
├─ 放火，いたずら                            ABA +, ++
├─ 容器へのガソリンの注入                    AAA ++
├─ 地震                                      CCC +, +++
└─ 隣接建物の火災                            CCC ±
```

(注)
　危険要因の評価は，各危険要因の右側に「頻度」，「規模」，「総合」の順にABC等と表示した．
　また，セルフ化の際の危険要因の動向をABC等の右側に，++等と表示した．
　なお，有人セルフと無人セルフで危険要因の動向の異なるものについては，当該動向を有人，無人の順に+，++等のように表示した．

危険要因の評価
頻度

A	火災または漏洩事故10件を超える
B	〃　10件以下
C	〃　5件以下

規模

A	重傷者の発生または漏洩量1000 l を超える
B	軽傷者の発生または漏洩量1000 l 以下
C	漏洩量　50 l 以下

総合

頻度/規模	A	B	C
A	A	A	B
B	A	B	B
C	B	B	C

セルフ化の際の危険要因の動向

±	変化なし
+	若干増加
++	増加
+++	大幅増加

図2　セルフサービス方式の給油取扱所に係わる危険要因

18日に提示している．この資料によれば，「給油取扱所の安全性等に関する調査検討委員会」を設置し，当該問題の安全性検討を行っている．検討結果の結論としては，無人のセルフサービス方式では，危険レベルは従来（フルサービス方式）よりも高まるが，監視者がいる有人セルフサービス方式であれば，危険レベルは従来とほぼ同等とされている．

この資料では，危険要因の抽出するため，わが国および諸外国の給油取扱所について実態調査などを行い，抽出された要因を「火災における着火物に関するもの」，「火災に置ける発火源に関するもの」，「その他」という三つの視点で整理するとともに，対策の検討と実証確認の実施を行っている．抽出された危険要因については，セルフサービス方式にすることによって危険レベルが高まるかどうかを定性的に評価している．その評価結果を図2に示す[8]．

この図を見ると，「給油時等に発生する可燃性蒸気」や「静電気，衝撃火花」という危険要因が「＋＋」となっており，増加することを見事に予測している．しかし，その後の対策系においては，静電気対策の必要性は書かれていない．実証試験においても，給油口近傍においてガソリン蒸気に静電気火花で着火することを確認しているが，それに対する対策には言及していない．給油時の着火については，ライターの火が危険として給油取扱所での喫煙の危険性を強く指摘している．

以上の調査結果を外観すると，かなり当を得た分析を行っていることがわかる．ただし，静電気や衝撃火花の増加理由に対する追及や模擬給油設備での実証試験などにおいても，人の行動パターンにまで踏み込んだ分析は行われていなかったと考えられる．ここで取り上げた事例のような複数人が係わる給油操作まで，事前に予測するのはかなり困難であるともいえる．しかし，今回の分析では，通常従業員がやっていた作業を一般人が代替するという人に焦点を当てた分析が求められているわけであるから，人の形（服装など），質（能力）や量（人数）および心情にフォーカスして深い分析を実施すれば，予見も不可能ではないと考える．また，帯電したままの給油を予見できなくとも，静電気が要因として挙がっており，その危険性も増加すると予測しているのであれば，静電気対策を事前に呼びかけてもよかったのではないかと考える．

なお，石油情報センターレポートによれば，2003年（平成15年）度末の実態調査により，セルフガソリンスタンドの問題点として一番指摘されているのが「給油口のキャップ忘れ35.1％」，「油種間違い17.8％」，「つり銭忘れ14.8％」，「給油口からの噴き出し14.0％」，「計量機やノズル破損5.7％」，「その他12.6％」となっている．キャップ忘れは，事前検討では「若干増」であるが，実際には多くの事例が発生していることになる．

6．事故が示す教訓

本稿では，他の事故事例に較べれば，大事に至っていない被害が小さな事故を取り上げた．その理由は，冒頭に示したように社会制度が変化することによって，メリットばかりでなく負の側面も生じ得ることを指摘するためである．これは，いわゆるリターンとリスクとの関係にほかならない．

今回の事故から，筆者は有人セルフサービス方式の給油取扱所の認可を否定するものでは全くない．確かに，今回の被害程度であれば，社会としてリスクを保有することも十分に考えられる．また，法改正の事前に危険性の検討に取り組んだ点は評価できる．しかし，その内

容の十分性については，後手に回った対策から見ても十分であったとはいえないであろう．

　この事例の考察からわかるように，われわれは危険性を予見できたからといって，必ずしも適切な対策を実施するわけではないことにも留意する必要がある．将来起こり得る危険性（リスク）を予見したとしても，そのまま具体的な対策につながるとは限らないのである．リスクマネジメントの基本でもあるが，対策検討はリスク分析結果とつながりを持つ形で行う必要がある．リスク分析において要因をしっかり捉え，それぞれの要因にどの対策が具体的に効果を発揮するのかを明確にすることが，改めて重要であることを本事例は示している．そのうえで，各種の制度設計においてリスクとリターンを可能な限り検討し，コストが大きくならないような対策であれば，積極的に採用することもより安全で安心な社会の実現には必要である．

　最後に，セルフガソリンスタンドを利用する際の留意点について，（社）日本自動車工業会などの指摘をまとめておく．

(1) スタンド内では，車内・外でタバコは吸わない．車の窓も閉める．
(2) 体に帯びた静電気を放電させるために，降車後は車の金属部分に触れるか，備え付けの静電気除去シートに触れる．
(3) 給油口カバーを開ける作業や燃料キャップを開ける作業は１人で行う．
(4) 再帯電防止のため，給油中は車両座席に戻らない．
(5) 給油中に第三者を近づけたりしない．

参 考 文 献

1) 中国新聞, 朝刊, 2001年8月4日「車の給油口から発火 三菱自動車「静電気が引火」」
2) 全国石油商業組合連合会：セルフ式ガソリンスタンドの静電気対策について
3) 毎日新聞, 大阪夕刊, 2002年7月12日「セルフ式ガソリンスタンドで発火トラブル急増 業界団体, 防止対策強化へ」
4) （財）日本エネルギー経済研究所：石油情報センター REPORT 9 (2004.8) p.2.
5) 日刊工業新聞, 2001年8月6日「三菱自動車, 年内にも全車に静電気防止燃料キャップを採用」
6) 東京読売新聞, 朝刊, 2002年12月4日「急増するセルフ式ガソリンスタンド 静電気の引火事故にご注意」
7) 産経新聞, 東京朝刊, 2002年5月13日「セルフGS 静電気引火ゼロへ 自動車・石油業界, きょうから防止策強化」
8) 総務省 消防庁 危険物規制課：「セルフサービス方式の給油取扱所の安全性に係わる検討結果について」(1998).

（野邊　潤）

第 2 部
破損・破壊および交通機関の事故

日本航空ジャンボ機「B747」墜落事故 …………………… 81
天井クレーンのガーダの折損による落下事故 …………… 88
余部鉄橋車両転落事故 …………………………………… 93
信楽高原鉄道車両衝突事故 ……………………………… 100
中華航空機名古屋空港着陸失敗事故 …………………… 104
高速増殖原型炉「もんじゅ」ナトリウム漏洩事故 ………… 108
オイルタンカー「ナホトカ号」油流出事故 ………………… 114
純国産ロケット「H-Ⅱ8号機」爆発事故 ………………… 121
地下鉄日比谷線脱線衝突事故 …………………………… 126
日本航空機ニアミス事故 ………………………………… 132

日本航空ジャンボ機「B747」墜落事故

1. はじめに

　1985年（昭和60年）8月12日に発生した日本航空「B747」の群馬県上野村山中事故から既に20年近くが経過した．民間定期航空は最も安全な輸送機関であり，全世界で100万出発回数当たり1回以下の全損事故が発生しているにすぎないが，航空輸送量は，今後著しく増加すると予想されるので，全損回数をさらに減少させることが必須である．そのために，多岐にわたる努力がなされている．

　事故の分析と研究から，多くはヒューマンファクターに起因していることが明らかになり，事故防止のためにこの分析と研究の成果を現場で活用することが積極的に行われてきた．「人間はエラーを起こす」を前提に，エラーが致命的な事故につながらないようにリスクマネジメントすることが事故防止にとって極めて有効であると認識されており，現在では「スレット（Threat）/エラーマネジメント」という考え方が重視されている．

　人間の能力は，周囲の要因から大きな影響を受ける．これに関するヒューマンファクターの要因分析にはSHELモデル（エドワーズ−ホーキンスモデル）が使われている．加えて，

(1) 一つの大事故の背後には多くの小事故，不安全な事象があるので，このような背後事象を解明することは大事故の防止に寄与できること（ハインリッヒの法則）

(2) 事故は一つの原因によって発生するのではなく，幾つかの原因が鎖のように連なって最後の事故に至るので，その連鎖を断ち切ること

(3) 事故を防止するために幾つかの安全防護壁を用意しているにもかかわらず，不完全なために機能できなかったこと，また必要な防護壁が欠落していたことなどにより最後の事故が発生するので，一層安全な防護壁を整備すること（リーズンモデル）

が強く指摘されている．現場では，このような考え方を実際に活用して，事故防止を図る努力がなされている．

　上野村山中事故[1),2)]は，今なお学ぶべき多くの教訓を含んでいる．本稿では，まず事故に至る過程，本事故に対する当時の航空事故調査委員会の提言（勧告，建議，所見）と，それに対する運輸省（現 国土交通省）航空局をはじめとする関係機関の真摯な対応を紹介する．次に，航空のみならず多くの分野での事故防止に寄与することを目標に，事故調査結果を分析し，それから解明されたエラー発生要因について述べる．

2. 事故に至る過程

　上野村山中事故は，大阪国際空港で起きた着陸時事故[3)]の7年後に後部圧力隔壁（図1）の損壊が引き金になって発生した．バリエーションツリー分析を参考にして，図2に当圧力隔壁に関する修理，検査，損壊に至る一連の事象と航空事故調査委員会が勧告（Recommendation），

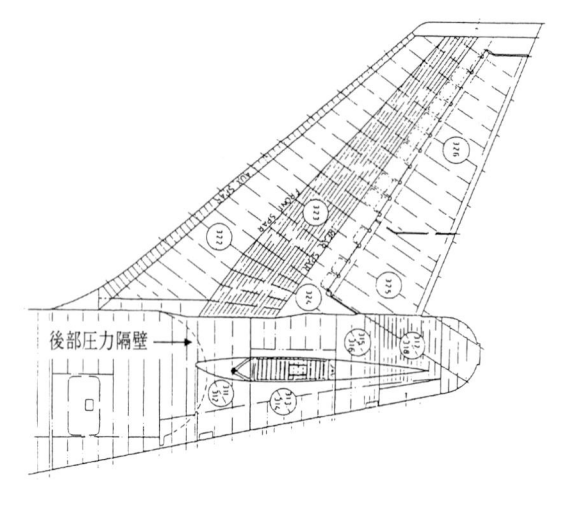

図1　後部胴体および後部圧力隔壁

建議（Proposal），所見（Finding）を行うに至った根拠[4]をまとめて示す．大規模修理はボーイング社が担当し，胴体セクション46（BS1480～2360）とセクション48（BS2360～2792），主脚の損壊部位を修理・交換した．本事故後に，日本航空，運輸省航空局，米国家運輸安全委員会（National Transportation Safety Board：NTSB），米連邦航空局（Federal Aviation Administration：FAA）とボーイング社は安全に係わる多くの措置と勧告を行った．

後部圧力隔壁については，L18（左舷）とR18（右舷）の接続部より下側の下半部を取り外し，新しい下半部と交換する修理方法を用いた．図3（a）に示す正規の2列リベット接続を行うために，上半部ウェブの既存のリベット孔に合わせて下半部ウェブ上端部の孔明け作業を実施した．作業後に修理チーム検査員がL18接続部のベイ1からベイ5の中のベイ2とベイ3に，視点①のエッジマージンが不足している不具合を発見した．

この対策として，修理チーム技術員は図3（b）に示すように，上半部ウェブと下半部ウェブの合せ面に1枚のスプライスプレート（視点②）を挟み込んで2列リベット接続とする修正処置を指示した．スプライスプレートは，取り外した旧下半部から製作することとした．しかし，実際の作業では1枚のスプライスプレートは，図3（c）に示す箇所で切断（視点③）され，1枚のスプライスプレートと1枚のフィラ（視点④）が用いられ，上半部と下半部のウェブは視点⑤の1列リベットで接続されることになった．この作業は，修理チーム検査員の検査を受けたが，この不適切な修理を発見することができなかった．後部圧力隔壁は，修理後に与圧漏洩試験を受け，圧力低下が基準値以内であることを確認した．機体は，修理終了後に日本航空および運輸省航空局の検査を受けて領収された．

後部圧力隔壁については，適正に修理されたとして，大修理後の特別な監視をせずに，腐食を主とした隔壁全体の詳細目視検査（G2レベル）を実施した．検査間隔は3 000飛行時間以内（C整備）であり，7年間に計6回，上野村山中事故の8カ月前に最後のC整備を行ったが，疲労き裂を発見するには至らなかった．適正に修理されていれば，多くのリベット孔縁から疲労き裂が発生，進展するマルティプルサイトダメージ（Multiple-Site Damage：MSD）が生じる可能性は低いと考えられる．2列リベットで接続されたR18では，孔縁に疲労き裂は発生していなかった．L18の1列リベット接続部の破面調査から，MSDが運航再開後の比較的早い段階に発生，進展を始めていたことが明らかになった．

後部圧力隔壁の損壊後，そこから流出した胴体与圧空気が尾部胴体，垂直尾翼，操縦系統を損壊し，機体は不安定な飛行状態になり，操縦不能に陥って墜落した．運航乗務員は異常事態の内容を十分に把握できない状況の中で，飛行安定操作に専念したものと推測される．

2. 事故に至る過程　　(83)

◆航空事故調査委員会の
勧告、建議、所見
1987.6.19

- 建議 1. 対応能力
- 勧告 3. フェールセーフ
- 勧告 2. 継続監視
- 建議 2. き裂発見
- 勧告 1. 計画管理
- 所見
  1. 耐衝撃性
  2. 音声記録
  3. 捜索救難

乗務員は特殊な緊急事態の内容が把握できず、対応について判断できず

乗務員が意図どおり飛行させられず、不安定飛行状態に陥り、安全に帰還することはほとんど不可能

フェールセーフ性が機能せず

大規模修理後の監視に関する提案せず

フェールセーフ設計が機能しない機体になる
指示とは異なる不適切な修理方法の指示
修正修理に関する検査で発見できず
上半部と下半部の接続に際し下半部左側のL18接続部のリベット孔回りにエッジマージン不足

修理終了

引渡し 1985.7.11

大規模修理

ボーイング

・配慮にやや欠けた修理計画
・指示とは異なる不適切な作業
・不適切な作業結果が検査で発見されず

墜落 1985.8.12 18:56頃

操縦不能

不安定な飛行状態

尾部胴体・垂直尾翼・操縦系統の損壊

与圧空気の流出

L18接続部破断に始まる後部圧力隔壁の損壊 1985.8.12 18:24頃

後部圧力隔壁の点検整備で疲労き裂は発見されず

後部圧力隔壁L18接続部に疲労き裂が発生・進展 1978〜1985

運航再開

検査/確認

ボーイングと修理契約

大阪国際空港事故 1978.6.2

就航 1974

日本航空

報告書確認

提言せず

検査/確認

修理対応

事故対応

運輸省航空局

事故調査報告書 1978.12.14

大規模修理と修理後への対応に関する勧告、建議、所見せず

大規模修理後の特別な監視に関する計画を立てず

事故調査

航空事故調査委員会

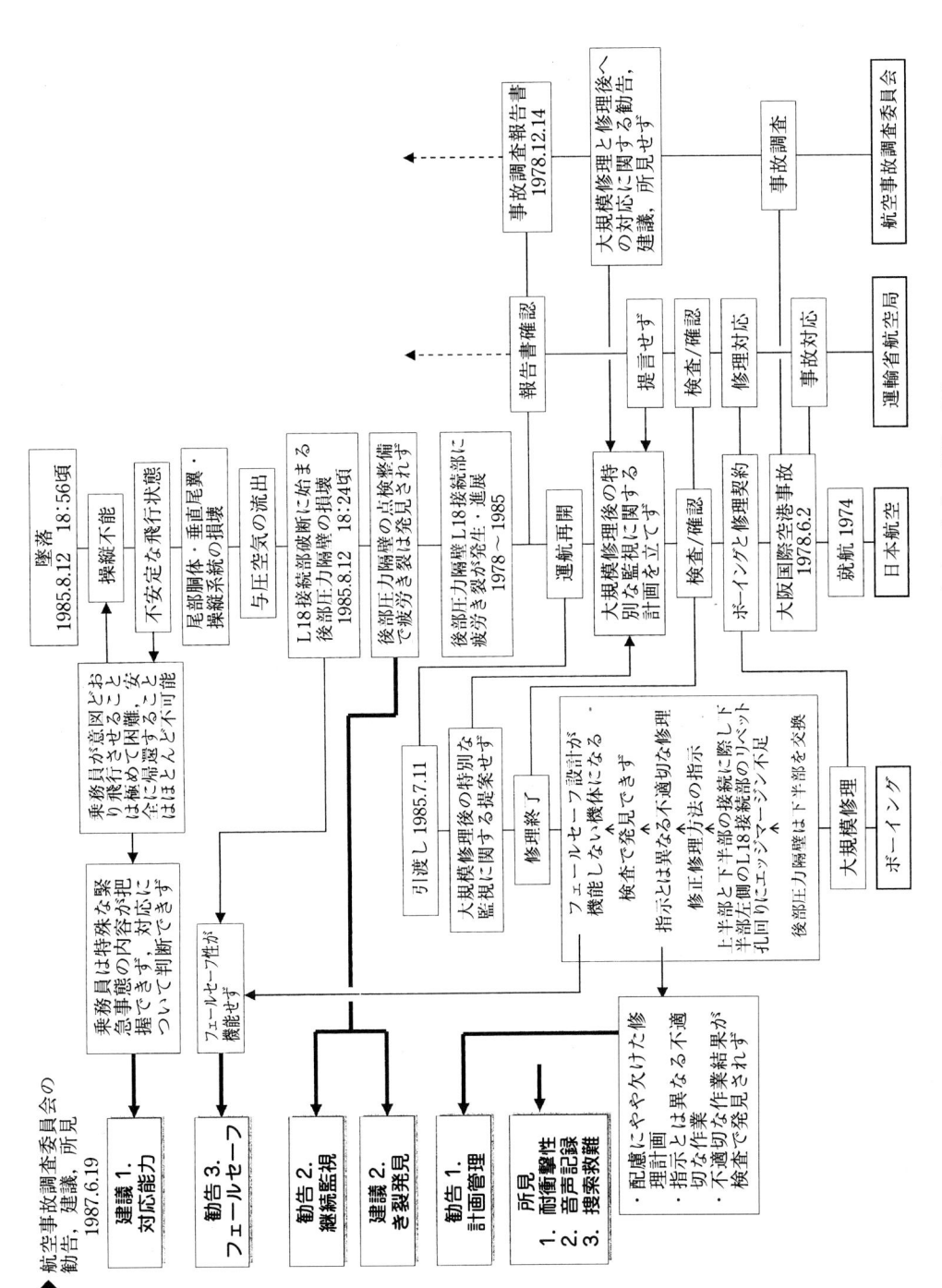

図2　上野村山中事故に至る過程および勧告、建議、所見の根拠

日本航空ジャンボ機「B747」墜落事故

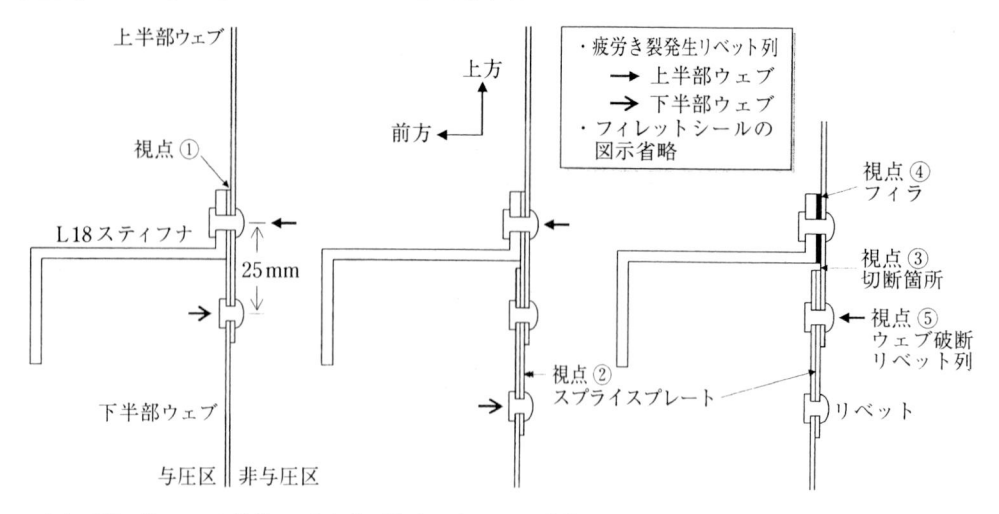

(a) 正規2列リベット接続　(b) 修正指示2列リベット接続　(c) 実際の不適切な1列リベット接続

図3　後部圧力隔壁L18リベット接続部の比較

3．勧告，建議，所見と対応

　航空事故調査委員会は，同種事故の再発防止，新種事故の未然防止を目標に，勧告3件と建議2件を旧運輸大臣に，また所見3件を運輸省航空局に提言した．ここには事故の教訓が集約されており，現在にも通用する幾つかのことを含んでいる．表1に，勧告，建議，所見の原文と運輸省の回答と対応の要約を示す．事故による主要構造部材の損傷の復旧修理に係わって，勧告1では瑕疵のない作業計画の設定と作業管理の徹底，勧告2では必要に応じて当部材に対する特別な点検項目を設けて継続監視することを求めた．勧告3では，後部圧力隔壁が破壊しても周辺の構造と機能の安全性が低下しないように，フェールセーフ機能を見直して安全性の向上を図るよう求めた．2件の建議では，乗務員の対応能力向上を図るための方策を講じることと整備における目視点検によるき裂発見能力を評価するために，データを収集・分析することを求めた．所見では，搭載機器であるデジタル式飛行解析装置（Digital Flight Data Recorder : DFDR）の耐衝撃性向上と音声記録システムの性能向上に関すること，および救難に係わる活動能力の向上を指摘した．

　運輸省は，勧告1については精緻な修理作業を行うこと，勧告2については監視プログラムを実施すること，勧告3についてはFAAにフェールセーフ性の見直しについて協力を要請することで対応した．建議1に対しては関係機関が参加して乗務員の対応能力向上の方策を構築すること，建議2に対しては関係機関が協力して目視点検によるき裂発見データを収集・分析[5),6)]して，整備技術の向上に寄与することとした．所見に対しては，耐衝撃性に優れたマイラーテープに換装，音声記録システムを改善，捜索救難活動・施設整備を強化充実することとした．

　「B747」の現用機および新造機について実施された主な対応は，後部圧力隔壁にティアストラップを追加，垂直尾翼点検孔にカバー装着，油圧系統にヒューズバルブの増設，油圧系統の配管位置変更，与圧室の開口面積評価方法の修正，検査方法の再評価などであった．

表1 勧告，建議，所見および運輸省の回答と対応

航空事故調査委員会	運輸省の回答と対応
◆ 勧告 1. 航空事故による損傷の復旧修理等において，航空機の主要構造部材の変更等，大規模な修理が当該航空機の製造工場以外の場所で実施される場合には，修理を行う者に対して，修理作業の計画及び作業管理を，状況に応じ特に慎重に行うよう，指導の徹底を図ること	1. 大規模な修理は整備規程に定めるもののほか，次の点に留意することを関係機関に通達 　1) 機体の損傷状況の確実な把握 　2) 修理の基本方針の策定 　3) 修理作業の実施体制 　4) 修理作業の検査実施体制 　5) 修理作業を委託する場合の措置 　6) 大規模な改造を実施する場合もこれに準じる 　7) 管理体制見直し，必要に応じ整備規程に定める
2. 航空事故による損傷の復旧修理等において，航空機の主要構造部材の変更等大規模な修理が行われた場合には，航空機の使用者に対して，必要に応じ，その部位について特別の点検項目を設け継続監視するよう，指導の徹底を図ること	2. 長期監視プログラムを以下の指針に基づき設定するよう関係機関に通達 　1) 対象となる構造修理 　2) 監視の対象とする範囲 　3) 監視の方法 　4) 長期監視プログラム事項を整備規程に定める
3. 今回の事故では，後部圧力隔壁の損壊により流出した与圧空気によって，尾部胴体・垂直尾翼・操縦系統の損壊が連鎖的に発生したが，このような事態の再発防止を図るため，大型機の後部圧力隔壁等の与圧構造部位の損壊後における周辺構造・機能システム等のフェールセーフ性に関する規定を，耐空性基準に追加することについて検討すること	3. 我が国で運航されている大型航空機の大部分が米国において製造されていること及び米国の基準が我が国を含む世界の主要国の大部分における耐空性基準の基本になっている．そこで，米連邦航空局長に，当該フェールセーフ性に関する規定を追加することの検討を通知，また米国政府に，当該基準の改正について協力要請
◆ 建議 1. 緊急又は異常な事態における乗組員の対応能力を高めるための方策を検討すること 　（根拠に関する説明文は省略） 2. 航空機の整備技術の向上に資するため，目視点検による亀裂の発見に関し検討すること 　（根拠に関する説明文は省略）	1. 関係者の協力を得て航空局に検討会を設けて調査・検討 2. 関係者の協力を得て航空局に検討会を設けて資料の収集・分析と検討[5), 6)]
◆ 所見 1. デジタル式飛行解析装置（Digital Flight Data Recorder : DFDR）の耐衝撃性の向上 2. 音声記録システムの性能向上 3. 捜索救難活動能力の向上	1. 金属製磁気記録テープ使用装置を耐衝撃性に優れたマイラー・テープ使用装置に換装 2. 音声記録時間延長とCockpit Voice Recorder (CVR)を含むシステム改善による音声記録明瞭度向上方策の調査研究 3. 施設整備と専門要員配置等による充実強化，関係機関との定期的合同訓練を実施，更に施設整備を進めることにより能力向上を推進

4．事故防止につながる要因

　事故の再発防止と未然防止に大きな影響を持つヒューマンファクターに関する研究，実践は，上野村山中事故当時に比べて著しく進歩したと考えられる．

　そこで，ヒューマンファクター分析に使われるSHELモデルを用いて，前記した勧告，建議，所見がエラー発生要因をどこまで追及できているかについて検討する．SHELモデルの人間（主役であるLiveware : L），人間とソフトウェア（Software : S），人間とハードウェア（Hardware : S），および人間と人間（同僚，監督者，管理者などの他のLiveware : L）に係わ

る様々なエラー発生要因の中から上野村山中事故に関連するエラー発生要因のみを選び，本事故の勧告，建議，所見との対応を表2にまとめる．エラー発生要因は，通常取り上げられている要因と著者の判断で追加した要因とから構成されている．ここに述べる要因は安全防護壁の欠陥に相当しており，それを修復することは優れた防護壁を構築することにつながる．

　勧告は主役（L）を取り巻く（L-S），（L-H），（L-L）のエラー発生防止に重点を置いて，それによって主役（L）が引き起こすエラーを防止することに着目している．建議は，それとは逆に主役（L）のエラー防止に重点を置いている．所見は（L-H），（L-L）の改善を求めている．そのような観点に立って勧告，建議，所見を分析すれば，勧告1は大規模な修理・改造作業をマネジメントすること，勧告2は作業後の監視をマネジメントすることにより，まず（L-S），（L-L）に係わるエラーの防止に焦点を当てている．それを行うことによって，主役（L）の個人の能力に起因するエラーの防止を意図している．勧告3は，フェールセーフ設計を見直すことにより，（L-S）の基準/文書，および（L-H）の機体/部品に係わるエラーの防止に努め，それを持って主役（L）の個人の能力がもたらすエラーの低減を目指している．

表2　ヒューマンファクター分析から見た勧告，建議，所見

SHELモデル		勧告			建議		所見		
要素	ヒューマンエラー発生要因	1.計画管理	2.継続監視	3.フェールセーフ	1.対応能力	2.き裂発見	1.耐衝撃性	2.音声記録	3.捜索救難
人間（L）	◆個人の能力								
	・経験/知識/技量の不足	○	○	○	○	○	—	—	—
	・作業内容の認識/確認の不足	○	○	—	○	—	—	—	—
	・状況認識欠如/油断/注意散漫	○	○	—	○	—	—	—	—
人間とソフトウェア（L-S）	◆組織								
	・作業支援の不備	○	○	—	—	—	—	—	—
	・品質管理の不備	○	○	—	—	○	—	—	—
	・危機管理の不備	○	○	—	○	—	—	—	—
	・検査制度の不備	○	○	—	—	○	—	—	—
	・状況認識欠如/成功体験/自信過剰/油断	○	○	—	—	—	—	—	—
	◆基準/文書								
	・指示書/作業手順の不備	—	—	○	—	○	—	—	—
	・管理の不備	○	○	—	—	—	—	—	—
人間とハードウェア（L-H）	◆施設/設備								
	・作業設備	○	—	—	—	—	—	—	—
	◆機体/部品								
	・設計不良（故障探求）	—	—	○	—	—	○	○	—
人間と人間（L-L）	◆コミュニケーション								
	・コミュニケーション不足（作業者間，部門間，作業者と監督者間）	○	○	—	—	—	—	—	○
	・不十分な作業記録	○	○	—	—	—	—	—	—
	◆チームワーク								
	・不十分なチームワーク（責任の共有，メンバー間の連携）	○	○	—	—	—	—	—	○
	◆リーダーシップ/監督								
	・不適切な作業計画	○	○	—	—	—	—	—	○

建議1が指摘している乗組員の対応能力向上は，主役(L)の個人の能力を向上させることに重点を置きながら，(L-S)の要因である危機管理の不備により生じるエラーの防止を目標としている．建議2が取り上げている検査員の目視点検によるき裂発見能力の調査は，主役(L)の能力を認識し，それに基づいて(L-S)のエラー発生要因である品質，検査，作業手順などの改善を図っている．

　所見1と所見2は，(L-H)の部品を改良して事故原因を解明する能力の向上を目指しているが，その結果はエラー発生要因を的確に把握することにつながる．所見3は，人命と財産の損失の拡大を防ぐために捜索救難に係わる(L-L)の優れた環境を整備するよう要求している．

5．おわりに

　航空事故調査委員会の勧告，建議，所見の内容をヒューマンファクターの観点からSHELモデルを用いて一般化し，事故の再発防止と未然防止に役立つエラー発生要因を識別した．冒頭でも記述したが，事故防止を目的にヒューマンファクターに関する研究，実践は著しく進歩してきた．「人間はエラーを起こす」を当たり前のことと考えて，エラーを起こしてもそれが致命的な事故につながらないようなシステムを構築することに努力が注がれている．

　ここで述べたエラー発生要因の分析結果が多くの分野で事故防止に役立つことができれば幸いである．周知のようにヒューマンファクターに関して多くの情報と成果が開示されている．それらを活用して，事故防止のためのシステムを整備することが重要である．

参考資料

1) 運輸省航空事故調査委員会：航空事故調査報告書「日本航空株式会社所属ボーイング式747SR-100型JA8119群馬県多野郡上野村山中，昭和60年8月12日」，No.62-2 (1987).
2) 運輸省航空事故調査委員会：航空事故調査報告書付録「JA8119に関する試験研究資料」別冊 (1987).
3) 運輸省航空事故調査委員会：日本航空(株)所属ボーイング式747SR-100型JA8119に関する航空事故報告書 (1978).
4) 武田　峻[*]：「航空輸送システムの問題点―航空事故からの教訓―」，第96回労働科学セミナー システムと安全（その1）―航空事故に学ぶ―，労働科学研究所，1 (1996).
　　[*] 著者の武田氏は元航空事故調査委員長
5) 運輸省航空局技術部検査課：目視点検による亀裂の発見に関する調査検討報告書 (1991).
6) H. Asada, T. Sotozaki, S. Endoh and H. Tomita : NATO, RTO-MP-10, p.15. 1 (1998).

（朝田洋雄）

天井クレーンのガーダの折損による落下事故

1. 事例概要

本事故は，天井クレーンを用いて石灰石を運搬中，トラス構造のガーダ下弦材が疲労折損してクレーンがランウェイから落下し，運転席がストレージホッパのコンクリート壁に激突してオペレータ2名が死亡したものである．

2. 発生状況

コンクリート工場において，定格荷重5 ton，バケット質量2.5 ton，スパン21 m，揚程16.5 mのバケット付きの天井クレーンで石灰石を運搬中，以前に溶接補修を施していたガーダの下弦材が再び同じ箇所で破断してバケットとともにガーダが落下し，ガーダ下部に取り付けられていた運転室がストレージホッパのコンクリート壁に激突してオペレータ2名が死亡した．

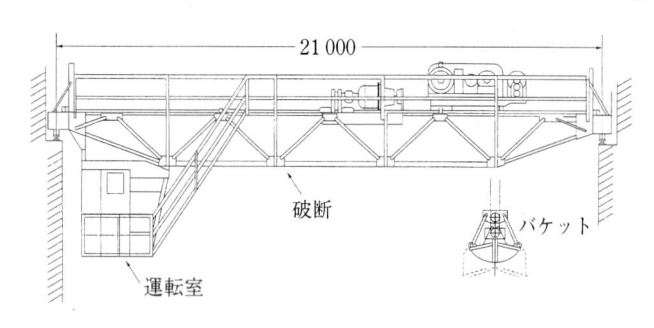

図1 被災した天井クレーンの概要

図2 天井クレーンの落下状況

このクレーンは，設置されてから約25年間使用されており，これまでの稼働状況から被災するまでの繰返し数を推定すると225 000回程度と判断される．このガーダは，トラス構造で構成されており，破断箇所はスパン中央の駆動側ガーダのガセット取付け部付近の下弦材であった（図1）．クレーンの落下状況を図2に示す．

3. 破断面の特徴

破断面は，図3に示すように，赤く錆びた古い破面の等辺山形鋼（100 mm × 100 mm × 10 mm）の上に新しい破面を有する山形鋼が溶接されており，新しい破面には明確なビーチマーク*が多数残されていて，このガーダが疲労に

よって破断したことが確認された．また，赤く錆びた古い破面にも疲労の痕跡がわずかに見られ，さらに若干の溶接金属が付着していた．

これらの破面の状況から，災害が発生するまでの経過を推定すると，最初にガセット取付け部付近の山形鋼で作られたガーダ底面（フランジ）に疲労き裂が発生進展したので，き裂箇所を溶接金属で埋める補修が行われた．しかし，溶接による応力集中と残留応力により使用中に再び疲労き裂が発生・進展したので，この箇所に山形鋼を重ねてその周囲を溶接して使用していた結果，補修に用いた山形鋼にも溶接部から疲労き裂が発生・進展してガーダが破断したものと推察される．

図3 ガーダ破断面

4．ガーダの応力

トロリ，電気箱，運転席などの質量が不明であったが，同規模のクレーンを参照してそれらの質量を推定し，式（1）を用いて下弦材の応力 σ を算定した．

$$\sigma = K(\phi \sigma_1 + \sigma_2 + \sigma_3) \tag{1}$$

ここで，K は作業係数，ϕ は衝撃係数，σ_1 は動荷重応力，σ_2 は静荷重応力，σ_3 は水平荷重応力である．

クレーンの使用状況から，JIS B 8821-1994[1] を参照して $K=1.1$，$\phi=1.4$ とすると，下弦材破断位置の引張応力は 12.8 kgf/mm^2（125.5 N/mm^2）となる．この値は，使用材料の許容応力 14 kgf/mm^2（137 N/mm^2）よりもわずかに低い値となっていた．

一方，トロリが無負荷で運転席と反対側方向に横行して，空のバケットを吊り上げ・吊り下げすることができる限界までランウェイに近づいたときにガーダの破断位置に最小応力が作用すると仮定すると，破断位置の最小応力 σ_{min} は 3.3 kgf/mm^2（32 N/mm^2）となる．定格荷重を吊った場合の破断位置の応力を最大応力 $\sigma_{max}=12.8$ kgf/mm^2（125.5 N/mm^2）として，最大応力と最小応力の差，すなわち応力範囲を求めると，$\sigma_{max}-\sigma_{min}=9.5$ kgf/mm^2（93 N/mm^2）となる．JIS B 8821-1994[1] によれば，クレーン構造部分の疲労強度は以下の式を満足しなければならないことが規定されている．

$$\sigma_{max} - \sigma_{min} \leqq F_j F_L \sigma_d \tag{2}$$

ここで，F_j は継手係数，F_L は寿命係数，σ_d は許容応力である．

クレーンの設計および使用状態から JIS B 8821-1994[1] を参照して係数や許容応力を求め

---

* 疲労き裂が進展する際に，大きな変動応力を受けると破断面に波形の模様が残されるが，この模様は浜辺に見られる砂の波形と似ていることから，ビーチマークと呼ばれている．

ると，それぞれ $F_j=0.7$，$F_L=1.0$，$\sigma_d=100\,\mathrm{N/mm^2}$ となる．これらの値を式（2）の右辺に代入すると $70\,\mathrm{N/mm^2}$ を得るが，この値は応力範囲 $93\,\mathrm{N/mm^2}$ よりも小さく，式（2）を満足していない．したがって，このクレーンのガーダは疲労設計されていなかったと推察される．

このクレーンは，バケットで石灰石を運搬していたために定格荷重一杯の5tonの荷を常に吊っていたことや，かなりの衝撃荷重が作用する状態で使用されていたために，斜材と下弦材とを接続するガセット近傍の山形鋼の底部（フランジ）から最初に疲労き裂が発生し，山形鋼の上部（ウェブ）に向かってき裂が進展し，破損したと考えられる．

5. 原　　因

このクレーンの使用状態と破断までの繰返し数を参照にして，JIS B 8821-1994[1]のクレーン構造規格によるクレーン群の分類を見るとⅢ群に属するもので，疲労に対してかなり厳しい設計が必要であった．しかし，トラス構造のクレーンに対しては疲労設計基準や疲労データが整備されていない場合が多く，このクレーンにおいても，最大応力が許容応力以下であればよいとする当時の設計基準を採用しており，特別な疲労設計は行われていなかった．このため，高い引張応力が発生するガーダスパン中央のガセットを取り付けた付近の下弦材から疲労き裂が発生・進展した．

疲労き裂の発見後，溶接補修やき裂部分を山形鋼でカバーする補修方法がとられてきたが，補修方法が不適切であり，また，補修した場合の強度について検討がなされておらず，さらに，定格荷重を低減する措置を講じることなく，損傷以前と同じ5tonの定格荷重のまま使用していた．このため，補修溶接した山形鋼の周囲から再び疲労き裂が進展し，最終的には下弦材が完全に破断分離して，クレーンがランウェイから約15m下の採石置き場に落下したと結論される．

6. 溶接補修方法と疲労強度

前述したように，このガーダは最初に疲労き裂が進展したときは下弦材の表面から溶接金属でき裂を埋めただけの補修方法であったため，使用後，間もなく補修溶接箇所に再びき裂が発生した．そこで，き裂部分を山形鋼でパッチを当て，下弦材とパッチを当てた山形鋼の周囲を溶接する補修方法が行われたが，溶接部からパッチを当てた山形鋼に疲労き裂が進展し，ガーダが落下した．このようなパッチを当てる方法や溶接金属でき裂を埋める補修方法は，鋼構造物ではときどき行われることがあるので，補修方法を模擬した試験片を作製し，クレーンが受ける変動荷重を模擬したプログラム荷重の下で疲労試験を実施した．

図4は，その結果[2]を示したもので，き裂のある板に片側からパッチを当てその周囲を溶接したタイプD試験片では200万回疲労強度が約 $26\,\mathrm{N/mm^2}$ であって，補修溶接試験片中最も疲労強度が低くなっている．なお，図4中にPrENV13001要求基準と記した実線は，ヨーロッパクレーン規格のドラフト[3]であって，この規格ではクレーン構造部分の溶接継手の200万回疲労強度を $56\,\mathrm{N/mm^2}$ 以上とするよう要求している．しかし，タイプD試験片の疲労強度はこの要求基準を大きく下回っている．

図4に示した補修溶接方法と疲労強度との関係から明らかなように，き裂のある部材に補強

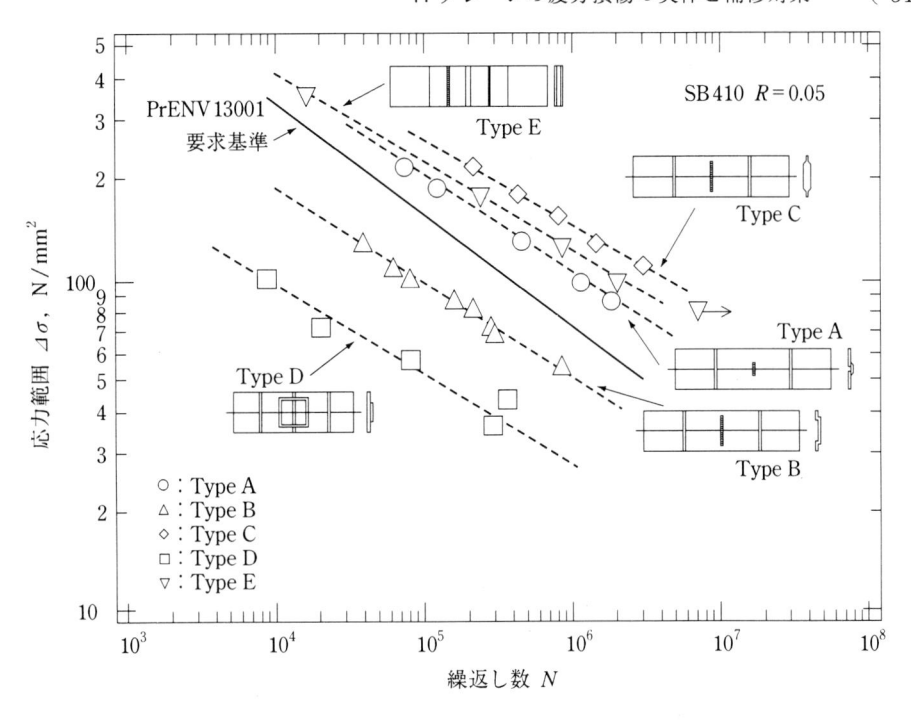

図4 溶接補修方法と疲労強度との関係[2]

板でパッチを当てその周囲を溶接する方法は，単にき裂が表面から見えなくなるだけであってパッチの下にはき裂が存在しており，しかもパッチによる新たな応力集中源が出現するため，補修の効果はほとんど期待できない．したがって，一方からパッチを当てるような補修方法は採用すべきではない．

7. クレーンの疲労損傷の実体と補修対策

　天井クレーンは，一般に数十年の長期にわたって使用される場合が多く，最近の輸送量の増加や高速化に伴い，クレーン構造部分に疲労や摩耗などによる経年損傷が発生している．天井クレーンについて，疲労損傷が発生するまでの使用年数に関する報告[4]によれば，図5に示すように使用後20年以内に約40％のクレーンで疲労き裂が見られるようになり，30年経過すると約70％のクレーンが疲労損傷を受けている．損傷部位について見ると，図6に示すように，主桁部が50％を占めていて最も多く，次にサドル部25％，補桁部9％の順となっている．

　疲労損傷によるクレーンガーダの破断や落下などの災害を防止するには，定期点検を実施して早期にき裂などの損傷を発見し，適切な補修を施す

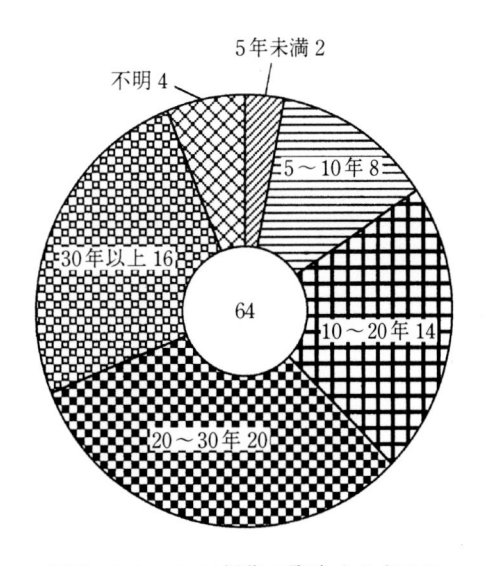

図5 クレーンに損傷が発生するまでの使用期間[4]

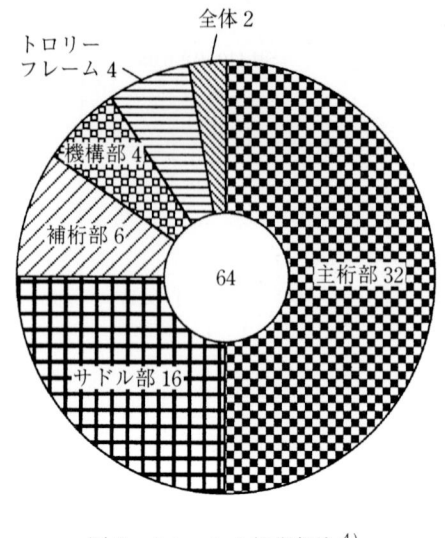

図6 クレーンの損傷部位[4]

ことが必要である．ボックスタイプのクレーンガーダのき裂に対して比較的よく行われている補修方法としては，き裂をガウジングなどで削除してから溶接金属でき裂を完全に埋めた後，応力集中を軽減するために溶接部分（特に止端部）をグラインダ仕上げするか，または両側から当て板をしてから，その周囲をグラインダ仕上げして，最後に非破壊検査を行って欠陥が発生していないかどうかを確認する補修方法がとられる．なお，最近ではグラインダ仕上げに代わりショットピーニングを行い，溶接部近傍の形状を滑らかにして応力集中の軽減を図ると同時に圧縮残留応力を導入して疲労き裂の発生を抑制する方法も採用されている．

8．おわりに

コンクリート工場でバケット付き天井クレーンにより石灰石を運搬中，ガーダの下弦材が疲労破壊を起こして破断し，クレーンが落下してオペレータ2名が死亡した．原因は，疲労設計がなされていなかったために，ガーダスパン中央の下弦材が疲労損傷したので，現場で不適切な溶接補修を行い，定格荷重を低減することなく，以前と同様に使用していたことが第一に挙げられる．このため，溶接補修箇所に再びき裂が発生したので，山形鋼で当て金をして使用していたが，この山形鋼にも疲労き裂が侵入して下弦材が完全に破断し，クレーンが落下した．この背景として，関係者が当て金をした部材の疲労強度に関する知識が乏しく，安易に当て金による補修を行ったことが指摘される．

参考文献

1) 日本工業規格，クレーン構造部分の計算基準，JIS B 8821-1994.
2) 橘内・前田・吉久：日本機械学会論文集（A編），Vol. 41, No. 1, pp. 112-120 (1998).
3) CEN/TC147, prENV13001-3-1 (1999).
4) 橘内：クレーン，Vol. 41, No. 8, pp. 12-20 (2003).

（橘内良雄）

余部鉄橋車両転落事故

1. 事故の概要

1986年（昭和61年）12月28日に，回送のお座敷列車7両が山陰本線余部橋りょう（図1）から転落し，乗務員（車掌）と橋下にあった食品加工場の作業員5名が死亡し，ほかに重傷者6名を出した．

この事故の原因は，直接的には，回送列車が強風にあおられ転倒し，橋りょうから落下したものである．これは，運転指令員の不適切な対応から列車を止めなかったことによるとされている．確かにこれは誤りでないが，単に強風・回送という軽い列車の不運な競合と指令員のミスと考えるのではなく，いかなるシステム（ハード/ソフト）を作れば，確実に列車を事前に止めることができたかを考え，それを構築しなければ，再発防止にはならない．この観点から，本事故を見直してみる．

なお，本稿において，事実関係は参考文献1）および2）＊によった．また，裁判判決[3]を閲覧し，その要点を書きとめたものを補充資料とした．なお，判決要旨は神戸新聞に掲載されたている[4]．

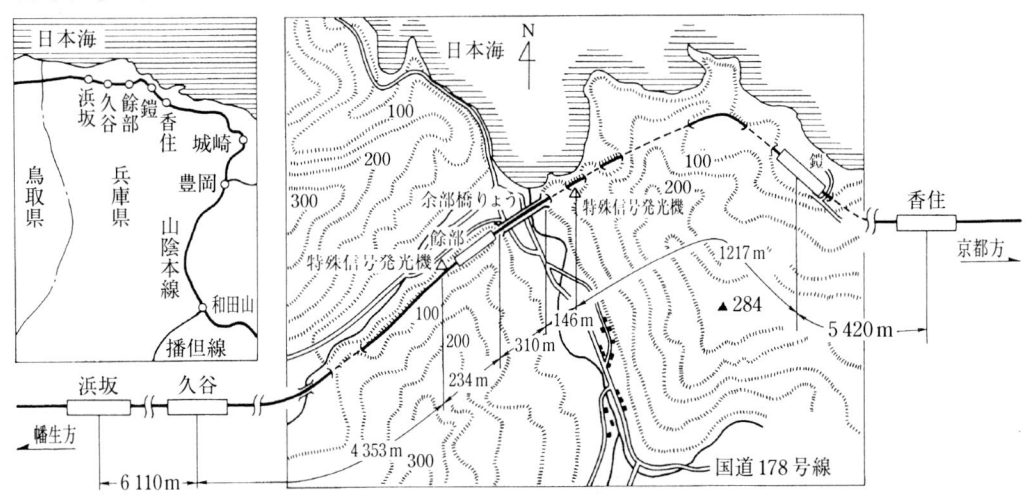

図1 余部橋りょう位置図〔文献1）の図2.1を許可を得て掲載，不許再複製〕

2. 余部橋りょうにおける列車防護の仕組み

余部橋りょうは，高さ41mを有し，また海からの風の通路が両端の山により狭められるため，風速が上昇し，同橋の通過列車は強風にさらされやすかった．そこで，列車運行規則で

＊ 記事の検索は，朝日新聞記事オンライン検索システム「聞蔵」を用いた．

も，他の箇所が瞬間風速 30 m/s で列車を停止させるのに対し，25 m/s で停止させることになっていた．

このように風の影響が大きいので，当然ではあるが，列車を停止させる仕組みがあった．その概要を次に示す．

(1) 橋りょう上の風速は，3号橋脚と7号橋脚に設置された2基の3杯式風速計により測定され，その出力が次の3箇所に伝送されていた．
- 福知山の CTC センター強風警報装置
- 香住駅の強風警報装置と風速記録計
- 鎧駅の強風警報装置

強風警報装置は，2基の風速計の計測値の大きいものに基づいて，最大瞬間風速が 15 m/s 以上で燈黄色灯が点燈，同 25 m/s 以上で赤色灯が点燈し，ブザーが鳴り，点燈・鳴動は3分間持続するようタイマが設定されていた．ただし，警報ブザーの鳴動を止めると，それから3分間は警報がならない仕組みになっていた．そして，3分後，新たに風速計測に基づいて作動するようになっていた．

(2) 強風警報装置が瞬間最大風速 25 m/s 以上の警報を発すると，CTC センターの運転指令員は関係する信号機を遠隔操作して停止信号を出す．

(3) 列車を橋の直前で停止させるための信号機は，橋りょう端から上り 146 m，下り 234 m に設置されている特殊信号発光機で，これも CTC センターの運転指令員が遠隔操作により発報させる．

列車停止の仕組みは以上のようであったが，風速計2基の内，3号橋脚に設置の1基は事故の約1ヵ月半前の 1986 年（平成 61 年）年 11 月 16 日に故障し，それ以降，使用を停止しており，事故当日も作動していなかった．設置場所の違いから両風速計の指示値は異なっており，故障して運用から外されていた風速計の方が高い風速値を示していた．また，列車が転覆したときに橋下に転落するのを防ぐための柵や枠はなかった．これは，橋脚の強度上の問題で，取り付けることが困難とされていたためである．

3．事故当日の進展

3.1 気象の状況

事故当日は，冬の季節風としては観測史上4番目の強風が吹いていた．二つの低気圧が関東東海上と日本海南部にあり，後者が東方への移動したことに伴い，同日午前から午後に，中国地方から北陸地方西部にかけての日本海側で突風が観測されていた．さらに，突風を伴う風向急変線（ガストフロント）が午後1時過ぎ，余部付近を通過したとみられる．また，兵庫県北部には，事故前日の午後8時20分から強風・波浪注意報が出ていた．

3.2 列車・車両の状況

列車は，事故当日，午前9時26分に福知山駅を出発，同11時49分に香住駅に到着し，乗客（正月用魚介類を買出しする「お買い物ツアー」の乗客）約180名を降ろした．その後，この列車を帰路につくまで留置するために，午後1時15分に同駅を発ち，浜坂駅へ向かった．鎧駅を通過し，さらに余部橋りょうを通過中に事故に至った．この列車は，ディーゼル機関車「DD51型」に牽引された14系お座敷車7両（前より1号車～7号車）であった．この車両

は，14系特急型客車の改造車で，この型式の客車は比較的軽量であった．また，回送列車であったため，乗客の荷重がなく，転倒しやすい状況であった．なお，線路，橋りょうに関して事故に結びつく異常は認められなかった．

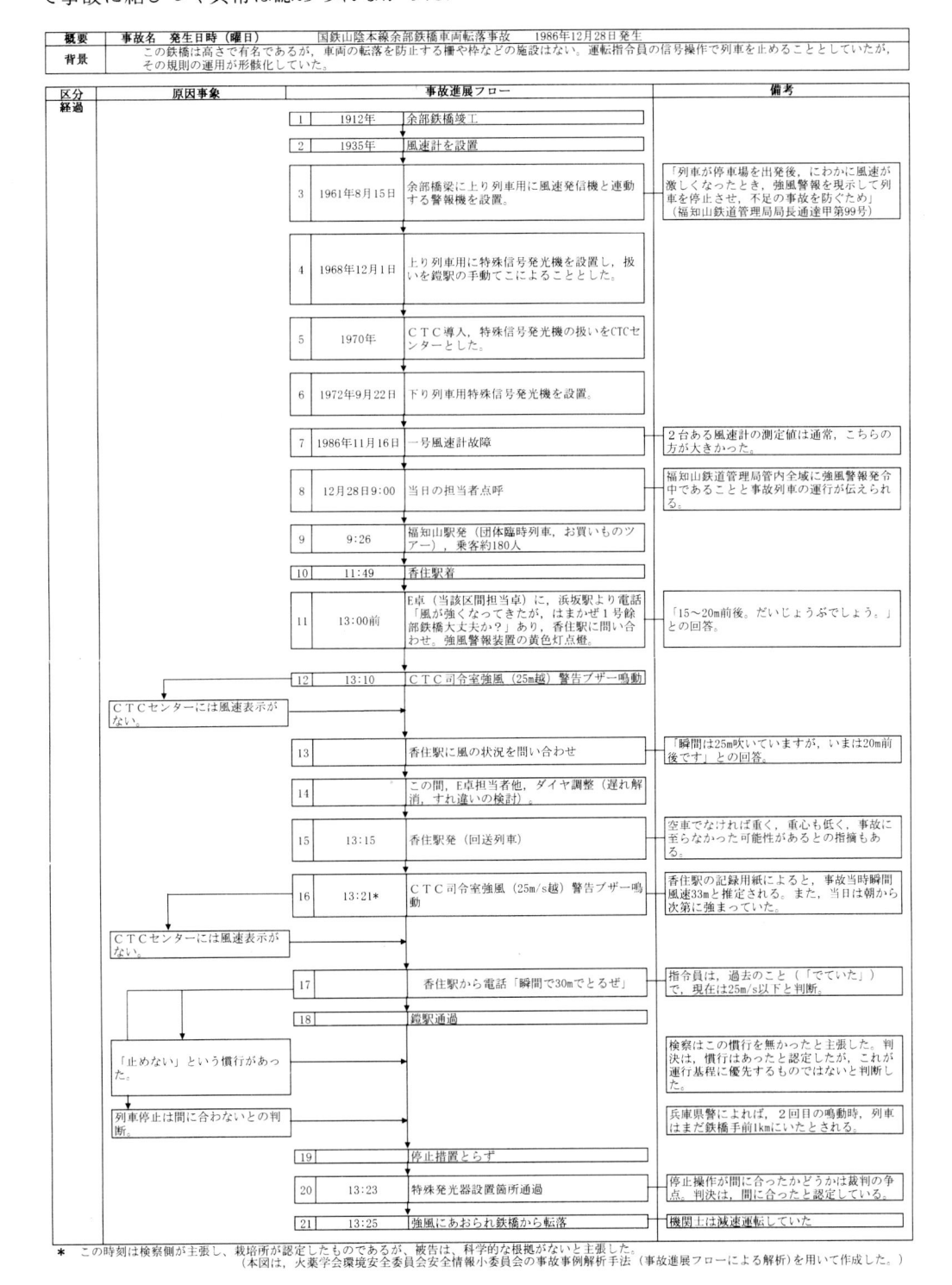

概要	事故名　発生日時（曜日）	国鉄山陰本線余部鉄橋車両転落事故　1986年12月28日発生
背景		この鉄橋は高さで有名であるが，車両の転落を防止する柵や枠などの施設はない．運転指令員の信号操作で列車を止めることとしていたが，その規則の運用が形骸化していた．

区分 経過	原因事象		事故進展フロー	備考
		1	1912年　余部鉄橋竣工	
		2	1935年　風速計を設置	
		3	1961年8月15日　余部橋梁に上り列車用に風速発信機と連動する警報機を設置。	「列車が停車場を出発後，にわかに風速が激しくなったとき，強風警報を現示して列車を停止させ，不足の事故を防ぐため」（福知山鉄道管理局局長通達甲第99号）
		4	1968年12月1日　上り列車用に特殊信号発光機を設置し，扱いを鎧駅の手動てこによることとした。	
		5	1970年　CTC導入，特殊信号発光機の扱いをCTCセンターとした。	
		6	1972年9月22日　下り列車用特殊信号発光機を設置。	
		7	1986年11月16日　一号風速計故障	2台ある風速計の測定値は通常，こちらの方が大きかった。
		8	12月28日9:00　当日の担当者点呼	福知山鉄道管理局管内全域に強風警報発令中であることと事故列車の運行が伝えられる。
		9	9:26　福知山駅発（団体臨時列車，お買いものツアー），乗客約180人	
		10	11:49　香住駅着	
		11	13:00前　E卓（当該区間担当卓）に，浜坂駅より電話「風が強くなってきたが，はまかぜ1号余部鉄橋大丈夫か？」あり，香住駅に問い合わせ。強風警報装置の黄色灯点灯。	「15〜20m前後．だいじょうぶでしょう。」との回答。
		12	13:10　CTC司令室強風（25m越）警告ブザー鳴動	
	CTCセンターには風速表示がない。	13	香住駅に風の状況を問い合わせ	「瞬間は25m吹いていますが，いまは20m前後です」との回答。
		14	この間，E卓担当者他，ダイヤ調整（遅れ解消，すれ違いの検討）。	
		15	13:15　香住駅発（回送列車）	空車でなければ重く，重心も低く，事故に至らなかった可能性があるとの指摘もある。
		16	13:21*　CTC司令室強風（25m/s越）警告ブザー鳴動	香住駅の記録用紙によると，事故当時瞬間風速33mと推定される。また，当日は朝から次第に強まっていた。
	CTCセンターには風速表示がない。	17	香住駅から電話「瞬間で30mでとるぜ」	指令員は，過去のこと（「でていた」）で，現在は25m/s以下と判断。
		18	鎧駅通過	
	「止めない」という慣行があった。			検察はこの慣行を無かったと主張した。判決は，慣行はあったと認定したが，これが運行基程に優先するものではないと判断した。
	列車停止は間に合わないとの判断。			兵庫県警によれば，2回目の鳴動時，列車はまだ鉄橋手前1kmにいたとされる。
		19	停止措置とらず	
		20	13:23　特殊発光器設置箇所通過	停止操作が間に合ったかどうかは裁判の争点。判決は，間に合ったと認定している。
		21	13:25　強風にあおられ鉄橋から転落	機関士は減速運転していた

* この時刻は検察側が主張し，裁判所が認定したものであるが，被告は，科学的な根拠がないと主張した。
（本図は，火薬学会環境安全委員会安全情報小委員会の事故事例解析手法（事故進展フローによる解析）を用いて作成した。）

図2　事故進展フロー

3.3 事故の進展

事故直前の様子を中心に，事故までの時間に沿った経緯のフローを図2に示す．時刻，特に2回目の強風警報ブザーの鳴動時刻に関しては，裁判においても論点となっており，はっきりとしていない．この図では，裁判で認定された時刻を記してある．

この日は，午後1時10分にも25 m/s以上を示す強風警告ブザーが鳴っており，その際，CTCセンターは香住駅に風速を電話で問い合わせて，「今は風速20 m/s前後」との旨の回答を受けている．CTCセンターにはブザーのみ設置されており，風速を知るには，風速記録計のある香住駅に問い合わせることが必要であった．

その5分後，回送列車が香住駅を出発し，午後1時23分頃，鎧駅を通過している．列車は，橋りょう手前146 mにある特殊信号発光機脇を通過し，橋りょうに進入した．通常60 km/hで走行するが，機関士は強風という理由で48 km/hに減速して通過しようとした．記録式速度計の記録によれば，事故時の速度は約55 km/hであった．いずれにせよ，通常運転速度よりもかなり低速であった．列車は，全長310 mある橋のほど中央部まで進行したとき，海側から山側への突風により，橋の山側に転落している．

転落した車両は，橋下の民家2件と水産加工場を押しつぶし，加工場で作業していた5名が即死し，列車車掌1名も死亡した．また，水産加工場従業員3名と乗務していた日本食堂の従業員3名が重傷を負った．

前述のように，時間関係は一部はっきりしないが，裁判所は，警報ブザー鳴動は午後1時21分，列車の特殊信号発光機通過は同23分で，警報ブザー発報後，直ちに停止措置をとっていれば事故を防げたという判断をした*．裁判では，時間的に止められたか，そのための措置に問題がなかったか，その責任はどこにあるかなどが争点となっている．

4. 事故報告書による原因

事故約1ヵ月半後の1987年（昭和62年）2月9日，当時の国鉄により「余部事故技術調査委員会」が設置され，同年4月1日の国鉄改組以降，(財)鉄道総合技術研究所に引き継がれた．設置の目的は，「余部橋りょうにおける列車脱線事故の原因を究明し，適切な対策を樹立すること」で，東京大学 工学部 土木工学科 教授の松本嘉司氏を長として組織された．

本調査委員会は，気象データの解析や風洞実験などから，次のような結論を発表した[1]．
（1）事故当時，余部橋りょうにおいて吹き得た瞬間風速は40 m/sと推定される．
（2）余部橋りょう上の14系中間車の転覆限界風速は約32 m/sである．
（3）車両転覆の直接の原因は，余部橋りょう上の14系車両の転覆限界風速を超える横風によるものと推定される．

5. 裁判における責任の認定

裁判は，検察が起訴した被告人について刑罰の有無を判断するという形態であることと，刑

---

* 検察側は，強風ブザーの2度目の鳴動は午後1時21分と主張したが，被告（当日の運転指令員ら3名）は，この時刻は科学的に明らかになっていないと主張した．なお，当初の新聞報道では，「国鉄本社によると，午後1時25分頃」〔朝日新聞，1986年（昭和61年）12月29日朝刊〕となっていた．

法の責任を有する個人を罰するという性格から，被告人の過失責任を問うことになる．そのような制約下の判決において示された裁判所の判断は，以下のとおりである．
(1) 運転規程では，風速が25m/sを超え警報ブザーが鳴ったときには停止信号を出すように定められていた．指令員に対しても新任時の養成教育などがあり，被告も強風による列車の転覆の危険性は認識していた．
(2) CTCセンターのかなりの指令員が，下り列車が橋りょうに接近している場合でも，まず香住駅に風の状態を問い合わせていたが，これは危険・不合理で，規程に優先しない．
(3) 規程どおり列車抑止を行うことは机上教育では正しく教えられており，先輩から誤った取扱いを教えられたにしても，自らこれを吟味して安全とみられる正しい取扱いをすべきで，社会通念上，誤った取扱いを信じて行動するほかになかったとはいえない．
(4) 国鉄福知山鉄道管理局での強風に対する指導教育が十分ではなかったが，被告自身に注意義務違反があったのだから，上司の監督責任の有無のかかわらず，刑事責任がある．
(5) 当日は，警報ブザーが2回も鳴動するなどし，列車を進入させれば脱線・転覆の危険性があることを知り得たのに，これを見過ごしたもので，業務上の注意義務違反の程度は相当重い．
(6) 一方，事故防止設備に不備欠陥があったこと，指令員に対する具体的指導に欠き，強風の危険性に対する特別な教育もなく，多くの指令員が規程に反した取扱いをしていたから，被告がそれに同調したのも無理からぬ面があった．また，幹部職員がその状況を放置してきたことも手抜かりがなかったとはいえない．

結局，執行猶予付きの禁固刑となった．これに対し，被告・検察ともに上告しなかったので，この判決が確定した．

6．事故報告書による再発防止対策

事故調査報告書では，次の対策を提言している．
(1) 風速計を計測される風速が最も大きくなる位置に設置すること．
(2) 列車停止の瞬間風速に達した場合には，速やかに列車停止するよう，特殊信号発光機を風速計と連動化し，自動的に停止信号を現示する構成とする．
(3) 風速検知装置を常に最善の状態に整備しておくこと．
(4) 強風警報の表示は，視認性・注意喚起性を高めるため，CTCセンターに風速記録計を設置して，刻々の風速変化の状況を把握できるようにする．

7．問題点―何が欠けていたのか

(Ⅰ) 風の状況把握が可能となっていなかった―必要な情報の欠如

列車停止措置をとるCTCセンターには風速を表示する計器がなかった．そのため，CTCセンターでわかることは，強風警報ブザーが鳴動した時点で風速が25m/s以上であることだけであり，その後の風速の推移はわからなかった．特に鳴動から3分内は，風速が依然として25m/s以上であるのか，その後直ちに風速が低下したのかもわからなかった．したがって，香住駅に電話で問い合わせるということになった．

(98)　余部鉄橋車両転落事故

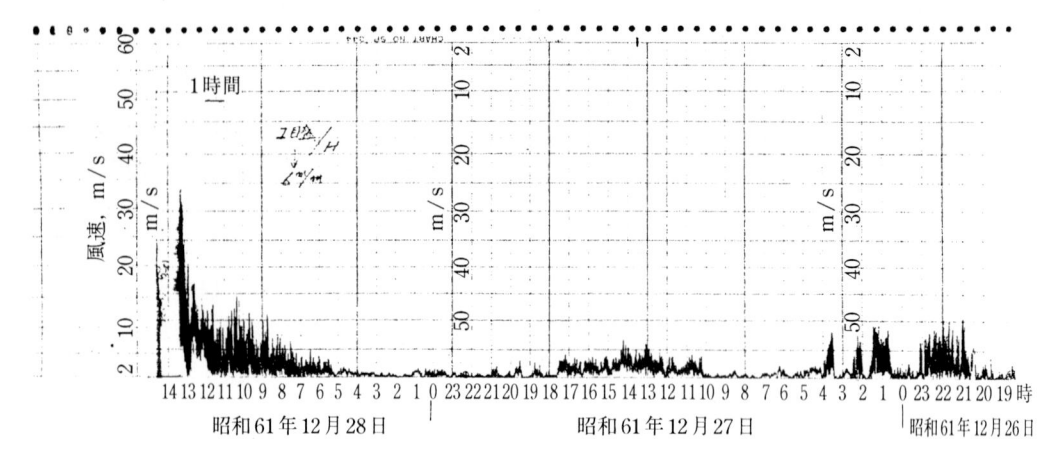

図3　余部橋りょうの風速記録〔文献1)の図2.11を許可を得て掲載，不許再複製〕

　また，予防的な判断を行う場合にでも，また鳴動時に判断を行う場合でも有効と思われる風速の推移を知る手段がなかった．香住駅に設置されていた風速記録計のチャート[1]を見ると，当日，朝から風速は増加しており，特に事故前の30分間は急速に増加していたことがわかる．つまり，香住駅にあった風速記録チャート（図3）がCTCセンターにもあれば，迅速・適切な判断ができたと思われる．

（II）特殊信号発光機が風速計と連動されていなかった—ミス介在と時間ロスの要因

　裁判所は，逆に（I）のようなことになるので，ブザー鳴動時には無条件で列車停止措置をとるべきであったとしている．また，CTC運転取扱基準基程には，「列車指令は，強風警報装置の警報の報知（赤色燈が点燈し，ブザーが鳴動する）があったときは，①その区間（鎧-久谷）に対する出発信号機に停止信号を現示し，②特殊信号発光機の手動てこを取り扱い，制御反応燈により，発光信号による停止信号が現示されたことを確かめなければならない」と記されている．

　実際の運用では，風速がCTCセンターではわからないので香住駅に問い合わせていた．このことは，時間的ロスを生ずる．同じ警報でも，他の状況と総合してとるべき処置を選択しなければならない場合には，他のステップが入るのも避けられないが，鉄道の場合，停止安全が多くの場合に成り立っているのであり，特に本事故の場合，橋りょうの手前で停止するということで安全が確保できるのであって，風速計と特殊信号発光機の連動化は不可欠であったと考えられる．その意味で，1968年に，それまでは風速計に連動していた警報発信機を外したことは，本事故の遠因と考えられよう．

（III）規則を定めた理由が忘れられていた—伝達と伝承の欠如

　福知山鉄道管理局では，1961年（昭和36年）に，列車が橋直前に接近したときの風速の急変に対処するために，風速発信機に連動した警報機を設置し，さらに1965年（昭和40年）には，当時の国鉄本社の列車停止基準風速30 m/sより厳しい25 m/sでも列車停止を決めるなどしており，これらのことを検討した担当者は，風に対する危険や余部橋りょうは強風にさらされやすく，また地上高も高いという事情を理解していたと思われる．

　しかし，年月の経過とともに，その意味が伝わらなくなってきたものと思われる．それは，CTCセンターのみならず，幹部や他の部署でも同様であったと思われる．高い風速が観測される風速計の故障が1ヵ月半も放置されていたことは，このことの象徴的な表れと考えられる．

8. おわりに

　規則を制定したときは，余部橋りょうにおける風のことを厳しく考えていたと思われるが，日常の運転業務に携わる現場への伝達とその継承がうまくいかなかったという問題は，実は多くの分野で共通である．特に，世代交代などで作業者の入れ替わりの激しい今日，直面している問題である．

　また，安全に関する規則は，災害を防ぐためのものであり，その結果，通常は無災害の状況のみを体験する．そうすると，規則の必要性が忘却される．このようなことを防ぐためには，リスクの存在と大きさを意識させ続ける努力とともに，手順を機構として極力織り込むこと，つまり本事故の場合であれば，風速計と特殊信号発光機の連動化が必要であった．

参考文献

1) 余部事故技術調査委員会：余部事故技術調査委員会報告書，(財)鉄道総合技術研究所 (1988).
2) 朝日新聞報道，1986年12月29日～2002年8月18日．
3) 神戸地方裁判所判決，平成5年5月12日 (1993).
4) 神戸新聞，1993年5月13日朝刊．

(福田隆文)

信楽高原鉄道車両衝突事故

1. 事故の概要

　1991年（平成3年）5月14日，第三セクターである信楽高原鉄道と世界陶芸祭のために乗り入れていたJR西日本の臨時列車が正面衝突し，死傷者661名という大事故が発生した．赤信号のまま固着した信号機を無視して滋賀県甲賀郡の信楽駅を出発した列車「SKR534D」が，中間駅である小野谷信号場を青信号（鉄道の青信号は進行しなくてはいけない）で通過したJRの臨時列車と正面衝突したのは午前10時35分であった．衝突事故が発生した信楽線は単線であり，通常は小野谷信号場ですれ違うはずの対向列車が未到着であったにもかかわらず，的確な確認ができなかったことも大きな原因となっている．

　この事故は，前兆である度重なる信号機の故障への対処，信楽高原鉄道とJR側のコミュニケーション，信号故障への対処ルールを無視して発車に至った経緯など，様々な組織要因が関与している．事故に直接あるいは間接的に関与した組織要因を解明することにより，組織に属する個人が犯す誤りを認識し，それを防止する対策を構築するための一助となるものと思われる．また，この事故を契機として，2001年（平成13年）に鉄道事故調査委員会が設立されたことも大きな前進である．

　本稿においては，基本的な事実関係の記述は参考文献1），2）およびインターネット記事[3]]によった．

2. 事故の経緯

2.1 予兆

　1991年（平成3年）4月8日，4月12日，5月3日の3回にわたって今回の事故を暗示する信号故障が発生している．いずれも自然復旧したため，原因究明できなかった．これが，今回の事故の引き金となっており，この故障が近畿運輸局に報告されなかったことも問題である．

2.2 当日

　同年5月14日は，平日にもかかわらず世界陶芸祭に向かう乗客で京都駅はごった返しており，JR西日本の臨時列車「JR501D」は定員の2.5倍の客を乗せて，午前9時30分に定刻の5分遅れで出発した．同51分，JR側の信号制御を司る亀山指令所では，列車が遅れ気味なので，方向優先梃子（JRの列車を優先して通過させるように信号を操作する装置）を操作して，JR列車が優先して中間駅の小野谷信号場を通過できるようにした．このとき，どういうわけか信楽駅の出発信号も赤になってしまった．午前10時14分，信楽駅の出発信号が赤で固着していたため，保守担当者を呼び出し，電気施設のリレー室で信号機システムの点検を始めた．同18分，「JR501D」は貴生川駅を定刻の2分遅れで通過した．同25分，信楽駅の信号が赤信号で固着していたため，業を煮やした業務課長は運転士を促して，駅長の制止を振り

ほどいて強引に出発させた．このとき，代用閉塞のため，小野谷信号場に向かった職員が到着して安全を確認する前であった．午前10時31分，「JR501D」は小野谷信号場を青信号で通過した．同35分，貴生川駅より9.1kmの地点で両列車は正面衝突した．信号機故障発生以降，事故までの進展を図1に示す．

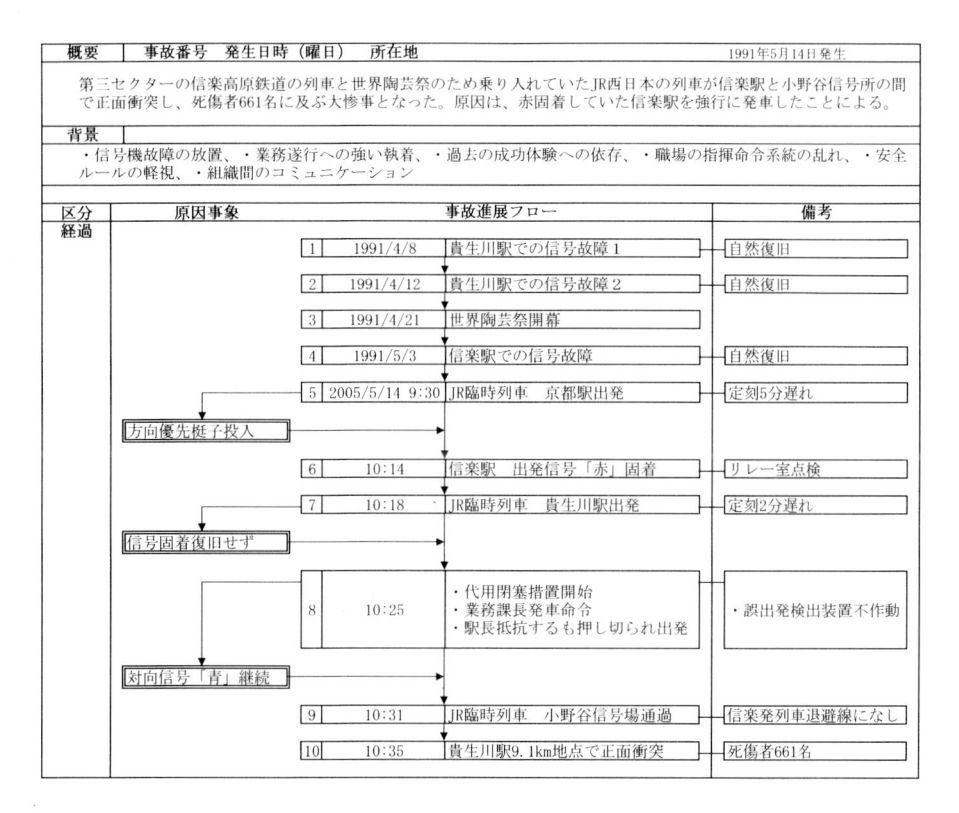

概要	事故番号	発生日時（曜日）	所在地		1991年5月14日発生
	第三セクターの信楽高原鉄道の列車と世界陶芸祭のため乗り入れていたJR西日本の列車が信楽駅と小野谷信号所の間で正面衝突し，死傷者661名に及ぶ大惨事となった．原因は，赤固着していた信楽駅を強行に発車したことによる．				
背景	・信号機故障の放置，・業務遂行への強い執着，・過去の成功体験への依存，・職場の指揮命令系統の乱れ，・安全ルールの軽視，・組織間のコミュニケーション				
区分	原因事象		事故進展フロー		備考
経過		1	1991/4/8	貴生川駅での信号故障1	自然復旧
		2	1991/4/12	貴生川駅での信号故障2	自然復旧
		3	1991/4/21	世界陶芸祭開幕	
		4	1991/5/3	信楽駅での信号故障	自然復旧
	方向優先梃子投入	5	2005/5/14 9:30	JR臨時列車　京都駅出発	定刻5分遅れ
		6	10:14	信楽駅　出発信号「赤」固着	リレー室点検
	信号固着復旧せず	7	10:18	JR臨時列車　貴生川駅出発	定刻2分遅れ
	対向信号「青」継続	8	10:25	・代用閉塞措置開始 ・業務課長発車命令 ・駅長抵抗するも押し切られ出発	・誤出発検出装置不作動
		9	10:31	JR臨時列車　小野谷信号場通過	信楽発列車退避線になし
		10	10:35	貴生川駅9.1km地点で正面衝突	死傷者661名

図1　事故進展フロー

3．衝突事故の背景

3.1　度重なる信号機故障

1991年（平成3年）4月8日，JR列車の訓練走行時に貴生川駅（図2）での出発信号が青にならないというトラブルが発生し，貴生川駅と小野谷信号場の間で代用閉塞方式による運行を行った．代用閉塞とは，貴生川駅から線路に沿って列車が運行していないことを確認しながら，小野谷信号場まで向かい，小野谷信号場の対向列車の信号機を手動で赤にし，その後，指導員が乗り込んで出発する方式である．

この故障は，自然復旧したため，故障原因の調査は行ったが，究明には至らなかった．4月12日にも同様の信号故障が発生し，またも自然復旧したため，原因究明はなされなかった．この際，貴生川駅で，当時の業務課長と運転士の間で，「列車を出発させろ」，「安全確保ができないので，出発できない」との押し問答があり，業務課長は怒ってその場を去り，3日間無断欠勤したという経緯があった．また，この影響で列車が1本運休し，JR草津線にも遅れや運

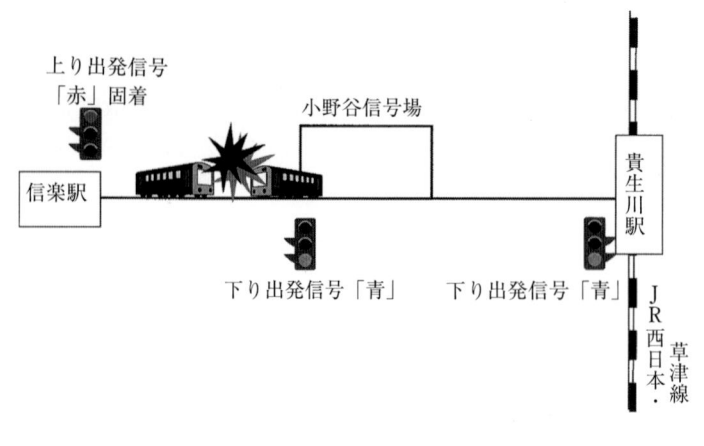

図2 信楽高原鉄道事故の発生箇所付近の位置関係

休が生じ，後日，JRとの間でトラブルとなった．さらに，5月3日には，今度は信楽駅で赤信号固着が起こり，代用閉塞を確認することなく，業務課長の命令で，列車を出発させた．このときには，誤って列車が出発した場合にそれを検知して中間駅の対向信号を赤に変える誤出発検出装置が作動してJRの対向列車は小野谷信号場で停止し，事なきを得た．このときも1時間半ほどで自然復旧した．この3回の故障とも，近畿運輸局への連絡は行われなかった．この5月3日に発生した信号機故障が再度14日に発生し，大惨事に至った．

両者の違いは，誤出発検出装置が有効に機能したか，しなかったかの違いだけである．なぜ，5月14日当日に誤出発検出装置が機能しなかったかは現在も不明であるが，運行中にもかかわらず信号ボックスを開けて点検していたこと（ルール違反），あるいは，JR西日本の方向優先梃子を無断設置したことの相乗作用で信号系統が不調になったことが影響しているかも知れない．

以上，数回にわたる前兆において，信号故障原因が究明され，修理されていれば事故は未然に防止し得た．また，5月3日の成功体験が列車運行ルール厳守という事故防止の組織としての姿勢を崩壊させた．

3.2 組織としての価値観の相克

事故当日の5月14日，近畿運輸局の査察があり，衝突した信楽高原鉄道の列車「SKR534D」で常務取締役が貴生川駅まで迎えに行く予定であり，官庁への対面上，列車を是が非でも発車させたいという事情があった．また，鉄道マンには，本来，定時運行を信条とする気風があり，陶芸祭で混み合っている最中に列車を運休すれば多大な迷惑をかけるという心配があった．4月12日の運休によるJRとのトラブルも想起されたかも知れない．

これらの事情が運行関係者に大きなプレッシャーとしてのしかかっていたことは想像に難くない．このように，安全意識が低い状態での過度な目的志向は，多くの局面で大惨事に結びつくことが多い．安全優先か，はたまた業務優先かの価値観の対立もまた重要な問いかけである．

3.3 指揮命令系統の混乱・形骸化

5月14日の信楽駅での列車の強引な出発は，業務課長の命令でなされたが，本来，列車の運行については駅長が全権限を持っているはずである．ところが，駅長を無視して職制上の上司（実質的な社長）である業務課長が運転士に強制して列車を発車させたことは重大なルール違反である．駅長は，赤信号での出発に最後まで頑強に抵抗していたにもかかわらず，それを振り切って列車は出発している．列車の安全運行は，100年を越えるこれまでの長い歴史により築き上げられ，その基本的ルールは絶対に侵してはならないという認識がいかに大切

かを物語っている．

3.4 運用におけるルール違反

5月14日の信楽駅での信号の赤固着を解消するため，業務課長は信号機のリレー室での点検を命じた．しかしながら，列車運行中にリレー室で作業することは，信号機システムに大きな影響を与える可能性があり，鉄道運行規則で厳格に禁止されている．この影響で誤出発検出装置が働かなかった可能性も否定できない．また，誤出発検出装置は，不注意により赤信号で発車させた場合のフェールセーフ機能としての位置づけであり，これに頼って，小野谷信号場の対向信号を赤に変えるために使用することも大きなルール違反である．

さらに，赤信号固着の際，とらなくてはならない代用閉塞の措置についても，その確認前に列車を発車させている．この代用閉塞措置の有無が，すべてが事故に向かってまっしぐらに進む状況の中で最後に引き返せるはずのポイントとなった．

3.5 信楽高原鉄道とJR西日本のコミュニケーションの問題

JR西日本と信楽高原鉄道の両者の連絡は全般に不十分な状況であった．特に，信号システムの設置では，経験と技術力で勝っているJR西日本が全般をリードした．この中で，JR側が亀山信号制御所に設置した方向優先梃子については信楽高原鉄道側に連絡せず，しかも近畿運輸局にも届け出ていない．小野谷信号場は信楽高原鉄道の施設なので，JR側がこのような装置を取り付け，しかも連絡しないというのはコミュニケーション以前の問題である．

さらに，JR運転士が小野谷信号場を通過する際，単線で待機しているはずの対向列車がいないことに気づいたものの，列車と信楽駅の無線周波数が異なっているために，直接連絡を取ることができなかった．

4. 事故の教訓

信楽高原鉄道事故の調査から得られた事故の教訓をまとめると，以下のとおりである．
(1) 安全に係わる運用設備（本稿では信号システム）に不安を抱えての業務の遂行の危険性
(2) 業務遂行への様々なプレッシャー（監督官庁への体面，乗客を待たせること，正確な運行）に負けて，安全意識が希薄なまま目的志向に走ることの危険性
(3) 過去の成功体験（5月3日の誤出発検出装置の作動）に依存して業務遂行のルールへの違反（誤出発検出装置の誤用）をエスカレートさせることの危険性
(4) 職場の上下関係が業務遂行時の指揮命令系統を度外視する越権行為（業務課長の列車出発命令）にまで発展する危険性
(5) 安全に係わる禁止事項，規則（運行中のリレー室点検，代用閉塞不完全，業務課長の越権行為）を守らせる職場風土を形成していないことの危険性
(6) おかしいと思ったことに対する確認（小野谷信号場での対向列車の不在）とコミュニケーションがされない危険性

参考文献

1) 網谷りょういち：信楽高原鐵道事故，日本経済評論社，東京 (1997).
2) 信楽事故検討会報告書，交通権学会編 (1991).
3) http://www.kyoto-np.co.jp/kp/special/shigaraki/shigaraki_index.html

（高野研一）

中華航空機名古屋空港着陸失敗事故

1. 事故の概要

 1994年(平成6年)4月26日，台北発名古屋行き中華航空140便「エアバスA300-600型機」が名古屋空港への最終進入中に失速し，急上昇を行った直後に尾部から墜落し，乗客乗員併せて264名が死亡した．助かったのは，7名にすぎなかった．この事故は，パイロットによる手動操縦と自動操縦がコンフリクト（葛藤）を起こし，最終的にゴーイングアラウンドモード（再度，着陸をやり直すための着陸復行モード）をパイロットが解除できなかったことにより墜落を招いたものであり，自動化とパイロットのどちらに優先権（オーバーライド）を与えるかが当時大きな議論となった．

 この事故の原因は，事故調査報告書によれば，乗員の自動操縦装置に対する技量の未熟および訓練不足が関与し，さらにモード解除が適切に行われない状況を招くようなシステム設計上の不備があったとしている．すなわち，着陸態勢に入ったパイロットがゴーイングアラウンドレバーを誤ってオンにしたことにより，そのまま着陸しようと操縦桿を下げ続けたため，手動操縦による機首下げと自動操縦（再着陸モード）による機首上げが競合する状況となり，機体がバランスを失って墜落した．これは，ゴーイングアラウンドモードを解除するための操作手順書がわかりにくく，高度120m以下では手動操縦のオーバーライドによる解除ができないことによる．

 本稿では，幾つかの参考文献 1)〜5) に基づいて事故の経緯と背景の検討を行った．

2. 事故の経緯

 名古屋空港の天候は快晴，弱い西からの風，視程は19kmであり，極めて良好な天候状態であった．事実，機長は，「オー素晴らしい天気だ」と思わずつぶやくほどであった．午後8時13分過ぎ，管制から着陸許可を得て，同機は，計器着陸システム（ILS）に従って，副操縦士の手動操縦で着陸態勢に入った．

 午後8時14分6秒，およそ高度300mで副操縦士は操縦桿（スロットルレバー）についているゴーレバー（着陸復行レバー）を誤って引っ掛けて作動させてしまった．ゴーイングアラウンドモードに入った同機は機首上げ状態に陥り，降下パスから上方にずれた同機を正常に戻すため，副操縦士は操縦桿を押し続けた．その間，機長は，2度にわたってゴーイングアラウンドモードに入っていることを警告したが，解除方法をよく理解していなかったらしい副操縦士は解除できなかった．その後，自動操縦装置に移行した．同8時14分18秒，機首下げのため操縦桿を押し続けたため，自動操縦装置はこれに反発し，機種を上げるための制御を行い，水平安定板が限界に近い12.5°まで下げられた．同8時15分2秒，機長は操縦を代わったが，自動失速装置が作動してエンジン出力が最大になった．この後，さらに，機首が

2. 事故の経緯

C	事故番号　発生日時(曜日)　所在地
	1994年4月26日、台北発名古屋行き中華航空140便(エアバスA300-600型)が名古屋空港への最終進入中に失速し、急上昇を行った直後に尾部から墜落し、乗客乗員併せて264名が死亡した。助かったのは、7名に過ぎなかった。この事故は、パイロットによる手動操縦と自動操縦がコンフリクトを起こし、最終的にゴーイングアラウンドモード(再度、着陸をやりなおすための着陸復行モード)をパイロットが解除できなかったことにより墜落を招いたものであり、自動化とパイロットのどちらに優先権を与えるかが大きな議論となった。
背景	
	・自動化コンフリクト、・未熟な技量と訓練欠如、・分かりにくい手順書の記述、・過去インシデント情報の軽視

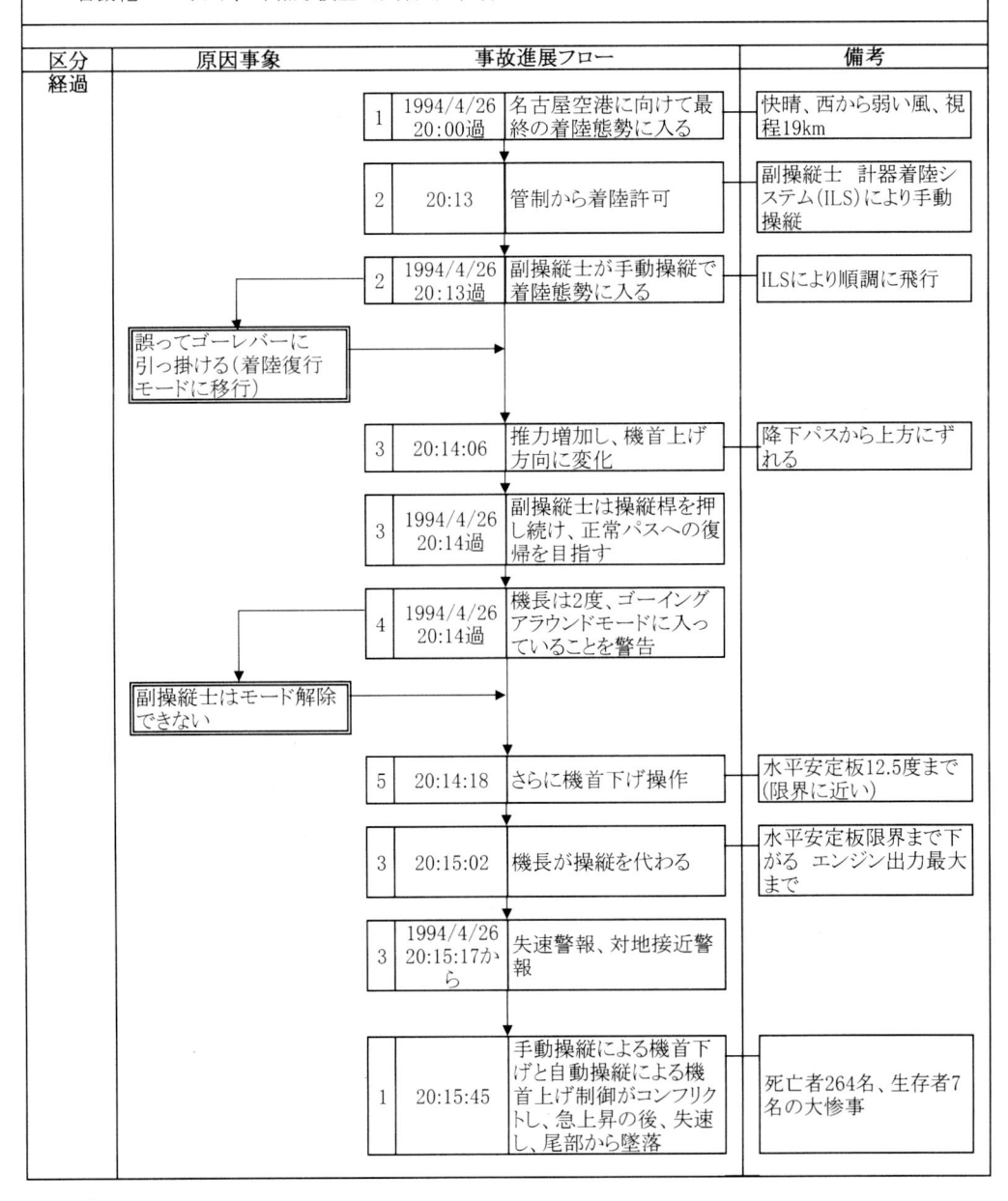

区分	原因事象	事故進展フロー			備考
経過		1	1994/4/26 20:00過	名古屋空港に向けて最終の着陸態勢に入る	快晴、西から弱い風、視程19km
		2	20:13	管制から着陸許可	副操縦士　計器着陸システム(ILS)により手動操縦
		2	1994/4/26 20:13過	副操縦士が手動操縦で着陸態勢に入る	ILSにより順調に飛行
	誤ってゴーレバーに引っ掛ける(着陸復行モードに移行)				
		3	20:14:06	推力増加し、機首上げ方向に変化	降下パスから上方にずれる
		3	1994/4/26 20:14過	副操縦士は操縦桿を押し続け、正常パスへの復帰を目指す	
		4	1994/4/26 20:14過	機長は2度、ゴーイングアラウンドモードに入っていることを警告	
	副操縦士はモード解除できない				
		5	20:14:18	さらに機首下げ操作	水平安定板12.5度まで(限界に近い)
		3	20:15:02	機長が操縦を代わる	水平安定板限界まで下がる　エンジン出力最大まで
		3	1994/4/26 20:15:17から	失速警報、対地接近警報	
		1	20:15:45	手動操縦による機首下げと自動操縦による機首上げ制御がコンフリクトし、急上昇の後、失速し、尾部から墜落	死亡者264名、生存者7名の大惨事

図1　事故の進展フロー

上がったため，同機は急上昇を行い，同時に失速して，午後8時15分45秒に尾部から墜落した．264名が死亡したが，7名が奇跡的に救助された．以上の経緯を図1に示す．

3. 墜落事故の背景

3.1 自動操縦の設計思想

副操縦士がゴーアラウンドレバーを誤って投入し（図2），それを2回にわたり機長から注意されているにもかかわらず，ゴーアラウンドモードから着陸（ランド）モードにしなかった理由が幾つか挙げられている．一つは，エアバス社のモード解除の手順書が大変わかりにくいものであったということである．専門用語が散りばめられ，恐らく英語で記述された内容で，素人目はもちろんのこと，専門家であってもわかりにくく，その使い方を理解している人にしかわからないものであったようである．

さらに，120m以下の高度ではゴーイングアラウンドモードを解除できないという仕組みになっていたことも，その後の議論を呼んだ．つまり，事故機の機長はボーイング社の「B-747型機」の経験から，自動操縦であっても，操縦桿に15kg以上の力を加えれば，自動操縦が解除され，手動操縦が優先するオーバーライドが成り立つと考えたのではないかという見方である．事実，エアバス社は同様の小事故が多発したこともあって，1993年（平成12年）7月に120m以上で15kg以上の力を加えれば自動操縦が解除されるという改修を勧告していた．

ボーイング社は，設計思想としてこのオーバーライドの考え方を取り入れていたが，エアバス社は自動操縦にあくまで優先権を与えていたわけである．もっとも，この改修勧告も中華航空が取り入れる前に今回の事故が発生してしまった．これが，危急の際，自動化と手動のどちらを優先するかという論争を生み出し，最終的にエアバス社は，1996年（平成8年），120m以下の高度であっても，このオーバーライドの考え方を導入した．

しかしながら，世の中には，たとえば鉄道におけるATS装置の取外しなど，手動操作を優先させることによっても事故が発生するケースも多く，事実，幾つかの鉄道事故が発生している．したがって，安全装置のオーバーライドは極力許さない方向が望ましいが，業務を自動的に遂行しようとする自動化には，手動による介入の余地を残しておくのが正しい方向であると思われる．過去のインシデント報告の精査や事前のリスクアセスメントを十分行うことが必要である．

3.2 モードの解除

前項で述べたとおり，双方のパイロットともゴーイングアラウンドモードに気づきながら，それを解除できなかった．この副操縦士は26歳で，1年半前に副操縦士になったばかりであった．そのため，解除の手順は理解していなかった可能性が高い．何度か，着陸モードに切り替えるためのスクリーン操作は

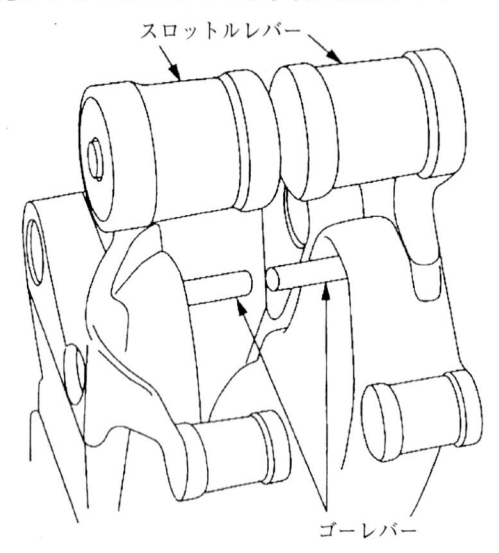

図2 墜落した中華航空機のエアバス「A300-600R型機」の操縦桿の構造[3]

したようであるが，失敗した．また，機長も操縦を代わったが，オーバーライドを期待して操縦桿を押し続けたのである．このことから，中華航空では操縦上の重要な機能について十分訓練していたのかどうか疑いが持たれる．

　また，1985年（昭和60年）には，エアバス社はオーバーライド時の注意情報を提供し，1988年（昭和63年）には，オーバーライドへの改修策を通達し，1989年（平成元年）と1991年（平成3年）には，オーバーライドへの注意喚起を行っている．中華航空は，このようなエアバス社からの情報を社内的にどのように展開を図り，注意喚起を行っていたのであろうか．また，パイロットに対してどのような情報提供を行うシステムであったのであろうか．重要な情報を知らせる仕組みに問題があるとすれば，組織事故としての側面を持つことになる．

3.3 過去の事例からの教訓

　このエアバス「A-300型機」において，この事故が発生する以前に少なくとも3回のインシデント（運航障害）の報告があったとされている．1985年はヘルシンキ空港で，また1989年にはモスクワ空港，さらには直前の1994年にはオルリー空港で同じような事故が発生していた．どの事故も，パイロットの手動操縦と自動操縦によるコンフリクトが発生したという点では大きな共通性がある．エアバス社が，そのつど注意喚起や通達を出したのは前項で述べたとおりである．ただし，このような重要なインシデント報告がエアバス社により十分に検討され，航空各社にかみ砕いて事情を説明し，具体的な指示を出したか，また，各航空会社がその時点で十分な対応措置をとったかという点では極めて不十分といわざるを得ない．

4. 事故の教訓

(1) 手動操縦が自動操縦にオーバーライドできないことの危険性（ただし，自動操作が優先権を持たないために，手動操作を優先させて発生した事故も鉄道界では多数ある．たとえば，ATSの解除など）．
(2) 同一装置に二つの設計思想が混在することの危険性（ボーイング社とエアバス社）．
(3) 自然界では馴染みの薄いモードという概念を導入することの危険性およびその訓練と注意喚起を怠ることの危険性．
(4) 過去のインシデント情報を十分に反映しないことの危険性．
(5) 読みにくい，理解しにくい手順書を提供することの危険性．

参考文献

1) 宮城雅子：事故の予兆を探る，ブルーバックス，講談社 (1998).
2) 黒田　勲・石橋　明：事故はなぜ繰り返されるのか，中央労働災害防止協会 (2003).
3) 遠藤　浩：ハイテク機はなぜ落ちるか，ブルーバックス，講談社 (1998).
4) http://www004.upp.so-net.ne.jp/civil_aviation/cadb/disaster/accident/19940426ja.htm
5) デイビット ゲロー（清水保俊訳）：航空事故，イカロス出版 (1994).

（高野研一）

高速増殖原型炉「もんじゅ」ナトリウム漏洩事故

1. はじめに

　1995年（平成7年）12月8日の夕方，福井県の敦賀半島先端にある動力炉・核燃料開発事業団（以下，動燃と略，現核燃料サイクル開発機構，2005年10月から（独）日本原子力研究開発機構）の高速増殖原型炉「もんじゅ」において，冷却材の高温ナトリウムが二次系配管から漏洩し火災となる事故が発生した[1]．この事故では，放射能漏れはなく，原子炉の安全性にも問題はなかったが，国や自治体への連絡遅れと事故情報の操作などの不祥事が発覚し，動燃は社会的信用を失った．後年の動燃改組の契機となった出来事である．

　この事故の背景を理解するためには，原子力と原子力開発に対する国民意識の形成に関与した日本の原子力の歴史を知ることは最低限必要思われる．したがって，本稿では日本の原子力開発初期の出来事を簡単に振り返ることから始める．そのうえで，日本国中を騒然とさせた先端科学技術の巨大施設における事故である「もんじゅ」ナトリウム漏洩事故について，何が起き，どのように対処すべきであったかについて事実に基づき検討する．

2. 核の被災と平和利用の原子力開発

　原子力エネルギーを利用する試みは，米国が第二次世界大戦の最中にマンハッタン計画による原子爆弾（以下，原爆）の開発から始まった．日本がポツダム宣言を受諾し，降伏する直前の1945年（昭和20年）8月，米軍は2個の原爆を広島と長崎に相次いで投下した．原爆は両市を壊滅的に破壊し，公式発表数の合計で20万人余に上る犠牲者と多くの負傷者，原爆症患者が出る惨事をもたらした．

　第二次世界大戦後の米国と旧ソ連の対立は，両者が多数の核兵器を所有し対峙する冷戦構造を世界にもたらした．この間，両陣営は数千回に上る核爆発実験を行った．1954年（昭和29年）3月，米国がビキニ環礁で行った核実験で，マグロ漁船の「第五福竜丸」が放射性物質の"死の灰"を浴びた．同年9月に被爆した乗組員1名が放射能症により死亡した．日本国民の多くは，3度にわたる核の被災経験から核反応に伴う放射線と放射能の危険を強く認識した．

　米国大統領による原子力平和利用の国連演説が1953年（昭和28年）12月に行われた．翌年3月には，中曽根康弘代議士（当時）らは，原子力予算を組み込んだ修正予算を国会に提出して成立させた．これにより，日本の原子力開発が始動した[2]．1955年（昭和30年）12月には，原子力平和利用の三原則「民主，自主，公開」を盛り込んだ原子力基本法が成立し，1956年（昭和31年）には原子力開発政策に責任を持つ原子力委員会，規制官庁の科学技術庁，研究推進組織の日本原子力研究所が相次いで設立された．

　1957年（昭和32年），原子力委員会は高速増殖炉開発を織り込んだ「発電用原子炉開発のための長期計画」をまとめ政策課題とした．使用済み核燃料を再処理しプルトニウムを取り

表1 原子力開発開始前後の主な出来事

年月日	出来事
1945.8.6	広島市へ原爆投下される
1945.8.9	長崎市へ原爆投下される
1954.3.1	ビキニ環礁で第五福竜丸被爆
1954.3	日本初の原子力予算国会通過
1955.12	民主，自主，公開の原子力平和利用三原則を盛り込んだ原子力基本法成立
1956	原子力委員会設立，科学技術庁設立，日本原子力研究所設立
1957	原子力委員会，発電用原子炉開発の長期計画を策定
1967.7	動力炉・核燃料開発事業団法，国会の全会一致で成立

出し，再利用する核燃料サイクルの路線で，「もんじゅ」の建設へつながった．1967年（昭和42年）7月，「動力炉・核燃料開発事業団法」が国会の全会一致で成立し[3]，動燃は核燃料サイクルによる原子力エネルギー開発を担当する組織となった．なお，純度の高いプルトニウムは原爆の材料になるため，核拡散防止を目的に国際的に厳しく監視される核物質である．日本における初期の原子力の歴史を表1に示す．

3．事故の概要と評価

「もんじゅ」は，高速増殖炉の開発と発電を目的とする研究開発段階の原子炉施設である．燃料にはプルトニウム・ウラン混合酸化物燃料を使用し，熱出力で71.4万kW，および電気出力で28万kWの性能を持つ．原子炉から熱エネルギーを取り出す冷却材として約1700 tonのナトリウムが利用されている．ナトリウムは水や空気と激しく反応する物質で，消防法では第三類「自然発火性物質及び禁水性物質」の危険物に指定されている．「もんじゅ」は1994年（平成6年）4月に臨界に達し，翌年8月には初めて送電に成功した．引き続き電気出力100％での運転を目指し，40％出力試験をしていた翌年の12月8日の夕刻，ナトリウム漏洩事故が発生した．この事故の経過と被害の要点は，以下のとおりである[3]～[6]．

原子炉停止試験準備の出力上昇中に，A，B，Cの三ループある二次主冷却系のCループ出口配管に取り付けた温度計から約500℃に加熱されたナトリウム0.7 tonが漏洩し，火災となった．漏洩箇所を図1に示す．事故の当日，午後7時47分に「中間熱交換器出口ナトリウム

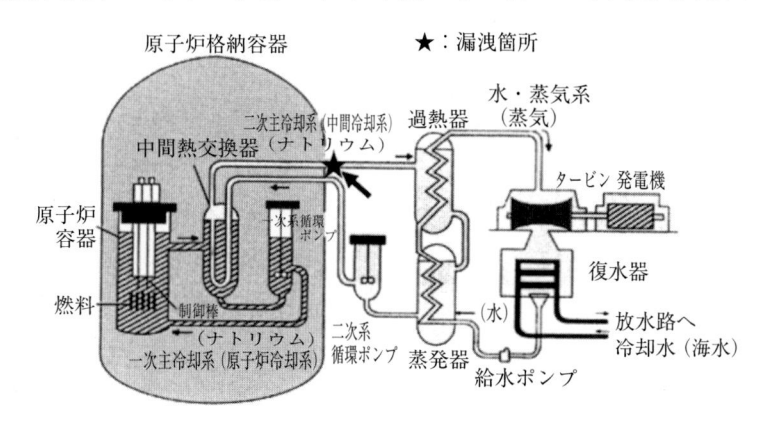

図1 「もんじゅ」ナトリウム漏洩事故時の漏洩箇所（出展：原子力委員会，平成8年版，原子力白書）

温度高」の警報と火災感知器が作動し，続いてナトリウム漏洩検知器も発報した．運転員は，問題の二次冷却配管室に駆けつけ，ナトリウムの漏洩による白煙を確認した．当直長はナトリウム漏れの量は少ないと判断し，同7時59分から原子炉の通常停止操作を開始した．

通常停止操作を継続中の午後8時40分頃から発報する火災感知器が急増したので，2度目の現場確認を行い，午後9時の白煙増加の報告により同9時20分に原子炉を手動で緊急停止させた．ナトリウムの漏洩を止めるため，同10時46分，二次冷却系Cループ配管から地下タンクへのナトリウム抜取り作業（ドレン）を開始し，翌12月9日，午前0時15分に完了した．この間に，Cループ配管室を中心に合計66個の火災感知器が作動した．原子炉は安全に停止され，燃料の崩壊熱は健全なA，B二つのループにより取り除かれた．

漏れたナトリウムは，漏洩箇所直下に設置されていた換気ダクトに穴を開け（図2），点検用の鋼鉄製格子足場を損傷し，コンクリート床を覆う鋼板製のライナ上に直径約3mの半円形に塊となって堆積した．燃えたナトリウムの一部はエアロゾルとなり，換気ダクトに開いた穴から吸い込まれ，空調システムで運ばれ，原子炉補助建屋内に拡散し，各種の装置に付着した．エアロゾルの一部は排気口から建物外部に漏れた．しかし，この事故による人的被害や放射能漏れはなかった．

原子力安全は，放射能漏れと異常な核反応を防ぐことにより，放射線障害を防止すること

図2 ナトリウム漏洩事故現場写真（出展：核燃料サイクル開発機構高速増殖炉もんじゅ建設所HP）

表2 「もんじゅ」ナトリウム漏洩事故の主な経過（1995年）

月/日	時刻	出来事
12/8	19：47 19：59 20：35 21：20 20：46	二次冷却系配管Cループからナトリウムが漏洩し火災発生 通常操作による原子炉停止操作開始 動燃本社，国，県へ第1報 火災の白煙増加により原子炉緊急停止操作開始 Cループのナトリウムのドレン開始
12/9	00：15 02：05 16：10	Cループのナトリウムのドレン完了 第1回現場入域調査・ビデオ撮影 第2回現場入域調査
12/11		福井県と敦賀市，立ち入り調査
12/16		漏洩ナトリウム残渣の撤去完了
12/19		動燃，科学技術庁へ事故報告（第一報）提出
12/20		動燃によるビデオ記録の隠匿が発覚
12/23		不祥事となり動燃幹部4名を更迭

にあるとされる[7]．この事故では放射能漏れはなく，原子炉は安全に停止された．したがって，事故は原子力安全からは軽微で，国際原子力事象評価尺度（INES：International Nuclear Event Scale）の「レベル0」の事象に相当するが，原子炉をすぐに止めナトリウムをドレンしなかったなどの手順書の不備などが指摘され，「レベル1（運転範囲からの逸脱）」と評価された[5]．表2に事故の主な経過を示す．

4. 事故から事件への発展

この事故は，原子力安全上では「事故」に該当せず，「異常事象」の最も軽微なものであったが，国中を騒然とさせる事件に発展した．

原子力安全委員会は，事故原因の究明と再発防止について調査・検討し，結果を公表している．その第一次報告書[4]は，事故を発生，拡大，対外対応の3段階に分け，それぞれの段階での重要な要因は，① 温度計の設計ミス，② 漏洩規模の不適切な判断，③ 情報の不適切な取扱いであるとした．ナトリウム漏れの直接原因となった温度計の破損に至る問題は技術上の欠陥であり，温度計の設計ミスとミスを見逃した品質管理の問題に帰着する．ここでは，事故を事件にした「拡大」と「対外対応」の問題に焦点を当てることにする．

4.1 事故の拡大

事故発生後の火災が拡大した問題は，ナトリウムの漏洩をなぜ早期に止めることができなかったかという1点に集約される．「もんじゅ」は，運転手順書に従い運転される．したがって，事故当時の異常時運転手順書が適正であったかについて種々検討された．

原子力安全委員会は，この問題を事故の ① 初期漏洩規模の認識と原子炉停止の判断，② 現場確認と連続監視，③ 2度目の現場確認と原子炉緊急停止操作の判断，④ ナトリウムの緊急ドレンなど，および ⑤ 換気空調システムの停止について異常時運転手順書の記載に問題があり，運転員の判断も不適切であったためとしている[8]．

4.2 事故の対外対応

事故を大きくした最大の要因は，社会への事故についての情報発信が正しく行われず，多くの国民の不信を買ったことにある．情報発信の問題には，事故の連絡通報の遅れと，現場状況を記録したビデオ映像の編集や隠匿という二つの側面があった．

（1）連絡通報の遅れ

当時の科学技術庁の事故報告書[9]は，事故発生第一報の国，県などへの通報・連絡が発生から50分近く遅れたことから，通報連絡体制の再検討が必要であるとしている．地元の敦賀市へはさらに遅れ，発生から1時間以上も経って伝えられた．「もんじゅ」近隣の白木地区の住民には動燃からも行政からも何ら連絡されなかった[2]．

（2）ビデオ映像の編集・隠匿

動燃は，事故の翌9日の午後に，事故現場の状況を記録した写真とビデオ映像を報道各社へ公表した．他方，福井県と敦賀市の職員は12月11日，午前3時に，安全協定に基づき動燃職員立会いのもとに現場検証し記録したビデオ映像を公開した[2]．床上に堆積したナトリウム化合物の小山が主体の動燃の映像と，ナトリウム化合物の垂れ下がる漏洩箇所，換気ダクトに開いた穴，鋼鉄製格子足場の被害の状況が写った県発表の映像との落差は大きく，後日，動燃がビデオ映像を短く編集し，被害を小さく見せかけようとした不祥事が発覚した[2]．

事故時の一連の運転操作を詳細に検討し，多くの運転手順書の問題点や反省点が挙げられている．それらの問題の根源は，この事故で起きた規模のナトリウム漏洩を手順書では想定されていなかったことにある．このため，運転員がナトリウム漏洩火災と判断することがなく，早期に原子炉の緊急停止もされなかった．結果的に，不十分な異常時運転手順書は運転員に火災の判断基準を示さず，火災が発生した危険物施設の運転を緊急停止しないという一般の危険物施設では想像しにくい事態を原子力施設で引き起こしたのである．

通報連絡の遅れがもたらした動燃への不信は，監督官庁である科学技術庁（現 文部科学省）の報告書から読み取れる以上に深刻であった．住民の安全に責任を持つ自治体にとって，事故情報は住民を守るための判断材料であり，事故連絡の遅れは「もんじゅ」との安全協定[10]義務違反と受け止めたのは[11]当然である．地元住民を守るという動燃の危機管理意識は，不十分であったと判断される．

事故現場のビデオ映像などの画像は，事故状況の把握と対策立案にとって貴重な情報である．自己保身を優先してビデオ映像を編集し公表した行為は最悪のものであり，およそ科学技術に携わるものにとってあってはならない倫理違反である．その結果，事故隠しと非難され，多くの国民の信用を失う結果に至ったことは至極当然であった．このような事態となった背景ついては次節で考察する．

5．ナトリウム漏洩事故の教訓

動燃の「もんじゅ」ナトリウム漏洩事故について，原子力開発をめぐる環境と国民意識，事故概要と技術面での評価，および事故の「事件性」について説明した．この事故の発生から既に10年近くの歳月が流れたが，「もんじゅ」の運転は停止したままである．原子力安全委員会などの事故報告が，事故の直接・間接原因を究明し，対策を提言していたにもかかわらず，この事故の1年3ヵ月後に動燃東海事業所アスファルト固化処理施設において火災爆発事故が発生するとともに，類似の不祥事が繰り返された．そのため，1998年（平成10年）10月に動燃は解体され，核燃料サイクル開発機構に改組された．安全を以って本業に代え難いが，安全を無視すると本業が立ち行かなくなる場合のあることを如実に示した一例となっている．ここで，「もんじゅ」ナトリウム漏洩事故の背後にある教訓について私見を交えてまとめる．

第一は，事故当時の原子力関係者にあった"絶対安全"思想を払拭することである．村上陽一郎[12]は，ある領域の安全を議論することは，その領域が安全ではないことを意味するとする日本社会にある安全に対する"愚かな思い込み"について述べている．原子力絶対安全思想はまさにそれであった．この思想は，2節で述べた日本人の核に対する危険意識と原子力開発批判に対し，原子力開発を促進する者のとった対外対応姿勢を正当化するためのもののようにみえる．今日，新産業の構築を目指す先端科学技術による大規模なシステム開発においては，それによって得られる利益と同時に科学的リスク評価に基づく安全性を国民に正しく伝え，事業に対する国民の信頼と支持を得ることが国民の安心につながる道であることに気づくべきである．

第二は，国民の安全と原子力安全との間に存在する安全意識の乖離を認識することである．放射線障害の防護を安全の主目的とする原子力安全は，「もんじゅ」が原子力施設であるにもかかわらず，放射能のない二次系ナトリウムの漏洩であり，事故は安全に関係のない事象と

の評価が国民一般に通用すると錯覚していたようにみえる．原子力関係者が作った"村社会"の弊害の一つといえる．この事情を端的に示す例は，INESによる原子力事故の評価である．INESでは，① 放射性物質の外部放出による「事業所外への影響」，② 原子炉の炉心の損傷や，放射性物質による汚染・被爆などの「事業所内への影響」，および ③ 外部への放射能漏れを防ぐ「深層防護（多重防護機能）の劣化」の三つの評価基準を採用している．そして，最も重大な「レベル7」から最も軽微な「レベル0」までの8段階の事故レベルを設定し，レベル7〜レベル4を「事故」，レベル3〜レベル1を「異常な事象」，レベル0を「尺度以下」と表現するとしている．

たとえ火災や爆発事故が原子力業所で発生し犠牲者があったとしても，INESでは上記の3基準のいずれにも該当しない事故は，レベル0以下で「評価対象外」の「安全性に関係しない事象」とされる．この例のように，INES評価には一般の国民感覚からは釈然としない点がある．なぜなら，国民一般は，原子力事業所において爆発事故が発生し犠牲者がある場合には，重大事故の発生と判断するに違いないからである．

原子力関係者は，原子力分野以外に住む人々の不安や心配を真摯に受け止めて，それに誠実に応じていかなければ国民からの支持は得られならない．そして，自らが合理性を確信している原子力事故に関するINES評価の妥当性について，納得の得られるまで国民に対し説明することが必要である．これは，同時に自己の透明性を高めることにもつながる．

第三に，事故発生時には，可能な限り早く，正直に正確な情報を発信する危機管理の常識を確認することである．隣人の心配を考えることもなく，自己の組織の利害のためにデータを改ざんするなどの行為は，研究者・技術者としての自殺行為であり，倫理の欠如そのものである．翻って，このような物の考え方が遵法精神に欠ける結果を招来したとしても不思議ではない．

核燃料サイクル開発機構は，動燃の反省を生かした新しい組織の経営理念として，安全確保の徹底，創造性の発揮，透明性の確保，適正・効率運営，社会の信頼の五つを掲げ，実現に努めている．企業の不祥事の発覚が相次いでいる昨今，以って他山の石とすべきである．

参考文献

1) 原子力安全委員会：原子力安全白書，平成9年版，第1章第1節，大蔵省印刷局 (1998).
2) 核燃料サイクル開発機構広報部編：「中曽根康弘元総理が語る原子力開発の夜明けのころと未来への展望」，サイクル別冊 (2004).
3) 読売新聞科学部：ドキュメント「もんじゅ」事故，ミオシン出版 (1996).
4) 原子力安全委員会：動力炉・核燃料事業団高速増殖原型炉もんじゅ2次系ナトリウム漏えい事故に関する調査審議の状況について〔参考文献1)で「第1次報告書」と定義〕，原子力安全委員会，p.3 (1996-9).
5) 「原子力のすべて」編集委員会編：原子力のすべて，(独) 国立印刷局，p.133 (2003).
6) http://www.atom.meti.go.jp/siraberu/anzen/07/main04s.html
7) 松原純子：http://www.nsc.go.jp/anzen/chihou/10/matsubara.pdf
8) 原子力安全委員会：原子力安全委員会白書，平成7年版，大蔵省印刷局 (1996).
9) 科学技術庁：動力炉・核燃料開発事業団高速増殖炉もんじゅナトリウム漏えい事故の報告について (1996-5).
10) 高速増殖原型炉もんじゅ周辺環境の安全確保等に関する協定書 (1992).
11) NPO法人科学技術倫理フォーラム編：説明責任 内部告発—日本の事例に学ぶ，丸善，p.39 (2003).
12) 村上陽一郎：安全学，青土社，p.135 (1998).

（斎藤　直）

オイルタンカー「ナホトカ号」油流出事故

1. 事故の概要

　総トン数13 157 tonのオイルタンカー「ナホトカ号（NAKHODKA）」は，1997年（平成9年）1月2日，C重油 約19 000 klを積載して上海からペトロパブロフスク（カムチャッカ）に向け航行中，島根県沖 約106 kmにて荒天のため船首部が折損し，船体後尾部は海底2 500 mに沈没した．船体から分離した船首部は約2 800 tonの重油を積んだまま漂流し，1月7日に福井県三国町沖に座礁した．同時に流出した油の帯も船首部とともに北寄りの季節風に流され，日本海沿岸域1府8県にわたって漂着し，結果として油の流出量が6 240 kl（推定）に達したわが国最大の油流出事故である．また，被害額も358億円と，その2年後の1999年（平成11年）に発生した「エリカ号」事故に次ぐ，世界最大規模のものとなった[1]．
　流出油の初期回収作業は，悪天候に加え，拡散予測情報の乏しい状況下，回収ネットの設置，油処理剤の散布などによる防除作業や油回収船などによる回収除去作業が進められたが，多くの油は1 000 km以上にわたる沿岸域に漂着してしまった．沿岸域に漂着した油は，自治体・関係機関と延べ約28万人にのぼる民間ボランティアなどとの協力で，清掃・除去作業が進められた．特に，ボランティアの活動は，災害現場において重要な役割を果たした特筆すべき事例となり，その活動記録は，NHKの「プロジェクトX」などのマスメディアでも取り上げられた．そして，現在の海洋沿岸域防災体制は，この「ナホトカ号」事故での体験を基点として整備されたといっても過言ではない（図1）.

図1　三国町沿岸の漂着油と船首部

2. 事故に含まれていたリスク（問題点）

「ナホトカ号」事故の解析で注目される問題点を分類すると，
(1) ナホトカ号船首部の折損が起きた原因に関すること
(2) 迅速，かつ正確な流出油情報および環境情報の入手と予測に関すること
(3) 初期対応策に必要な技術と体制に関すること
(4) 沿岸域での油濁対策に必要な技術と体制に関すること

(5) 環境への影響予想とその対策に関すること
(6) 法的対応，国際協調，補償制度のあり方

であり，これまでも，海上保安庁などにより，いろいろな角度からの分析・報告がなされてきた[2]．

以下では，同様な油流出事故の再発防止，および被害の最小化で最も重要な初動時期の技術に着目し，①「ナホトカ号」事故の原因と世界の油流出事故，②流出油の挙動予測，③油流出時の初期回収技術に焦点を当てて記述する．

3. 船首部の折損

「ナホトカ号」の折損は，老朽化した船体が原因と結論づけられている．「ナホトカ号」は，1970年（昭和45年）の建造で，事故当時，船齢27年の老朽船であり，構造部材の腐食衰耗およびこれに伴う骨材と板材の溶接部不良が進んでいたため，板厚の衰耗は20～35％，船体の縦強度は建造時の半分になっていたものと推測された．ここで，縦強度とは，船舶の船首尾方向（縦方向）に対し，積載される貨物や波の力による曲げの力が掛かった場合の強度をいう．さらに，海洋汚染防止条約でタンカーの二重船体（ダブルハル）化が促進されていたが，費用が掛かりすぎることを原因として容易に普及しておらず，「ナホトカ号」も一重船体（シングルハル）のままであった．

事故時の海域状況は，風速20 m/s，有義波高約6 m，最大波高約15 m，波長126 mであったと推定されており，冬の日本海の海象としても年に1度あるかどうかの厳しい環境であった．ただし，外洋船舶の航行条件としては，必ずしも異常という状況ではなかった．このような状況下，長さ177.25 m，幅22.4 mの「ナホトカ号」は，船首から約10°左舷方向から向かい波を受けながら3.5ノットの速力で航行していたが，突然の高波に船首部を突っ込み，同時に船尾部が一つ前の波で持ち上げられた．このため，船体に大きな曲げ応力が加わり，甲板部と船側上部が座屈し，その後，船底外板が破断し，船体が真二つに折れ，船尾の沈没と船首の漂流，重油の流出が始まったものと推測されている．

このように，「ナホトカ号」事故は，油流出事故である以前に，その原因となった船体構造の改善およびその検査・管理態勢強化の必要性を加速させた事例として注目された．その後，1999年（平成11年）に発生した「エリカ号」事故もシングルハル船による折損事故であったことから，国際海事機関（IMO）の海洋環境保護委員会は，

(1) 2万ton以上で1982年（昭和57年）までに建造された原油タンカー（シングルハルが主流）は，2007年（平成19年）までに船齢の古いものからフェーズアウト（段階的撤去）されること
(2) 旗国において船齢10年を越える定期検査時には，船体縦強度の評価を実施し，新造船要求値の90％を維持すること
(3) 寄港国では，入港する外国船舶に対して構造設備および船員の資格・配乗などに関する基準適合性についての検査（PSC：ポートステートコントロール）を強化すること

を順次採択した[2]．これら一連の検査・管理体制の整備により，「ナホトカ号」と類似の事故原因は着実に予防されるようになった．

4. 世界の海洋油濁事故とナホトカ号事故

ところで，世界の海洋油濁事故の中で，「ナホトカ号」と類似の事故がどれほど発生していたのであろうか．ITOPF (International Tanker Owners Pollution Federation LTD)[3] が1970年（昭和45年）から集計している世界の油流出事故の約10 000件を調べると，84 %の事例は流出量7 ton以下の小規模流出事故である．「ナホトカ号」事故が分類される700 ton以上の流出件数は，図2のように件数も少なく，さらに近年は減少している．

流出原因で分類すると，表1のように大規模事故では「座礁」がトップで，「衝突」がそれに次ぎ，両者で6割以上を占めている．「ナホトカ号」の原因である船体破損は3番目ではあるものの件数は少なく，老朽船規制などの対策でさらに減っていくものと予想されている．したがって，大規模油流出事故を減らすためには，海上交通の安全対策を進め，座礁や衝突を防止することがより重要であることがわかる．

なお，事故件数の大多数を占める小規模事故では油のローディング（タンカーなどへの積込み）時が最も多く，油を取り扱う関連港湾作業に焦点を絞った管理防災体制と資機材のさらなる整備が望まれる．また，油流出量の規模から見てみると（表2），上位10件は10万ton以上

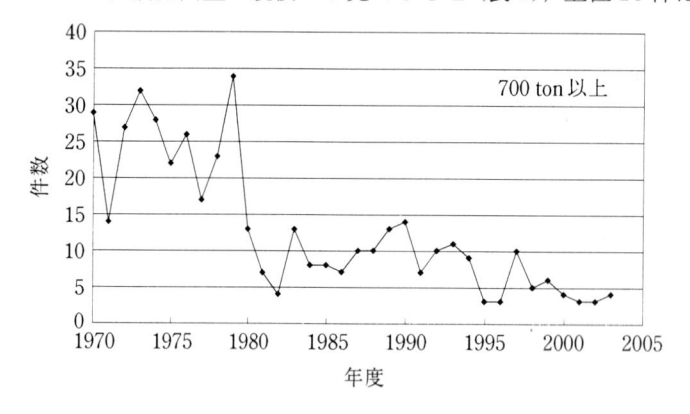

図2 タンカー流出事故の件数

表1 流出事故の原因別集計（1974〜2003年）

事故内容	流出量，ton			合計
	< 7	7〜700	> 700	
運輸関連				
輸送油のローディングディスチャージ	2 812	326	30	3 168
燃料油の積込み	548	26	0	574
その他	1 177	55	0	1 232
事故関連				
衝突	167	274	95	536
座礁	228	212	114	554
船体破壊	572	88	43	703
火災および爆発	85	11	29	125
その他，原因不明	2 175	143	24	2 342
合計	7 764	1 135	335	9 234

表2 流出量から整理した大規模事故（1967年以降）

順位	船名	年度	発生位置	流出油量, ton
1	Atlantic Empress	1979	Off Tobago, West Indies	287 000
2	ABT Summer	1991	700 nautical miles off Angola	260 000
3	Castillo de Beliver	1983	Off Saldanha Bay, South Africa	252 000
4	Amoco Cadiz	1978	Off Brittany, France	223 000
5	Haven	1991	Genca, Italy	144 000
6	Odyssey	1988	700 nauticaly miles off Nova Scotia, Canada	132 000
7	Torrey Canyon	1967	Scilly Isles, UK	119 000
8	Sea Star	1972	Gulf of Oman	115 000
9	Irenes Serenade	1980	Navarino bay, Greace	100 000
10	Urquiola	1976	La Coruna, Spain	100 000
16	Prestige	2002	Off the Spanish coast	77 000
	Erica	1999	Off Biscay, France	11 000 *
	Nakhodka	1997	Off Tottori, Japan	6 240

＊「Erica号」は，沈降した船体に油が20 000 ton近く残っており，現在も徐々に流出している．

の事故であり，ナホトカ号の流出量6 240 klは100位にも届かず，決して最大級規模ではなかった．にもかかわらず，ナホトカ号事故に伴う被害額は「エリカ号」事故に次ぐ358億円となり，国際油濁補償基金への請求額も過去の事故被害額を大幅に上回る額となった．この原因は，広範な生活沿岸域に流出油が漂着したためであり，流出油の情報，拡散・漂流予測体制の充実と迅速な初期回収と危機管理の重要性を強く印象づける事故でもあった．

5．流出油情報

　油濁事故では，流出した油の種類により挙動が異なるため，基本情報としてどのような油種が流出したのかの確認が必要である．しかし，原油などは，比重の軽い成分から重いタール分まで広範な成分を含んでおり，流出油の挙動予測は決して容易な作業ではない．海洋に流出した油の挙動としては，拡散，蒸発，分散，沈降，エマルジョン化，生物分解が挙げられるが，この内，油濁対策の障害となる重要な挙動は，主に拡散，エマルジョン化，分散である．
　拡散現象は，油粒子が風，海流および乱流拡散により海面上で二次元的に拡がる現象であり，拡散速度は油の粘性に最も依存する．またエマルジョン化は，流出油が風波と温度の影響を受けて海水を取り込み，ムース油と呼ばれる海水を含んだ高粘度油を形成する現象である．荒天時のエマルジョン化現象では，当初，数百cSt（センチストークス）であった流出油の粘性度が数時間の内に数千cStになり，さらに1日後には数万cStにまで高粘度化したという事例も報告されている[4]．そして分散は，油が波やうねりの影響で様々な大きさの粒状を形成し，粒の小さいものやエマルジョン化の進んだものが水中に拡がる現象である．分散は被害予測上，重要ではあるが，水中深く分散した油粒子の挙動把握は難しく，さらにその回収は困難といわざるを得ない．
　いずれにせよ，油の性状と分布は時間とともに回収を困難にする方向に変化するため，迅速な初動対応が非常に重要であり，被害予測では拡散現象を主体としたシミュレーションモデルと，回収作業では流出油のエマルジョン化を前提とした油回収設備の配備が必要なツールとなる．

6. 油拡散予測

「ナホトカ号」事故の被害額がそれまでの油流出事故を大きく上回った理由は，島根沖の流出油が秋田までの広域生活沿岸域に漂着し，被害をもたらしたことによる．当時，わが国では，1974年（昭和49年）の旧三菱石油・水島精油所の大量油流出事故を教訓とした防除対策は検討されていたが，瀬戸内海のような比較的波の穏やかな海象で，少量流出，沿岸部の防除を基本とする対策であり，日本近海での大量油流出事故に備えたシミュレーションモデルは開発されていなかった．さらに，シミュレーションの元となる全国規模の気象および海象の観測態勢とそれらデータを集積・解析する情報センターも整備されていなかった[2]．

そのため，流出油と船首部の拡散・漂流予測も困難なことから，回収防災対策の判断も難しいものとなった．「ナホトカ号」事故をきっかけとして，海上防災体制には，精度の高い油拡散予測が必要であることが認識され，基礎データの収集・観測態勢が整備されるとともに，幾つかのシミュレーションモデルも開発され，現在も，より迅速かつ精度の高い予測ができるようアップグレード化が進められている．現在では，石油連盟油濁対策部が，「流出油の拡散・漂流予測シミュレーションソフト」と「原油等の油種毎の経時変化性状のデータ」を発表・開示している．また，海上保安庁，環境省などでも環境脆弱マップを整備しており，どの海岸の沖合いを優先的に防除するかの判断材料を提供している．

7. 初期油回収作業

油流出事故時には，海域の状況，油種，気象・海象条件などを考慮した速やかな初期対応が求められる．しかし，「ナホトカ号」に限らず，海難・座礁事故に伴う油流出は荒天時に発生することが多く，初期対応活動では技術上の問題に加え，二次災害防止の観点から作業手段は限定されたものとなる．すなわち，大型油回収船による流出油の回収作業や空中からの油処理剤散布による中和作業が主な作業となる．オイルフェンスによる拡散防止は，「ナホトカ号」事故でも行われたが，主として平穏な海象条件時に利用される手段であり，外洋ではフェンスの展帳が難しく，破損も起きやすくなることに加え，波浪のために油を保持することも難しい状況になることが知られている．

油処理剤は，流出直後で油が表層に漂っている初期段階での使用に効果がある．しかし，時間が経過しエマルジョン化で海水と混ざった状態の油では，接触効率が低下し，さらに拡散・分散も進んでいるために，その効果は極めて薄いものとなる．また，処理剤の環境・生態系への影響も依然として懸念されている[5]．このため，日本や米国は機械的な回収を主体とし，油処理剤の使用を原則として制限している．しかし，英国，フランスなどの海象条件の厳しい海域に接している国々では，大型船の出動なども困難として迅速に対応する手段として油処理剤の空中散布体制を整備している．

「ナホトカ号」事故の当時，油処理剤の散布が行われたのは3日後の1月5日からであった．また，荒天時の海域で作業を行える大型油回収船は，名古屋を拠点としていた運輸省（現 国土交通省）の「清龍丸」1隻だけであったため，現場海域に到着，回収作業に着手したのは1月9日からであった．その後，中型油回収船3隻とシンガポールなどから回収システムを搭載し

た油回収船も沿岸区域で回収作業に従事したが，高粘度油のため効率は悪かった．そこで，事故直後から外洋・荒天時にも対応する海上油回収設備の充実が各方面から要望され，「清龍丸」に続く同規模の大型浚渫兼油回収船として「海翔丸」，「白山」の2隻が下関と新潟に配備された．これらにより，日本近海域での油流出事故に対しては，これら3隻で24時間以内（北海道の一部を除く）に活動できる体制がとられるようになった

図3　回収作業を終え，帰港した「清龍丸」

（図3）．なお，「清龍丸」も2005年4月から新造船での運航を開始している[5]．

8．海上油回収技術

　大型油回収船「清龍丸」は，42日間の活動で，総計938 kl（ドラム缶換算4690本分）の油水を回収した．この大型船に搭載された油回収装置は世界各地で運用実績のある渦流式油回収装置である．この装置は，波浪海域でエマルジョン化した高粘度油にも対応し，可燃性物質の漂う領域での作業にも適した防爆仕様の装置で，船の推進力を利用して油水を導水し，導入水が形成する旋回流の中で油水の油分を遠心分離して回収する構造になっており，日本近海の多様で厳しい実海域での運用条件を想定した水槽実験を繰り返し，「清龍丸」仕様の設計となっていた．「清龍丸」の後，就航した大型油回収船は，いずれも「ナホトカ号」事故での回収状況をさらに折り込み，渦流式油回収装置に改良を加えた機種が装備されている．

　一方，高頻度で小規模油流出事故が発生するコンビナートなど，港湾に配備されている油回収装置はフロート搭載式油回収装置が主流であり，「ナホトカ号」事故当時にも100基近くが配備されていた．しかし，静穏な海域やオイルフェンスに囲われた水域内での低粘度の油回収に限定している機種がほとんどであった．現在，小型油回収装置でも「ナホトカ号」事故などでの知見を活かし，波浪条件下で高粘度の油にも対応できる回収技術の開発が始まっており，徐々に配備されるものと期待されている．

9．おわりに

　「ナホトカ号」の油回収作業は，1997年（平成9年）2月18日でほぼ終了した．また，船首部の撤去作業も同年4月20日に完了した．国土交通省は，ナホトカ号油流出事故での多くの教訓から「流出油防除体制の強化について」をまとめ，
　（1）再発防止策の強化
　（2）即応体制の強化
　（3）流出防除対策の強化

(4) 諸外国との協力，連携体制の強化

などの対策を推進している．

　また，「ナホトカ号」事故に取り組んだ NGO の呼びかけをきっかけに活動を開始し，2000年（平成12年）に発足した日本環境災害情報センター（JEDIC）などの民間団体は，流出油対策を含む環境災害についての産官学民のネットワーク構築，関連情報の収集，普及の重要な中核組織として確実に発展してきている[6]．これらの多面的なリスク管理ネットワークとその裏づけとなる技術・情報の整備により，「ナホトカ号」事故のような船舶破損や油濁災害の予防が確実に推進されることを願っている．

参考文献

1) 日本財団電子図書館・運輸分野：日本財団主催 海洋における油流出事故対策に関する国際専門家会議・会議録 (1997-7).
2) 野間清二：石油連盟主催「油流出に関する国際シンポジウム」，ナホトカ号事故とその後の流出油対応体制の変遷 (2001-3).
3) The International Tanker Owners Pollution Federation Ltd, Oil Tanker Spill Statistics 2003
4) 石油連盟：流出油の経時変化に関する文献調査報告書 (1990).
5) 国土交通省 中部地方整備局：日本作業船協会機関誌「作業船 No. 279」，新船紹介・ドラグサクション浚渫兼油回収船「清龍丸」(2005-5).
6) 日本環境災害情報センター 編：日本環境災害情報センター活動記録集，流出油災害から何を学ぶか？，日本環境災害情報センター，Vol. 2 (2003-3).

（平戸誠一郎）

純国産ロケット「H-Ⅱ8号機」爆発事故

1. はじめに

　日本の技術の信頼性が揺らいでいる．科学技術立国を標榜している日本であるが，高度な安全性を要求される原子力プラントや各種の製造プラントで，まさかというような事故が頻発している．そんな社会環境の中，技術の象徴とも考えられる宇宙開発におけるロケット打上げにおいても失敗が重なった．

　2003年（平成15年）11月29日に打ち上げられた「H-ⅡAロケット6号機」は，固体ロケットブースタの切離しに失敗し（推定原因），予定の軌道に乗せることができず，打上げ後約10分53秒に指令破壊をして，そのミッションは失敗のうちに終わった．また，同年12月9日には，1998年（平成10年）7月4日に打ち上げられた火星探査衛星「のぞみ」を火星周回軌道に投入することができず，このミッションもあと一歩のところで当初の目的を達成することなく終わった．折りしも，同年10月13日には，お隣の中国において有人飛行成功に湧いた矢先の失敗であり，現在，日本の宇宙開発は岐路に立たされているといっても過言ではない．

　しかし，わが国の宇宙開発の歴史をひも解くと，岐路に立たされたのは今回が初めてではないことに気づく．最近では，1999年（平成11年）11月15日に起きた，「H-Ⅱロケット8号機」の打上げ失敗後も，まさにロケット開発を続けるべきかどうかの岐路に立たされた．「H-Ⅱロケット」は，商用化可能な純国産ロケットの開発という悲願の計画によって進められたもので，8号機の主ミッションは運輸多目的衛星（MTSAT：Multi-functional Transport Satellite）＊を打ち上げることにあった．この事故を契機に「H-Ⅱロケット」の開発は中止され，原因究明がなされない限り次の計画はないという状況に追い込まれた．

　ここでは，開発および失敗に対する心構えと不幸にして失敗した際の対応について，「H-Ⅱロケット8号機」の打上げの事例をみて検討したい．なお，「H-ⅡAロケット6号機」の打上げの失敗や「のぞみ」の軌道投入失敗の要因は，（独）宇宙航空研究開発機構（JAXA）のホームページや幾つかの書籍で宇宙開発の歴史を含めて紹介されているので参照されたい[1]～[3]．

2. 事故の概要

　「H-Ⅱロケット8号機」は，1999年（平成11年）11月15日，午後4時29分，鹿児島県種子島宇宙センターから打ち上げられた．打上げ時の天候は，北北東の風7.7 m/s，晴れ，気温22.5 ℃であった．

＊ 運輸多目的衛星（MTSAT：Multi-functional Transport Satellite）：航空管制などのための航空ミッションと気象衛星「ひまわり」の後継機としての気象観測のための気象ミッションを併せ持つ多目的衛星をいう．

表1 打上げからの計画と実際の経過[4]

	イベント	実測値, s	計画値, s
1	リフトオフ	0	0
2	固体ロケットブースタ燃焼終了	93	94
3	固体ロケットブースタ分離	96	97
4	衛星フェアリング分離	288	255
5	第1段エンジン燃焼停止	239	346
6	第1段/第2段分離	322	354
7	第2段エンジン第1回燃焼開始	328	360
	テレメータデータ受信完全不能	437	—
	レーダ追尾完全不能	439	—
	指令破壊コマンド送信	459	—
8	第2段エンジン第1回燃焼停止	—	688
9	第2段エンジン第2回燃焼開始	—	1 450
10	第2段エンジン第2回燃焼停止	—	1 634
11	MTSAT分離	—	1 729
12	第2段エンジン第3回燃焼開始	—	7 000
13	第2段エンジン第3回燃焼停止	—	7 041

打上げからの経過を宇宙開発委員会技術評価部会がまとめた報告書に沿って表1に示す[4]．この表からわかるように，イベント5の第1エンジン燃焼自体が107秒早く停止しており，衛星フェアリング分離前にエンジンが停止してしまっていることがわかる．報告書によれば，エンジン停止とともに，ロケットの姿勢制御不能となり，その後の慣性飛行により表中のイベント6，7が行われたが，高度は低下し，レーダ追尾も不能となったことから，指令破壊を実施することになった．

3．事故原因の推定

「H-IIロケット8号機」のミッション失敗により，即日，事故対策本部が立ち上がり，翌日には宇宙開発委員会技術評価部会が発足し，原因究明が精力的に行わることになった[5]．その結果，今回の失敗原因としては，第1段エンジン「LE-7」における液体水素ターボポンプのインデューサ羽根の1枚に疲労破壊が起こり，破断したことによるとされた[4]．

ではなぜ，疲労破壊が起こったのであろうか．同型のエンジンは1号機から6号機までの6回の打上げが成功をしており，8号機においてなぜ失敗したか疑問が残る（7号機は8号機の後に打上げ予定であったが，8号機の事故により打上げ計画は中止となった）．

この点については，当初，異物混入などの疑いがなされた．しかし，結果的には「LE-7」エンジンは，同じ設計をもとに製造されたエンジンであっても，微妙な形状の違いなどにより，キャビテーション特性が大きく変わる性質を持っていると報告書には記されており，今回のエンジンにおいてキャビテーション（短時間のうちに気泡が発生し崩壊する現象）が従来のものよりも激しいことと，大きな応力が発生する場所に深さ15 μmの加工痕が作用したものと推測されている[4]．

この事故調査の結果，インデューサの性能のばらつきを少なくするための品質管理基準の向上や加工痕などに関する設計基準の見直しなどが示唆されている．

4．失敗を活かす執念

前節において，「H-IIロケット8号機」の事故の推定原因を示した．しかし，よく考えると地上100 km以上の高度において指令破壊したようなロケットの事故原因として，どうして髪の毛の太さよりも小さな加工痕が作用したなどといえるのか，不思議に思われる方もいるであろう．

その理由は，事故の原因と疑われた問題の第1段エンジン「LE-7」を執念ともいえる海底捜索の結果，小笠原諸島の北西約380 km（北緯29度21.16分，東経139度29.78分）の海底2 913 mから海洋科学技術センターと当時の宇宙開発事業団（NASDA）の共同チームが見事引き上げたことによる（図1）．ロケット開発には様々な先進技術が必要となるが，「LE-7」が原因であった場合は，今後の開発計画自体を根本から見直す必要も生じる．そのためには，海中に沈んだと考えられる「LE-7」をどうしても引き上げ

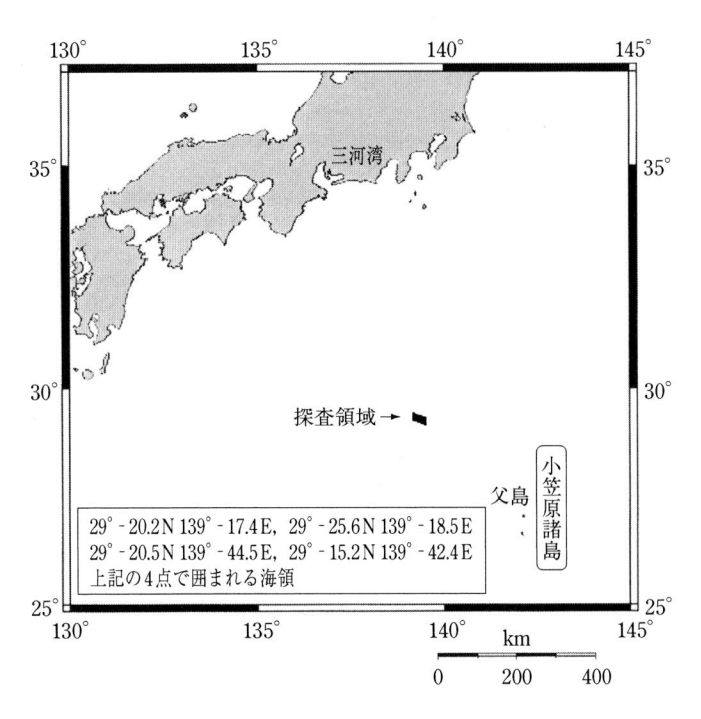

図1　第1段エンジン「LE-7」調査海域〔(独)海洋研究開発機構提供〕

る必要があったのである．この「LE-7」引上げの成功は，原因の確信が得られないまま宇宙開発が暗礁に乗り上げるのを防いだ．捜索開始から1カ月余り，これが最後のチャンスとされた捜索で発見したのは1999年（平成11年）12月24日であったことからも，まさにクリスマスの贈り物ともいえる大発見であった．この奇跡的に近い海底探査の物語はNHKの「プロジェクトX」にも取り上げられて放映されたので，記憶されている方も多いのではないか．兎にも角にも「LE-7」が引き上げられたことにより，羽根が欠損しているインデューサがわれわれの目の前に現れ，その破断面などからも高サイクルの金属疲労が原因として有力となった．

この発見の後，液体水素ターボポンプ用のチタン合金（Ti-5Al-2.5SnELI）の液体酸素環境下（－253℃）での特性を知る必要が示唆された．そこで，金属材料技術研究所（現 物質・材料研究機構）において，チタン合金（Ti-5Al-2.5SnELI）の極低温での材料強度データの取得研究が開始された．

ここで，また大きな疑問が頭をもたげる．国家プロジェクトともいえる国産ロケット打上げに際して，使用される材料の強度データを事前に取得していないのかという問題である．実は，同一材料の強度データは取得されていなかったのである．設計において参照されたとされるのは，米国航空宇宙局（NASA）の同一成分のものや金属材料技術研究所が保有していたデータである．成分がほぼ同じであっても鍛造比の違いにより結晶粒径が異なる場合の試験を事故以後行い，疲労強度が初期想定していたほど高くないことが見出されている[6]．

このように，多数の機関が共同して原因究明に当たったことと，基礎的な情報収集にも力を注いだことにより，次期開発エンジン「LE-7A」への知見が得られたのである．

5. 事故が示す教訓

　本節では，宇宙開発の歴史では既に過ぎ去った事故ともいえる「H-Ⅱロケット8号機」の打上げ失敗の事例を取り上げて事故原因と，その後の対応を概観する．ここでは，主に事故の直接原因を探る姿勢と，基礎的な情報を得ることの重要性を示す．しかし，この事故については，これ以外にも多数の開発機関が携わった場合の機器のインターフェイスや開発工程における品質調整の問題も別途指摘されている．このように，単なる現象論にとどまらず，深く広い原因究明は，失敗をその場限りのものにしないために重要な点である．

　以上は事故の経過をもとにして示された教訓といえる．この事例を汎化して考えた場合の教訓を大きく二つ考えてみたい．

　一つは，開発時から失敗を想定した準備をすることの重要性である．「H-Ⅱ8号」機の事故の場合，破壊指令後の落下軌跡などを計算して，海域を絞り込み現物を発見するに至った．このほかにも数々の機器のデータ（テレメトリデータ）をサンプリングしており，事故に至るまでの状況解析に役立てている．しかし，事故解析にも用いられたテレメトリデータは，「H-Ⅱ」の初めの試験機打上げ終了後にサンプリング量が減らされており，このことが原因究明に時間を要した原因にもなったと指摘されている．

　古来より，日本はミッションの失敗や計画の失敗を忌み嫌うあまり，開発や作戦を練る段階で失敗のことを考えようとしない国民性がある．これは，戦闘機の名機と謳われた零戦（零式艦上戦闘機）などの設計にも通じることである．零戦は，攻撃を想定した飛行性能は当時の他の戦闘機を上回っていたが，攻撃され被弾した場合の対策についてはお粗末であったことが指摘されている．機動性を重視するあまり，パイロットや燃料タンクを保護する機能がなく，ひとたび被弾すると高価な飛行機と育成に時間がかかる貴重なパイロットをいとも簡単に失ってしまった[8]．ここで重要なことは，仮に攻撃に遭ったらというような後ろ向きの事象を考えること自体を否定していた風潮である．現代は戦時中とは違うので，このような特異な状況はないと考えるが，どうしても開発の大半は機能追及に注力され，開発結果やマイルストーン（里程標）における評価ポイントが失敗に終わった場合の想定はないがしろにされる．

　ロケット開発に限らず，何らかの開発計画や事業計画を行う際は，それらが当初の予定どおりにいかなくなった場合，つまり失敗を想定した計画を事前に立てておくことが失敗を活かすために重要であることがわかる．

　二つ目は，失敗を克服する意志である．今回の事例においても複数の研究機関が，熱い職人魂を持って原因追及に力を注いだ．どんなに優れた機器や計画も，社会においては人間が関与するものである．これらを運営して係わっている人々がいかに真剣に携わり，失敗が起こった際にも正面から対処するかが重要であることをこの事例は示唆している．映画「アポロ13」の中に，ミッションの失敗を糾弾されたチーフが「NASA史上，最も輝かしい失敗となるでしょう」というシーンがある．ミッションの失敗にめげず，奇跡的な地球帰還作戦の成功まで導いたのは，関係者の不屈の努力と意志の強さであった．まさに失敗を活かすも殺すも関係者の意志の力といえるのではないか．

　日本は技術的な先進国である．これは思い上がりだという声も聞こえてきそうであるが，少なくとも，かつては技術的に進んでいる国であり，その成長力も大いにあったと考える．宇

宙開発においても，古い話であるが1960年代の「カッパー型」ロケットは海外からも注目を集め，事実，輸出されていたほどである[2]．予測と慎重を期するのは当然であるが，是非とも自信を持って開発に当たり，そして万一トラブルに直面しても，不屈の精神で事態に対処したいものである．そして，開発における事故やトラブルを単なる失敗に終えず，輝かしい失敗に変えていくことを日本の技術開発に望みたい．

参考文献

1) 宇宙航空研究開発機構ホームページ：http://www.jaxa.jp/
2) 中冨信夫：日本の衛星はなぜ落ちるのか，光文社 (2004).
3) 松浦晋也：国産ロケットはなぜ墜ちるか，日経BP (2004).
4) 宇宙開発委員会技術評価部会：「H-Ⅱロケット8号機打上げ失敗の原因究明及び今後の対策について（報告），(2000).
5) 宇宙開発事業団（当時）：H-Ⅱ8号機打上げ速報ホームページ：
   http://www.nasda.go.jp/projects/rockets/h2/f8/index_j.html
6) 物質材料研究機構調査ホームページ：
   http://www.nims.go.jp/jpn/news/nimsnow/2003-02/
7) NHKプロジェクトX製作班編：プロジェクトX 挑戦者たち4―男たちの飽くなき闘い，日本放送出版協会 (2001).
8) 柳田邦男：この国の失敗の本質，講談社 (1998).

（野邊　潤）

地下鉄日比谷線脱線衝突事故

1. 事故の経緯

事故発生現場付近の線路の状態を図1に示す．この図で，脱線した車両は，左から右方向に進行していた．左方向には，恵比寿駅，右方向には中目黒駅がある．恵比寿駅を出発した電車は，トンネルを出ると地上区間となり，中目黒駅に到着する．中目黒駅に近い区間では，トンネル出口を含んで，半径160.1 mの左曲線があり，27 mの直線を挟んで，右曲線に続くS字カーブを構成している．

鉄道の線路では，曲線と直線との間に緩和曲線と呼ばれる遷移区間を挿入する．緩和曲線には，次の二つの役割がある．

(1) 曲率を滑らかにつなぐ〔ここでは，半径160.1 mの曲率と直線部の曲率（無限大）とを滑らかに接続する〕
(2) 曲線部分には，通常，カントと呼ばれる傾斜（曲線外側の線路面を内側の線路面よりも高く敷設する）をつけて車両に加わる遠心力成分とバランスさせている．ここの左曲線では，61 mmのカントが設けられていた．一方，直線部分ではこの傾斜は0である．カントによる左右の線路の高さの差を緩和曲線の部分（脱線箇所は30 m）で，滑らかに接続する．

図1に示したように，左曲線が終わって緩和曲線に入ってから7 mの地点で，最後尾車両の前台車車輪がレール面に乗り上げた．その後，約7 mにわたってレール上面を走行したのち，曲線外側に脱線した．脱線後は，枕木上を走行した．この間に対向車とのすれ違いが始まるが，まだ衝突には至っていない．しかし，枕木上を50 m走行したのち，そこに敷設されていた分岐器レールに押される形で脱線車両は対向車側に大きく押し出され，ついに衝突に至った．

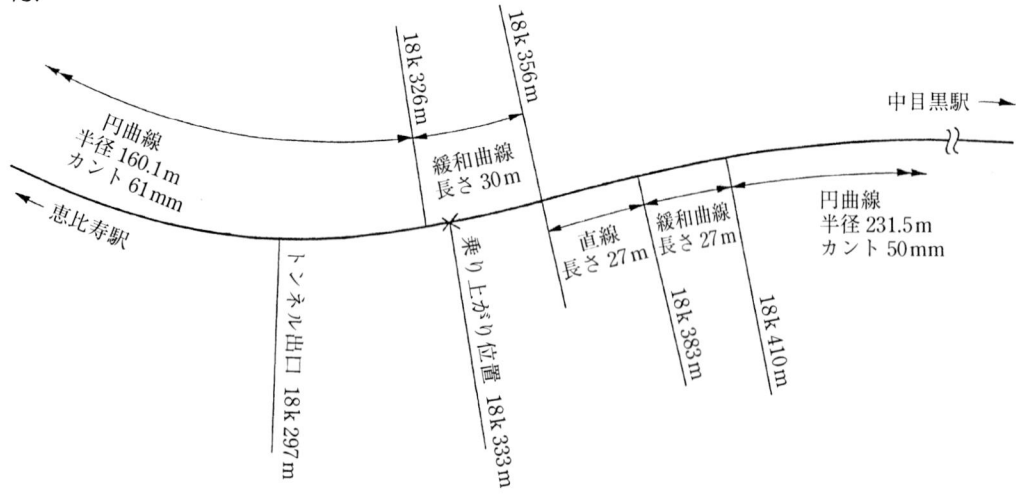

図1 事故発生場所付近の線路線形図[1)]

2. 事故の原因

当時の運輸省（現 国土交通省）事故調査検討会（以下，検討会と略記）は，2000年（平成12年）10月26日，調査報告書[1]を発表した．調査報告書では，脱線の推定原因を次のとおりとした．
(1) 脱線の形態は急曲線部における低速走行時の「乗り上がり脱線」である．
(2) 静止輪重のアンバランス，摩擦係数の増大，台車のばね特性，レール研削形状などの複数の因子の影響が複合的に積み重なったことによる．

以下，報告書記載を略記する．

2.1 乗り上がり脱線

車輪は，レールからの脱線を車輪のフランジ部分にて止める構造となっている．乗り上がり脱線時の力のつり合い式は図2のとおりである．この式に示すように，輪重 P が小さくなること，また横圧 Q が大きくなることによって，脱線の可能性が高まることがわかる．この特性に特に注目して，Q/P の値を脱線係数と呼ぶ．このパラメータは，車両の走行安全性の評価にとって非常に重要である．

一方，脱線しにくい構造とは，次のとおりであることも容易に理解できる．
(1) フランジ角度 α が大きいこと（この角度は60°から70°程度と設計されることが多い）．
(2) 摩擦係数 μ が小さいこと．

2.2 静止輪重のアンバランス

脱線した車両は，図3のような車体支持機構を備えている．これは，通勤型電車にとどまらず，ほとんどの車両に共通の支持機構である．車輪は，車軸，軸箱，軸ばねを介して台車を支持する．一つの台車には四つの軸箱があり，そ

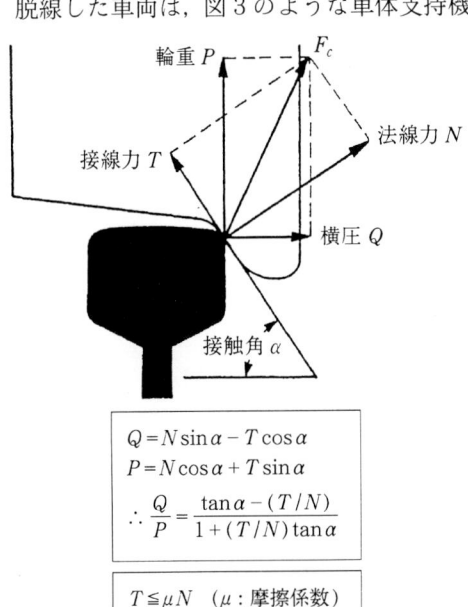

$$Q = N\sin\alpha - T\cos\alpha$$
$$P = N\cos\alpha + T\sin\alpha$$
$$\therefore \frac{Q}{P} = \frac{\tan\alpha - (T/N)}{1 + (T/N)\tan\alpha}$$

$T \leqq \mu N$ （μ：摩擦係数）
$$\therefore \left(\frac{Q}{P}\right)_{cr} = \frac{\tan\alpha - \mu}{1 + \mu\tan\alpha}$$

Nadal の式

図2 フランジ乗り上がり時の車輪（レールの力学）[1]

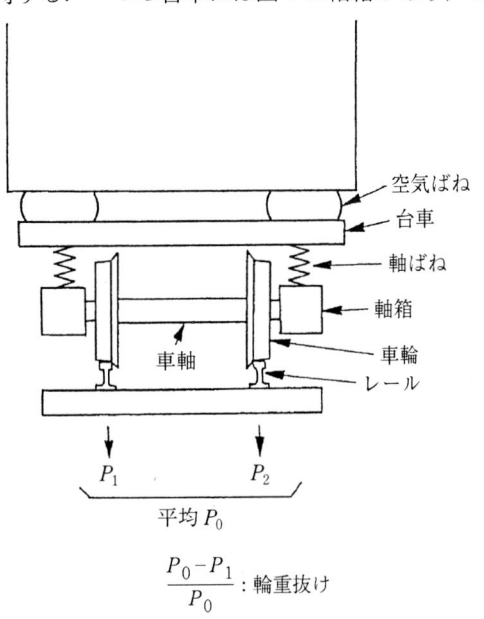

$$\frac{P_0 - P_1}{P_0} : 輪重抜け$$

図3 車体支持機構

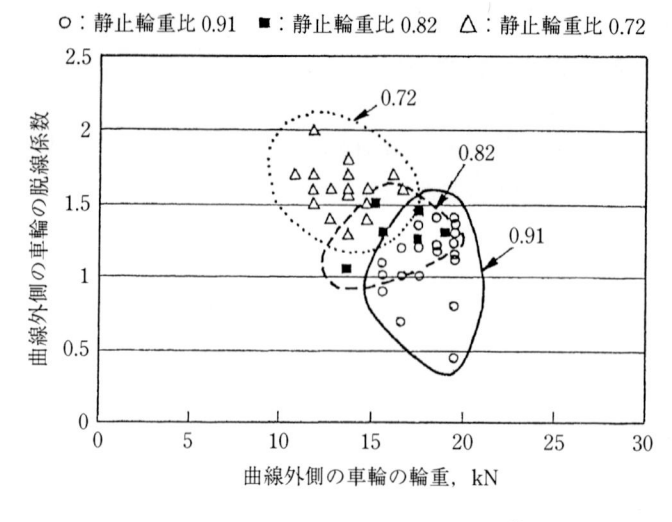

図4 静止輪重比と脱線係数との関係[1]

れぞれに軸ばねが装着されている．また，一つの台車には二つの空気ばねが備えられ，車体を支持する．一つの車体には，前後に二つの台車が装着されるので，四つの空気ばねで車体を支えることとなる．軸ばね，空気ばねは，いずれも四つの単位で重量を支えており，不静定な力学構造となっている．

検討会は，これらの要因のうち，空気ばねの調整不備による静止輪重のアンバランスの存在を推定した．空気ばねは，それ自身としては非常に柔らかなばね特性を示すが，乗客の乗降によって車体高さの変動を抑制するために，常に一定高さに保つ機構を備えている．それが高さ調整弁である．この装置は，ばねが縮めば圧縮空気を給気し，ばねが伸びれば排気するという制御を行って車体を一定の高さに保つ．すなわち，鉄道車両の空気ばねは，動的には非常に柔らかいばねとして作用するが，静的には，非常に硬いばね（変位をしない）として作用するということが特徴である[2]．

車体を4点で支える空気ばねが非常に硬いばねであるとすると，4点支持のアンバランス要因は，軸ばねで吸収することとなる．しかし，軸ばねは，空気ばねに比べて非常に硬いばねである．この車両の場合，20倍ほどの硬さとなっている．したがって，空気ばねの高さ調整に失敗すると，硬い軸ばねでその不揃い分を吸収することとなり，車輪の左右の輪重に大きなアンバランスを生じることとなる．この現象を輪重抜けと呼び，その定義を図3に示した．

検討会は，営団保有の同型車両の静止輪重のアンバランスを測定し，20％を超える車両が，全編成の2割に発見され，その中で最も大きなアンバランスは29％にも達していたと報告している．そして，この静止輪重のアンバランスが脱線の可能性とどのように相関するかを図4のようにまとめた．

この図から明らかなように，静止輪重のアンバランスは，脱線の危険を明らかに高める相関を持つ．ただし，事故後の計測による最大アンバランスが事故車両に発生していたかどうかは不明であり，またアンバランスが最大であった車両ですら，これまで脱線せず走行を続けていたことも事実である．

その意味から，検討会は静止輪重のアンバランスを脱線の最重要因であるとしながらも，この要因のみで脱線に至ったとは結論しなかった．

2.3 その他の要因

調査報告書では，このほかに以下の要因が脱線に関与したと推定している．
(1) 脱線箇所付近の車輪-レール間の摩擦係数が増大したと推定され，これが横圧の増加を招いた．
(2) 台車のばね特性（空気ばねの台車転向に対する剛性，軸ばね特性）が，横圧増大，輪重

減少に影響を与えた．
(3) レール研削が行われたレール断面形状が，当該車両の踏面形状との組合せにおいて，横圧の増加に影響した．

3. 事故の再発防止

このような原因推定に基づき，検討会は，次のような事故再発防止策を提言した．

3.1 乗り上がり脱線に対する余裕度の考え

脱線現象は，非常に確率的な現象である．図2に脱線現象を支配する基礎式を示したが，ここに出てくる変数は一つとして確定的なものはない．

従来は，脱線係数 Q/P の値だけで脱線の可能性を評価していた．しかし，それだけでは不十分である．検討会は，乗り上がり脱線に対する余裕度という新しい概念を導出し，次に示す推定脱線係数比を新たに提案した．ここで，推定脱線係数比が大きいほど，脱線に対する余裕度が大きく，脱線に対する安全度が高いとみなす．

$$推定脱線係数比 = \frac{限界脱線係数}{推定脱線係数}$$

ここで，限界脱線係数とは，その車両が脱線してしまう脱線係数を指す．車輪がレールから浮き上がり始めるときの脱線係数をフランジ角度と曲線半径から理論的に算出したもので，大きいほど脱線しにくい．また，推定脱線係数とは，その車両が当該線区を走行するときに実際に生じるであろう脱線係数を指す．実際に車両が走行する際に発生していると考えられる脱線係数であり，線路や車両の実際の諸元を用いたシミュレーションにより計算する．

この評価式を使うことで，車両および軌道の双方のパラメータをすべて評価することが可能となる．この式の中の不明部分を明らかにしていくのが今後の鉄道工学の任務である．

3.2 静止輪重の管理

調査報告書においても，今回の事故原因は特定できないとされたが，その中で，静止輪重については，事故要因の大きな因子であると強調されている．そのため，これまで多くの事業者において管理対象となっていなかった車両の静的輪重管理を厳密に要求している．その管理基準は10％である．営団と併走する東急電鉄が，以前から静止輪重管理を行っており，輪軸単位で98.6％が，輪重抜け10％以内に入っていることから定められたものと思われる．

3.3 軌道平面性の確保

本脱線事故が緩和曲線上で発生したことから，軌道の平面性の狂いの限界値管理が改めて注目を浴びることとなった．鉄道事業者によっては，現在，軌道の軌間，水準，通り，高低は管理しているものの，平面性については，軌道保守の管理項目に含めていないところがある．それらに対して，今後の管理徹底を求めている．

3.4 車輪フランジ角度

車輪フランジ角度を大きくすることは，図2の式に $\tan \alpha$ なるパラメータで入っていることを見ても明らかに大きな効果が期待できる．車輪の摩耗限度管理など，困難な事態も予想されるが，脱線に対する効果が大きいことから，65°ないし70°のフランジ角度を推奨している．

3.5 脱線防止ガード

今回のような脱線事故を防止するのに最も直截的に，しかも確定的に防止できる手段が脱線

防止ガードの設置である．事故に対する緊急措置として，半径200 m以下の曲線に設置することとされたが，ここでは200 mというしきい値に特別な工学的意味があるわけではなかった．しかし，最終報告において，推定脱線係数比の概念が提示された．この判定値を援用し，推定脱線係数比に応じた，対応を次のように整理した．
- 1.0未満：低速域の脱線余裕度が小さい．脱線防止ガードの設置が必要
- 1.0以上1.2未満：低速域の脱線余裕度は大きいが，諸条件の不確定性を見込んで，脱線防止ガードを設置
- 1.2以上：低速域の脱線余裕度が十分大きい．脱線防止ガードの設置は不要

この基準により，これまで実績（経験）と若干の実測データから，各事業者がバラバラに決めていた脱線防止ガードの設置基準に対して統一的な基準が設定されることとなった．これは，検討会の大きな功績である．

4．鉄道局長通達

検討会の結論を踏まえ，2000年（平成12年）10月26日，鉄道局長名で「急曲線における低速運転時の脱線防止対策について」との通達が発せられた．ここでは，次の対策の実行が求められた．
(1) 車両の静止輪重の管理
(2) 軌道の平面性の管理
(3) レールの研削形状の適正化
(4) 車輪のフランジ角度の変更
(5) 脱線防止ガードの設置

5．今後に残された課題

5.1 車輪レール接触問題

本事故の直接原因である車輪の乗り上がり現象は，車輪とレールとの接触に係わる問題であるが，ここには多分野の要因がある．一つは，純機械工学としての接触点の力学解析である．二つには，機械工学（車両）と土木工学（線路）という二つの専門分野の接点（学際）である．三つには，鉄道事業者における車両と軌道という二つの事業分野の接点（業際）である．

車輪レールの接触問題とは，純工学的にも解析が困難な類の課題であることに加え，それが学際，業際という特別なポジションにあることがさらに本質的な解決を困難にしている．現在，「J-Rail」という連合シンポジウムが，（社）日本機械学会，（社）電気学会，（社）土木学会の共催で開催されているが，これは一つの解答である．

この問題は非常に地味な研究課題であり，何ごとにも速効的成果を求める近年の風潮の中では実施が困難な課題である．しかし，鉄道の存立基盤であるこの問題のより高度な解明が必須である．

5.2 空気ばね制御機構の改良

高さ調整弁と差圧弁による現状の制御システムは，簡素ではあるが，大きな欠陥がある．鉄道局長通達では，10％の静止輪重比を目標とすることが明記されている．しかし，高さ調整

弁の不感帯の上下限の間には，輪重比は数十％の不確定な変動を生じてしまう．

局長通達では，低速運転時の脱線防止が課題とされているが，高速運転時には影響を与えず，低速運転時で走行安定性に影響を与える要素とは，空気ばねの給排気動作のことである．差圧弁への応荷重特性の付与など，新しい制御機構の導入が必要と思われる．

5.3 脱線は確率事象—理論と実際値

鉄道車両の脱線は，図2の式に示したとおり確率事象であり，諸対策に確定的な効果が期待できる事象ではない．したがって，車輪レールの接触問題を十分に工学的に解析するとともに，その理論を実走行時のデータと突き合わせる評価が必要である．

幸い，計測，記録，解析の分野では，輪重，横圧値などの計測技術は格段の進歩を遂げている．一部の営業車両に搭載して実稼働中のデータを大量に収集し，それを広く公開して評価するなどの仕組みが望まれる．

5.4 脱線検知

鉄道の事故類型は，衝突，脱線，火災に大別される．そして，システム内衝突は信号システム，またシステム外衝突は立体交差および踏切障害物検知，さらに脱線は既述の対策，火災は難燃化設計によって防止，抑制が図られてきた．

最近，鉄道においても衝突安全車体の導入が始まっているが，そもそも一定割合（それもかなり確率の高い）の衝突があらかじめ想定されている自動車システムとは安全思想が異なっており，鉄道安全の観点からは補助としての位置づけにとどまる．衝突は確定的な事象であり，信号，踏切道対策によって完全な回避を目指すべき事象であるからである．

一方，脱線は確率的な事象であり，脱線回避のあらゆる方策をとったのちの最後の安全方策として，脱線現象を検知して早期に車両を停止させるシステムは考慮に値する．

脱線を検知する装置は既に開発されている．著者らが開発した装置は，車体の上下変位を加速度の二重積分によって求め，所定の値以上の変位が発生したとき脱線と判断するというものである[3]．脱線現象は様々な態様が考えられるが，それぞれの態様に共通な現象は車輪位置がレール上面から落下することである．しかも，これは確定的な現象であり，これを確実に検出できれば，脱線を確実に検知することが可能となる．こうして，車体に上下加速度計を備え，加速度値を二重積分して変位換算し，適切なしきい値を設定して脱線現象を確定的に検出することが可能となった．

参考文献

1) 帝都高速度交通営団日比谷線中目黒駅構内列車脱線衝突事故に関する調査報告書,事故調査検討会, 2000年10月26日.
2) 佐藤:「ねじれのあるカント上における空気ばね車両の輪重配分」, 日本機械学会講演論文集, Vol. 750. No. 3.
3) 佐藤 ほか:「車両脱線検知装置の開発」, 東急車輛技報47号, p. 21 (1997-11).

（佐藤国仁）

日本航空機ニアミス事故

1. 事故の概要[1]

- 発生日時：2001年（平成13年）1月31日（水），午後3時55分頃
- 発生場所：静岡県焼津市付近海上上空
- 負 傷 者：100名（重傷：乗客7名，乗務員2名，軽傷：乗客81名，乗務員10名）

　日本航空（株）所属「ボーイング747-400D型JA8904」は，同社の定期907便〔東京国際空港（羽田）発，那覇空港行き〕として東京国際空港を離陸し，東京航空交通管制部の上昇指示に従って高度37 000 ft付近を上昇飛行中，同管制部からの指示により高度35 000 ftへ降下を開始した．また，同社所属「ダグラスDC-10-40型JA8546」は，同日，同社の定期958便〔釜山国際空港発，新東京国際空港（成田）行き〕として釜山国際空港を離陸し，飛行計画に従って高度37 000 ftで愛知県知多半島の河和VORTACを通過し，大島VORTACへ向けて巡航中であった．両機は，同日，午後3時55分頃，静岡県にある焼津NDBの南約13 kmの駿河湾上空約35 000～37 000 ft付近で異常に接近し，双方が回避操作を行ったが，907便において回避操作による機体の動揺により，乗客および客室乗務員が負傷した．

　907便には，乗客411名，乗務員16名，合計427名が搭乗しており，乗客7名および客室乗務員2名が重傷，乗客81名および客室乗務員10名が軽症を負った．907便は，機体が動揺した際，機内の一部が破損したが，火災は発生しなかった．一方，958便には乗客237名，乗務員13名，合計250名が搭乗していたが，負傷者はなかった．958便には機体の損傷はなかった．

　なお本件は，航空機の衝突が回避されたケースではあるが，負傷者が発生したことから国土交通省では事故として取り扱うこととなった．

2. 主な略語の説明

- ACC（Area Control Center）：航空交通管制センター
- ACMS（Aircraft Condiction Monitoring System）：飛行記録集積装置（「747-400」におけるAIDS）
- AIDS（Aircraft Integrated Data System）：飛行記録集積装置
- CNF（Conflict Alert）：異常接近警報
- DFDR（Digital Flight Data Recorder）：デジタル飛行データ記録装置
- ICAO（International Civil Aviation Organization）：国際民間航空機関
- NDB（Non-Directional Radio Beacon）：無指向性無線標識
- OJT（On the Job Training）：業務実施による訓練
- RA（Resolution Advisories）：回避指示

- TA（Traffic Advisories）：運行指示
- TCAS（Traffic Alert and Collision Avoidance System）：航空機衝突防止装置
- VORTAC（VOR and TACAN Combination）：方位測定にVOR，距離測定にTACANを併設した無線標識
- VOR（VHF Omni-Direction Radio Range）：超短波余方向式無線標識
- TACAN（UHF Tactical Air Navigation Aid）：戦術航法システム

3．事故発生の経過

事故発生の経過は，DFDR記録，管制交信記録，航空管制用レーダ記録，ACMSおよびAIDSに記録されたTCASの記録ならびに運航乗務員，客室乗務員および航空管制官の口述によれば，概略次のとおりであったと推定される（図1）．

2001年（平成13年）1月31日，日本航空907便は，東京国際空港を午後3時36分（日本標準時，以下同じ）に離陸し，飛行計画に従って那覇空港へ向けて計器飛行方式（航空管制の指示に常時従って行う飛行の方式）により飛行し，東京ACCの上昇指示に従ってFL390（高度39 000 ft，以下同じ）までの上昇を続けていた．本機の操縦室には，左前席に機長，右前席に副操縦士昇格訓練中の訓練生，またオブザーバー席には，左側に副操縦士，同右側に副操縦士昇格訓練中の訓練生の計4名が搭乗していた．

一方，958便は，907便の西方において，FL370を計器飛行方式により新東京国際空港へ向け巡航していた．958便の操縦室には，機長，機長昇格訓練中の副操縦士および航空機関士，計3名が搭乗していた．当時，東京ACCの関東南Cセクターの管制卓には，レーダ対空席に訓練中の航空管制官（29歳）と訓練監督者（35歳），レーダ調整席に航空管制官の計3名の航空管制官が配置されていた．

午後3時47分47秒頃，関東南Cセクターと隣接セクターとの間で958便のレーダハンドオフが行われた．レーダハンドオフとは，管制官の管制下にある航空機が隣接セクターに接近した際に，そちらを担当する管制官に対して，航空機に関する識別情報や通信を移送する

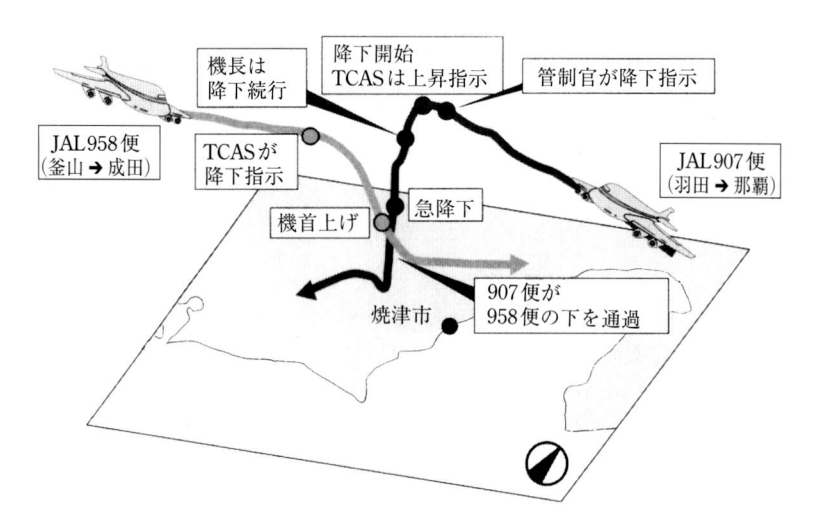

図1　事故発生地点における飛行状況の概略図

業務移管のことである．また，同 48 分 14 秒に 958 便から関東南 C セクターに対して通信設定のための呼びかけがあり，同 48 分 18 秒に同セクターは応答を行った．

この頃，アメリカン航空 157 便は，907 便に指定されている巡航予定高度の FL390 と同高度で 907 便の南方を西方に向け飛行していたが，157 便と 907 便の飛行予定経路は交差しており，そのまま飛行すれば 907 便と 157 便は接近する可能性があった．このため，訓練中の航空管制官は，既にレーダハンドオフが終了していた 157 便に対して，同 47 分 02 秒と同 47 分 56 秒の 2 度にわたり呼出しを行ったが，同セクターとの通信設定を完了していなかった 157 便からの応答はなかった．その後，同 48 分 22 秒，それまで 157 便と交信していた関東南 B セクターの航空管制官が，157 便に対し関東南 C セクターへの周波数変更を指示した．

同 48 分 37 秒に，157 便から関東南 C セクターへ FL390 である旨の通報があり，訓練中の航空管制官は，157 便に FL350 への降下指示を行った．

同 53 分 50 秒頃，907 便は，焼津市付近の海上上空で緩やかに左旋回を開始していた．東京 ACC では，訓練監督者が訓練中の航空管制官に対し，それまでに実施した業務について解説を行い，これが終了するころであった．

以上の状況下，同 54 分 15 秒，東京 ACC のレーダ表示画面上で航空機同士の接近を警報する CNF が作動した．

同 54 分 18 秒，958 便の TCAS において，接近する航空機があることを示す TA が作動した．

同 54 分 19 秒，907 便の TCAS において，TA が作動した．

同 54 分 27 秒～32 秒の間，東京 ACC は，958 便に指示を出すつもりで便名を取り違えて，907 便に対して FL350 まで降下すること，および関連航空機があるので，降下を開始することを指示した．これに対する 907 便の応答の中で，907 便は便名を呼称していたが，訓練中の航空管制官と訓練監督者はこれを 907 便のものと認識することができなかった．

同 54 分 34 秒，958 便の TCAS において，TA が降下を指示する RA に変わった．907 便が降下のための操作を開始した直後の同 54 分 35 秒，907 便の TCAS において TA が上昇を指示する RA に変わった．

同 54 分 38 秒～41 秒の間，訓練中の航空管制官は，958 便に対し 130°の方向へ針路変更するように指示した．これに対する 958 便からの応答はなかった．

同 54 分 40 秒頃，907 便は上昇の頂点となり，同 54 分 41 秒頃から高度が低下し始めた．

同 54 分 49 秒，958 便の TCAS において降下のインクリース RA が作動した．またこのとき，958 便の TCAS 情報表示器上において，907 便のシンボルの脇に 907 便が降下中であることを示す下向きの矢印が表示された．

同 54 分 49 秒～52 秒の間，訓練中の航空管制官は 958 便から応答がなかったため，同機に対して 140°の方向へ針路変更するよう指示した．これに対する 958 便からの応答はなかった．

同 54 分 54 秒，907 便の TCAS 情報表示器上において，958 便のシンボルの脇に 958 便が降下中であることを示す下向きの矢印が表示された．

同 54 分 55 秒，訓練監督者は，訓練中の航空管制官をオーバーライドして，957 便に対して降下の指示を行ったが，付近に該当する航空機はなかった．その結果，907 便と 958 便は，ほぼ同高度で降下を続け接近していった．

両機がすれ違う前の同 55 分 02 秒～05 秒の間，訓練監督者は，907 便に対して新たに FL390 への上昇を指示したが，これに対する 907 便からの応答はなかった．

同55分06秒，907便のTCASにおいて，上昇指示のインクリースRAが作動したが，907便は降下を続けた．958便は，すれ違う直前の55分05秒頃から操縦桿の角度が機首下げ側から機首上げ側に変化し，降下が抑えられた．

最接近時刻は午後3時55分11秒頃で，907便は958便の下側を通過してすれ違った．最接近の場所は，焼津NDBの南約7 nm（約13 km）の海上上空約35 500〜35 700 ft付近であった．

両機がすれ違う際に，907便は機首を下げ，その後，機首が戻ったことにより機体にマイナス側およびプラス側に振れる垂直加速度の顕著な変化が生じ，人やものが跳ね上げられて落下し，多数の負傷者が出るとともに，客室内の天井パネルなどが破損した．なお，958便にはプラス側にやや大きめの垂直加速度が生じたが，マイナス側には発生しなかったため，人やものが跳ね上げられることはなく，負傷者や客室内の破損は発生しなかった．

907便は，すれ違った後，東京ACCに対し関連航空機は解消した旨の通報を行った．その後，907便は東京ACCへ負傷者が発生したため東京国際空港へ引き返す旨通報し，承認を得て引き返した．

958便は，すれ違った後，東京ACCに対しRAが作動したこと，また現在降下していること，さらに再び上昇することを通報した．その後，958便は新東京国際空港に着陸した．

4．事故の背景

輸送機関の中で，航空機の事故発生率は極めて低く，全世界事業用航空機の死亡事故発生件数は，年間30件前後，100万回出発当たりの死亡事故発生確率は1.0前後で，ほぼ横ばい状態で推移している[2]．実際，わが国においては1985年（昭和60年）に群馬県の御巣鷹山で発生した日本航空機の墜落事故以来発生していない．しかし，航空機の交通量増加や航空機の老朽化を考慮すると，発生件数の増加が懸念されている状況である．また，航空機事故の発生はその9割以上が離陸，着陸時の20分に集中しているといわれ，いわゆるマン-マシンシステムのあり方を再検討することが重要視されている．

ニアミスの厳密な定義はないが，航空管制においては管制官自身が危なかったと感じた状態とされている．本事故は，まさに紙一重で旅客機同士の空中衝突という最悪の事態は免れたものの，防護障壁が完全に破られたという点で大惨事と同等のものであった．

5．事故原因の解析

ICAOは，多くの航空機事故の原因についてイベントチェーン（chain of ivent）という概念を提唱している．これは，事故は決して単一の要因によるものではなく，複数の要因が存在し，それらの事象が鎖状に連鎖することにより，事故の発生を避けられない事態（不可避点）が形成され，重大な事故に発展してしまうというものである．これらの多くの背後要因を考慮しなければ真の事故原因の解析はできないであろうし，また再発防止にはつながらない．おのおのの要因に対策を施すとともに，要因事象の連鎖を断ち切るための方策を検討する必要がある[3]．

航空事故調査報告書によれば，本事故は10を越える要因が重なり合って起きたとされてい

るが，その連鎖のいずれかでも断ち切ることができれば，大きな被害を生む事故には至らなかったとされる．それらのうちの重要な項目は，以下のようなものと指摘されている．
(1) 管制官の便名取違え（トリガー事象＝異常発生）
(2) 機長と管制の意思疎通不足（異常からの復帰不成立）
(3) 警報装置に対する判断に差（異常の進展，加速）
(4) 急激な降下操作（緊急避難操作に伴う乗客，乗員への影響発生）
(5) シートベルト着用の不徹底（乗客の被害増大要因）

当時，ニアミスとなった2機の管制をしていたのは，この空域の訓練生であった．この訓練生は，ニアミスが発生する直前の11分半の間にレーダ画面上には最大14機が映っており，計41回の管制指示を出していたが，管制官である訓練生とその監督者は午後3時54分のCNF警報の前から担当空域にいた958便の存在を失念していた．

その理由として，
(1) 訓練生は958便との交信直前まで便名の似た952便とやり取りをしていて混乱した．
(2) 907便には157便も接近中で，これにも気をとられていた．
(3) さらに，監督者は157便の処理について，訓練生にその場で指導を始めていた．
(4) 通常CNFは衝突の3分前に発せられるが，これは互いに直線で進行中を仮定しているが今回の場合これは互いに直線で進行中を仮定しているが，今回の場合907便は旋回していたために2分半ほど警報が遅れた．
(5) 突然発せられたCNFを確認した訓練生は，異常な接近状態を認識し，その切迫状況に動揺した．その結果，907便に対し958便に指示すべき「降下」の指示を誤って907便に出してしまった．
(6) しかし，その場にいた監督者は「958便に指示を出した」ものと思い込んだ．
(7) さらに，脇には調整役もいたが，「907便を降下させても間隔はあく」と判断し，口をはさまず，誤りは修正されなかった．

その後，両機の接近が始まり，両機のTCASは異常接近を検知し，958便では「上昇」，907便では「降下」の回避指示（RA）が出ていた．しかし，907便の機長はTCASが「上昇」の指示を発したのに，管制指示に従って降下した．このときの907便の操縦室の中での対応は以下のとおりであった．
(8) 実際には間違っていた管制官の指示で降下を始めた907便の操縦室では，「上昇」というTCASの音声指示が鳴り響いていた．副操縦士は，「キャプテン，向こう（958便）も降りています」と言って機長の降下の判断に疑問を挟んだが，機長は「もう降りているので降ります」と言った．機長は後日の調査において，副操縦士のこの言葉を「認識できなかった」と話している．
(9) 907便と958便の操縦室には，両機長のほかに5人もの操縦士がいたが，誰も適切な助言ができなかった．交信記録では，管制官は土壇場で907便に「上昇」，958便に「右旋回」を指示したが，これらも両機のどの操縦士の耳にも届いていなかった．

一方，
(10) TCASの回避指示に関するICAOと国の規定では整合が図られていず，TCASと機長の判断が異なった場合にいずれを優先させるかについて明確な規定がなかったため，TCAS優先の認識が不足していた．そのため，907便は管制官から「降下」の指示を受

けていたために RA に従わず降下を始めており，その結果，両機とも「降下」することになった．

両機はどんどん接近を続け，907便の操縦室からやや上に958便が見えたとき，907便の機長は，「このままだと衝突する」と判断し，操縦桿を押し上げた．一方，958便からは907便の背中部分が見え，機長らはとっさに操縦桿を引き上げた．907便においては，この際の急降下に伴って重力加速度が急変した．958便の機長は，機首を思い切り下げ，907便の機長と副操縦士とほぼ同時に機首を上げる操作をした．その瞬間，推定150mの距離で958便の下を907便は抜けていった．

この間，907便では

(11) ベルト着用サインは消灯しており，乗務員は飲み物サービスを行っていたため，乗客，乗務員およびサービスカートが浮揚し負傷に至った．

最接近時の水平距離は105〜165m，高度差は20〜60mとされたが，これは2機の機体前部にある TCAS のアンテナ間で算出した数値であるので，機体の傾きや20m以上の主翼を考慮するともっと接近していたと考えられる．実際，907便の副操縦士は「10mくらい」と感じ，958便の副操縦士は「相手機の尾翼部分が引っかかる」と感じたほどであった．

6．事故後の対応および再発防止に向けての取組み

本事故発生後，2001年（平成13年）6月27日に国土交通省 航空局航空管制システム検討委員会が発表した「日本航空907便事故の再発防止に向けた安全対策について」では，30項目に及ぶ安全対策が示された[4]．このことからも，907便の事故は管制システムが大きな問題であったといえる．この中には，訓練・研修体制の充実，強化，適性検査などの充実，業務環境などの改善，パイロットなどとの交流の充実，管制システムなどの整備，空域・航空路の抜本的再編，航空機便名の識別の改善が指摘された．

一方，2002年（平成14年）7月1日には，ドイツ南西部でロシアのバシキール航空の旅客機と国際宅配便会社の貨物機が空中衝突した．ここでは，担当していたスイスの管制官の指示遅れが判明し，欧州の複雑な管制体制や TCAS への対応についても問題点が指摘された．これらをもとに IATA への提言，管制官・操縦士・TCAS の三者の関係に関する規定，管制官の訓練体制の不備，事項調査のあり方などの関する議論が社会的に沸き起こった．

なお，日航機ニアミス事故に関し，機長および2名の管制官を取り調べていた東京地検は，2004年（平成16年）3月30日，機長については不起訴とし，2名の管制官を業務上過失傷害の疑いで起訴した．検察庁は，「管制官の便名の言い間違い」を起訴理由とした．これに対し，日本航空機長組合は，「航空機事故に対して，再発防止が第一義的になされなければならないにもかかわらず，このような個人的責任だけを追及するようなやり方では，航空機事故の再発を防ぐことにはならない．事故原因の究明と事故再発防止のためにも，管制官2名の無罪を勝ち取ることが重要である」とのコメントを発表した[5]．

他方，2003年（平成15年）10月15日，名古屋地裁では，1997年（平成9年）6月8日に三重県の志摩半島上空で起きた香港発名古屋行きの日本航空706便「MD11型機」が乱気流に会い，自動操縦装置を入れたまま機長が操縦桿を強く引いたために乱高下し，乗務員1名が死亡，乗務員・乗客13名が重軽傷を負った事故の刑事裁判において，検察側が証拠採用を求

めていた国土交通省航空・鉄道事故調査委員会の調査報告書について，同調査委員会委員が証人出廷し，証拠採用を追認する証言を行うという委員会創設以来はじめての事態となった．これに対し，弁護側は事故調査記録を調査目的以外に使用してはならないとする国際民間航空条約に違反すると主張した[6]．

その後，名古屋地裁は2004年（平成16年）7月30日，「原因は操縦桿を強く引いたことにあるが，機長は怪我人が出るとは予見できず『犯罪の証明』があるとはいえない」と機長に無罪判決を下した．しかしながら，この判決要旨の中で，裁判所が「既に一般に流布している記録を利用する場合にも当該調査または将来の調査に及ぼす国内的および国際的悪影響を考慮しなければならないとするのは，刑事裁判の審理に過大な制限を課すものである」として，事故調査報告書が「専門的知識を持ち，公正な判断ができる委員が記載した」として，準鑑定書として証拠能力を有すると認めたことは大変重大な問題である．本来，事故原因の究明と再発防止を目的とした事故調査報告書が関係者の法的責任追及に使用されることになると，原因究明に不可欠な関係者の率直な証言が得られにくくなる可能性があり，今後の事故調査と犯罪捜査のあり方についての明確な考え方を出す時期に来ているといえる．

参考文献

1) 航空・鉄道事故調査委員会：「日本航空株式会社所属ボーイング式747-400D型JA8904（同社所属JA8546との接近）」，航空事故調査報告書，2002-5（2002）．
2) 大山増正・丸山康則編：ヒューマンエラーの科学（2002）．
3) 首藤由紀：イベントチェーン（田村昌三編：「安全の百科事典」），丸善（2002）．
4) 国土交通省航空局航空管制システム検討委員会：「日本航空907便事故の再発防止に向けた安全対策について」，2001年6月27日．
5) 日本航空機長組合：907便，958便の異常接近に関する機長組合見解．
http://www.jalcrew.jp/jca/accident/907-958/907-958.htm.
6) 2003年10月16日付け読売新聞

（三宅淳巳）

第3部
その他の社会的事件・事故

森永ヒ素ミルク中毒事件 …………………………… 139
6価クロム不法投棄事件 …………………………… 142
健康センター新築工事土砂崩壊事故 ……………… 146
国分川分水路改修工事現場トンネル水没事故 …… 152
横浜市立大学附属病院患者取違え事故 …………… 158
東海村核燃料加工工場臨界事故（JCO事故） …… 163
雪印乳業・食品中毒事件 …………………………… 168
ジャケット型マッサージ器による窒息事故 ……… 172

森永ヒ素ミルク中毒事件

1. 事件の概要

　1955年（昭和30年）6月頃から西日本一帯の乳幼児の間に原因不明の奇病が発生し出した．これらの乳幼児は，だんだん元気がなくなり，下痢あるいは便秘が続く，乳を吐く，高熱が続く，お腹が大きく膨れあがる，皮膚が黒くなるなどの症状を呈していた．そこで，岡山大学法医学教室で調査を行ったところ，森永乳業の粉ミルク製品「MF5516」からヒ素が検出された．

　同年8月24日に，岡山県はこの事実を公表し，当時の厚生省（現厚生労働省）は商品の回収を命じるとともに，販売の禁止，森永乳業・徳島工場の閉鎖を命じた．厚生省によると，被害者は12 131名で，うち130名が死亡とされているが，実際の被害者はこの2倍に達すると推計されている．

2. 事件の経過

(1) 森永乳業は，乳製品の溶解度を高めるために，1953年（昭和28年）4月頃より協和産業から第2燐酸ソーダを購入して原料乳に添加（添加量＝0.01％）していた（図1[1]）．
(2) 日本軽金属の清水工場では，1954年（昭和29年）頃からアルミニウム製造過程で産出する燐酸ソーダ，その他のヒ素化合物などの利用方法を各所に照会していた．
(3) 静岡県の毒劇物担当は，このことを10月頃知り，11月1日に厚生省に毒物に該当するか否かの指示を求めた．

図1　森永乳業・徳島工場の牛乳殺菌機と濃縮機[1]

(4) 厚生省は直ちに回答せず，静岡県もそのまま放置した．
(5) そのため，日本軽金属のヒ素化合物を含む廃棄物が燐酸ソーダとして市場に出回った．そして，1955年（昭和30年）4月20日に，協和産業を通じて森永乳業・徳島工場に燐酸ソーダとして80 kg納入された．
(6) このヒ素を含む燐酸ソーダが添加剤として使用され，製品粉ミルクにヒ素が混入してしまった．
(7) 徳島工場製造のヒ素により汚染された粉ミルクが流通し，乳幼児が中毒に罹った．

3. 事件の背景

(1) 添加物の第2燐酸ソーダの組成は，2.5カ月後の11月16日に国立衛生研究所による分析の結果では，第3燐酸ソーダ28％，砒酸ソーダ17％，第2燐酸ソーダ8％であった．実は「第2燐酸ソーダ」ではなく，砒酸ソーダを多量に含む毒物であった．
(2) この物質は，日本軽金属・清水工場のボーキサイトからアルミナを作る工程の廃棄物であった．1953年（昭和28年）9月，新日本金属工業から日本軽金属清水工場にこの廃棄物を顔料製造に使いたいから譲って欲しいという引き合いがあり，1 kg当たり8円で約15 tonを売却した．清水工場が名古屋工業試験所に分析を依頼し，不純物が含まれていることが判明し，この分析結果を新日本金属に知らせた．新日本金属工業は，このことを承知でこの廃棄物を買ったという．日本軽金属はこの廃棄物を売る際に厚生省に売買の許可を申請したが返事がなかった．この廃棄物が，結果として丸安産業→生駒化学→松野製薬→協和産業を経て，第2燐酸ソーダとして森永乳業・徳島工場に納入された．最終的な価格は，1 kg当たり170円であった．
(3) 松野製薬は，当該廃棄物を脱色，再結晶したところ，一応燐酸ソーダらしき外観を呈するに至ったので，第2燐酸ソーダと称して売り出した．
(4) 協和産業は，「安い品だが，どうか」といって森永の了解をとり「悪かったら返品して欲しい」と念を押している．
(5) 森永乳業は，粉ミルクの添加剤として使用する第2燐酸ソーダを試薬1級，2級でなく，通常は清缶材に使用される工業用で発注していた．また受け入れに際し，化学的な分析を行っていなかった．
(6) 徳島工場は本社に無断で，かつその成分規格，メーカーについても特別の制限を設けることなく燐酸ソーダを使用していた．
(7) 同じ日本軽金属から出た燐酸ソーダが，南西化学（株）を経て当時の国鉄・仙台鉄道管理局に納入されたが，その際，国鉄はボイラの清缶材として使用する際に品質検査を実施し，ヒ素を検出したため使用不能と判断して返品していた．
(8) 判決公判結果で裁判官は，「森永乳業徳島工場の従業員が，規格品発注義務と化学的検査業務さえ尽くしていれば事故を防止できた」といい切った．そして，「本件工場において，第2燐酸ソーダについて規格品を発注（使用）するか，非規格品の場合は化学的検査を実施するかをしておれば，このような粗悪有毒品が製造過程で粉乳に紛れ込むのを防止することが可能であったのに，これを怠って防止措置をとらなかったため，本件事故を引き起こしたものであるから，前記松野製薬の許されざる不道義はさておき，本件事

故が不可抗力ではなく，本件工場側において，わずかな手数を惜しんだがための人災ということができるのである」と結んだ．
(9) 森永乳業は，ドライミルクでは最大のシェアを誇り，販売促進のため赤ちゃんコンクールを行っていた．

4. 事件の対応と教訓

　本件は，典型的な食品公害事件であり，解決には長い年月を要した．問題点や課題も多かったが，ここでは食品工場における品質管理，とりわけ安全管理に焦点を当てる．
(1) 基本的には，食品添加剤として工業用の第2燐酸ソーダを使用した点にある．不純物を含み，食品添加物ではないからである．弱い乳幼児のための母乳に代わる食品である粉ミルクであることの認識が欠如している．
(2) 産業廃棄物由来の松野製薬品を使用したことは，この延長で捉えなければならない．受入検査はおろか，疑うことすら念頭になかったのである．一方，国鉄は分析をして，使用を中止している．ボイラの管理上常識であるが，森永にはこの工学的な発想はなかったといえる．
(3) 日本軽金属 → 新日本金属 → 丸安産業 → 生駒化学 → 松野製薬 → 協和産業とわたった薬剤であるが，単純な精製だけで，ノーマークで出回ってしまったことは，廃棄物処理の宿命ではあるが残念である．
(4) この事件では，厚生省もからんでおり，発端である日本軽金属の照会を放置し，野放しを助長した結果となっている．食品添加物規制は，事故後に強化された．

5. おわりに

　半世紀前の事件であるが，被害者はいまだに苦しんでいる．日本の品質管理は，製造業における初期のSQC（Statistical Quality Control：統計的品質管理）からTQC（Total Quality Control：全社的品質管理）へ，そして今はISO 9000による品質マネジメントシステムが業種を超えて普及し進化してきたが，当時の状況として担当者の判断だけでヒ素を含む添加剤が粉ミルクに使用されてしまった．
　食品製造において何よりも重要な安全性が担保されなかった本件は，余りにも初歩的なものではあるが，最近においても薬害などが発生し，産業災害も後を絶たない状況から基本問題の重要性を認識する教材になる．

参考文献

1) 中坊公平：「森永砒素ミルク闘争20年史」，私の事件簿．
2) 川名英之：日本の公害NO.3.

（坂　清次）

6価クロム不法投棄事件

1. はじめに

　東京都の東部，荒川，東京湾と隅田川に囲まれる江東デルタ地帯の東の端，江東区大島9丁目は，元日本化学工業（株）の主力工場のあったところである．この場所は，昔からあった中川を掘り込み，河川の荒川が横切った形になっている．そのため，荒川から分かれ，また荒川に戻る旧中川によって東側小松川と西側大島に分けられている．

　大島側の地下に東京都交通局が地下鉄車庫を作るために，東京都がこの場所の買収の交渉を開始したのが1971年（昭和46年）から1972年（昭和47年）であった．東京都は，1972年，土地の所有者である日本化学工業から買収した同社のグランド跡地など2.7 haを買収した．

　工事開始まで放置されていた集水管から水が噴出，黄色い結晶が析出し，住民組織が調べたところ1975年（昭和50年）に至り，これが6価クロムと判断され，これが地下水汚染問題の一つとして連日報道されるようになった．また，それにより鉛の製造工程で出る6価クロムの公害問題が全国的に広がるきっかけともなった．

2. 問題の広がり方

　6価クロム問題は，当初，当該地区住民が黄色く結晶する浸出水を問題としていたのに対し，地下鉄車庫を作るための工事を推進中の東京都江東区区役所職員が6価クロムであることを発見し，埋められた鉱さいが発見されて問題となった．そこで，都の都市計画局と交通局は1975年（昭和50年）12月，鉱さいの廃棄者と推定される元のグランド所有者である日本化学工業に対し，土地を無害化するための費用などとして合計で13億3,600万円の損害賠償を求める訴訟を起こした．

　この訴訟に関しては，6価クロムの有害性をめぐって双方の主張が真っ向から対立し，10年余りの間に20回以上の口頭弁論，現場検証が繰り返されたが，判決までにあと何年かかるかわからない状態とされた．そのため，東京地方裁判所民事裁判長からも強い和解勧告があったほか，東京都自体も長期にわたる訴訟に耐えられないとして1996年（平成8年），都側と日本化学工業との間で13年の長期にわたっていた訴訟についてついに和解が成立した．

　そのときまとまった和解の内容は，1979年（昭和54年）3月，両者の係争中以外の土地について結んだ「鉱さい土壌の処理等に関する協定」に基づいて，問題のグランド跡地などの汚染土壌を処理するというものであった．協定に基づいて日本化学工業は，和解当時，東京都の指導のもとに100数十箇所とも200箇所ともいわれる都内各地に埋めたとされる総計38万4 m³の土地の鉱さいを除去して封じ込める作業を続けており，約70％に当たる27万 m³を約30億円掛けて処理をしてきていた．

　係争していた土地2.7 haには地下の一部に地下鉄車庫があるが，地表には構築物がほとん

どなく2003年（平成15年）7月現在でも公園か更地のままになっている．この2.7 haには約10万m^3の6価クロム鉱さいがあるとされ，これの除去には訴訟金額（13億3,600万円）にほぼ等しい額が掛かるとされていた（和解当時）．

3. 汚染状況と被害

6価クロムは，クロム鉛の製造工程で出る有害物質で，鼻中隔に穴が開いたり，皮膚に潰瘍ができたりする．発がん性，内分泌かく乱化学物質（環境ホルモン）の疑いも指摘されている．1915年（大正3年）に操業を開始した日本化学工業は，当時は環境汚染の原因となるという意識も低かったせいもあるが，都内の200箇所ともいわれる場所に6価クロム鉱さいを長年にわたって廃棄し続けた結果，今となってはその量や場所などが必ずしも明確でなく回収廃棄に大変な労力を浪費している．

6価クロムの場合も同じ傾向で，現在までのところ，土壌および地下水の6価クロム汚染は，最初の土砂捨象地の汚染に始まり，その土砂の再廃棄のための第二次土砂捨象地の汚染まで含めて相当範囲が確定されている．最初の土砂捨象地は，現在公園になっているが，最初の処理地跡では地中に放置された集水管から水が噴出し，その周辺に6価クロムが黄色い結晶となって漏出している．公園横の旧中川護岸にも漏出汚染地下水の跡があるが，基準値（0.5 mg/l）の200倍近くの濃度が検出された．しかし幸いなことに，最初の土砂捨象地を始めとして，すべての土砂捨象地や土砂捨象の近隣周辺土地の人体汚染は判明していない．

4. 各当事者の対応

4.1 一般的状況

東京都江東区は多くの川や運河に囲まれており，江戸時代はその水運を生かした商工業（木場，倉庫，問屋など）を中心に発展した．明治・大正時代に入ると，政府のとった殖産興業政策により，重化学工業を中心とした大規模工場（官営セメント工場，製材，鉄鋼業など）が数多く立地された．この結果，昭和30年代以降は，高度成長の副産物としての工場の水質汚濁，大気汚染，地盤沈下などが表面化し，工場移転などが相次いだ．その跡地には，公園や集合住宅，学校などが次々と建てられていった．そのような過程で，移転の跡地において土壌や水質汚染が問題化して行ったが，その中で最も一般的で代表的な問題がこの6価クロム問題であった．

一般的にいって，内分泌かく乱化学物質とは生殖や発生に関するホルモン系に作用して，それらの機能を阻害する生体外由来の物質（環境ホルモンという呼び名は俗称）の呼称である．旧環境庁は「環境ホルモン戦略計画SPEED'98」という表題のもとに，67の内分泌かく乱作用をもたらすと疑われている化学物質のリストを発表している（6価クロムは，この一覧表には含まれていない）．これは，社会に大きな反響を引き起こした．しかし，その後の観察で，「SPEED'98」の内分泌かく乱作用は土壌や水質汚染には顕著であるが，人間の健康度に対しては比較的少ないことが判明している．

4.2 住民・市民団体

6価クロムは，前述のような問題を含むと考えられていたが，日本化学工業は1915年（大

正4年）の工場建設後，一貫してクロム生産のために工程途中で出る6価クロムを含有する鉱さいを未処理のまま，当初は工場構内および周辺，その後は都内および全国各地に廃棄していた．東京都は，6価クロム問題が大きくなる前から当該地に都営地下鉄の地下駐車場建設の計画を持って日本化学工業と買収交渉をしており，1972年（昭和47年）には大島9丁目を買収した．

周辺の住民および市民団体は，6価クロム鉱さいが有害物質であること，それを含有する鉱さいは還元処理により無害化することが可能なことを早くから知っていた．しかし，1975年（昭和50年），工場跡地で東京都が買収して子供の遊び場となっているところが具体的な検証で6価クロムに汚染されていることがわかった段階で，そのことを大きく社会問題化した．

東京都と日本化学工業は，それ以後の裁判や和解などを通じ，1991年（平成3年）および1996年（平成8年）に購入した土地に埋められた6価クロムを還元無害化した後，さらにその上を粘土層などで覆って公園にした．しかし，周辺の住民および市民団体の調査により，すぐに土壌より6価クロムが検出された．不安を覚えた周辺の主婦らが1992年（平成4年）に「公園のクロムを考える会」を発足させた．この「考える会」を中心として，クロムの処理方法をめぐって東京都などを相手にした法廷闘争を続けるかたわら，公園周辺で毎月定期的に調査を続けている．

4.3 東京都（江東区）の対応

1977年（平成9年）に至り，6価クロム問題を契機として，1971年（昭和46年）にできた「廃棄物の処理および清掃に関する法律（廃棄物処理法）」が改正され，「汚染者負担の原則」が確認された．この精神に基づき，1979年（昭和54年），江東区は日本化学工業と「6価クロム鉱さい土壌の処理等に関する協定」を協定した．同時に，江東区を中心にして「二次公害防止協議会」を発足させ，6価クロム鉱さい処理工事に伴う粉塵の飛散や汚染水の流失などのモニタリングなどを行うことを始めた．

この作業の一環として，江東区が中心になって福島県に場所を求め，1995年（平成7年）6価クロムを1億4,000万円を掛けて処分をした．その前後，1994年（平成6年）には，江東区東砂の障害者施設建設予定地から新たに6価クロム鉱さいが発見された．また，2年後の1996年（平成8年），この建設工事現場から千葉県へ運ばれた建設残土から6価クロムが発見され，二次汚染が引き起こされていることが判明し，問題の拡大が指摘された．

東京都としては，2001年（平成13年）10月に至り，「都民の健康と安全を確保する環境に関する条例（環境確保条例）」を制定し，有害物質取扱業者や大規模開発事業者に対して，それぞれ土壌汚染調査の実施と汚染が確認された場合の土壌処理を義務づけることにした．

4.4 国の法的施策

これらに関連する国としての法的な施策はどのようなものがあったかを述べる．1977年（昭和52年）に，1971年（昭和46年）にできた「廃棄物の処理および清掃に関する法律（廃棄物処理法）」が改正されて「汚染者負担の原則」が確認されたことは既に述べたとおりである．

この法律および1994年（平成6年）に制定された「環境基本法」により，「土壌汚染に関する環境基準（91）」，「地下水の水質汚濁に関する環境基準（97）」，「土壌・地下水汚染の調査・対策指針（99）」などが継続的に制定された．さらに，2003年（平成15年）2月には「土壌汚染対策法」が施行され，市街地の土壌汚染・地下水汚染に特化した初の法律が施行された．

5. おわりに

　以上の一連のトレースから，この種の問題は放置されると企業の対応は困難になりやすく，行政の反応は遅く，その間，子供を中心に被害を受けることが読み取れた．住民を中心として長期の一貫した企業への注意の喚起，行政への監視が行われなければならないことが鮮明となった．

（本位田正平）

健康センター新築工事土砂崩壊事故

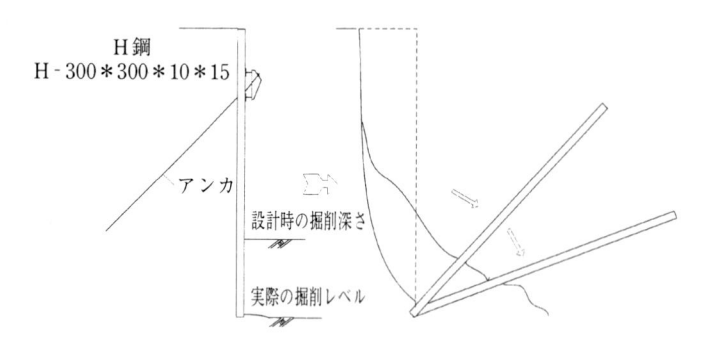

図1 N健康センター土砂崩壊の概要図

図2 N健康センター土砂崩壊の状況

1. 事故の概要

1989年（平成元年）5月，神奈川県内において，鉄骨鉄筋コンクリート造，地下1階，地上3階の工事現場で，深さ14mの根切り底で床付け作業などを行っていたところ，幅30mの土留め支保工のうち，中央の15mの部分が倒壊したため，約200 m^3 の土砂が崩壊し，作業員7名が生き埋めまたは親杭などの下敷きとなり，5名が死亡し，2名が負傷した（図1，図2）．

2. 事故発生の状況

2.1 事故発生に至るまでの経過

鉄骨鉄筋コンクリート造，地下1階，地上3階の本工事現場はA工区，B工区およびC工区の三つの工区からなっていた（図3）．災害が発生したA工区（東西17.6m，南北30.3m）の掘削工事の施工手順は次のとおりであった．

① 斜面のすき取り（地盤高の掘り下げ）
② 親杭の打込み
③ 一次掘削
④ 二次掘削（GL-4.25〜-4.75）
⑤ 補強用腹おこし，受けブラケットの取付け
⑥ 床付け作業開始（GL-6.25まで）
⑦ 床付け，基礎杭の杭頭処理作業（事故当日）

2.2 事故発生当日の状況

事故発生当日の午前中，床付け，基礎杭の杭頭処理作業を行っていたところ，午前10時頃，東面（山側）の親杭29本のうち北側から17本目から19本目の親杭の根元が見えていることが判明した．そのため，危険を感じた元請の現場担当者が，床付け終了後の捨てコンクリートの打設を早め，かつ厚さ30cmで広範囲に打ち，親杭，補強杭の根元を固めようと考え，当

図3 現場の平面図

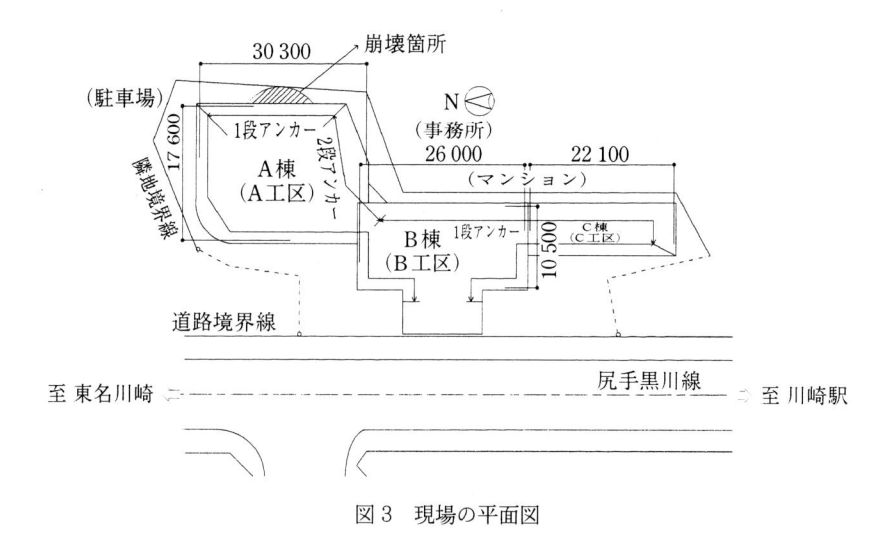

日の夕方，生コンクリートが搬入されるよう手配した．

　昼休み後の午後1時15分頃，幅30mの東面の土留め支保工のうち，中央の15mの部分が倒壊し，天端より7～8m，最大奥行き4mにわたって約200 m^{3}の土砂が崩壊した（図3）．そのため，深さ約14mの根切り底の東側で捨てコンクリート打設のための段取りを行っていた4名，西側で床付け作業を行っていた2名および床付け作業に伴う集土作業のためドラグショベルを運転していた1名の計7名が生き埋めまたは親杭などの下敷きとなり，うち5名が死亡，2名が負傷した．

　崩壊した東面には，土留め支保工として親杭（H形鋼）を1m間隔で計29本打ち込み，その間に木製の横矢板を挿入し，腹おこしとしてH形鋼を2本取り付け，その後方にアースアンカーを2mまたは3m間隔で12本設置していた．崩壊により，親杭のうち，北側寄り8本，南側寄り10本を除く計11本が倒壊した．

3．事故の原因

本事故の原因としては，次の事項が考えられる．

3.1　崩壊のメカニズム（崩壊の直接原因）

　親杭の根入れ不足の状態のままで床付け作業を行ったため，床付け面より親杭の下端が浮いている状態になった．しかしながら，親杭は後方からアースアンカーにより水平面に対し45°の角度で引っ張られているため，腹おこしの位置を支点にして親杭の下方が土圧により足ばらいを受けるような形になり，その結果，腹おこしが親杭から離れ，さらに腹おこしからアースアンカーの台座が脱落した．そのため，不安定になった土留め支保工に背面の土圧が全面的にかかり，その結果，土留め支保工が前方に倒壊し，大規模な土砂崩壊が生じたものと推定される．

　この事故の場合は，アンカーヘッド台座は親杭に取り付けたブラケット上にのった2本の腹起こしの間にはめ込まれていたが，変形の過程で台座などにねじりが生じると，設計の耐力を発揮し得ないうちに台座が外れ落ちてしまう危険性があったといえる．なお，親杭の前面には補強杭が設置されたが，崩壊時の荷重に対しては不十分であった．

3.2 親杭の根入れ不足を生じた原因

現場の東側は，GL＋5〜＋10mの小山状になっており，施工計画では，この小山をGL＋5m程度に掘り下げてから15mの親杭を打ち込むこととなっていた（床付けレベルはGL-6.25m）．しかしながら，元請の現場担当者が組立て図および地盤高を確認しないで地盤の掘下げを行ったため，掘下げ不足（GL＋8〜＋9m程度）のままで親杭の打込みを行うこととなり，結果として北側寄りの8本を除く21本の親杭の根入れが不足することとなった（図4）．

その原因としては，土留め支保工が施工された時期には作業所長は3現場を兼任しており，実質的には土留め工事の経験の少ない工事係員が施工管理を行っていたため，設計どおりに土留め支保工の施工が行われなかったことがある．

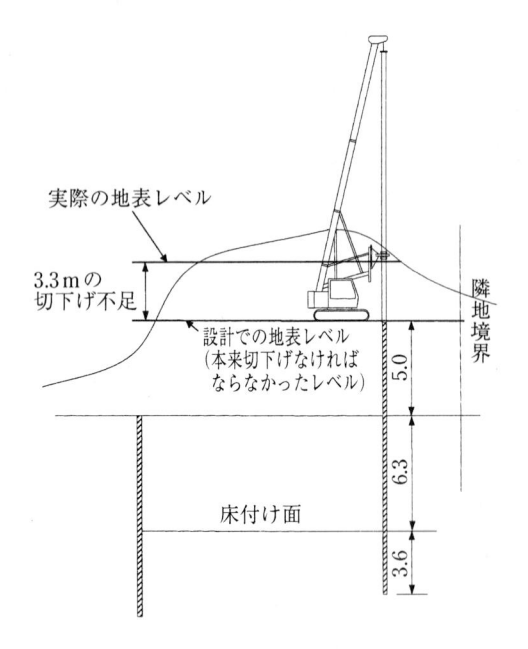

図4 親杭打設時に根入れ不足が生じた原因の説明図

3.3 その他の原因

(1) 現場の管理体制

事故発生当日の午前中に親杭の下端が見えていることが判明していたにもかかわらず，作業中止および作業者の立入禁止の措置を講じなかった．また，土留め支保工の強度計算については，崩壊箇所のボーリングデータがないままで下請に計算させており，さらに土留め支保工の計測管理についても，親杭の最上部に張ったピアノ線による目視点検は行われていたが，傾斜計，トランシット，土圧計，ひずみ計，その他の機器による監視は行われていなかった．

(2) 支店などの管理体制

工事の施工についてはほとんど現場に任せられているため，現場の施工が施工計画どおりに行われているか否かをチェックする機能が支店および工事所になかった．具体的には，土留め支保工の設計，施工について，元請としてマニュアル，安全基準などで具体的なものは作成しておらず，また支店の山留め委員会の指摘事項も，現場に対して一方的な指示にとどまっていた．

4. 再発防止対策

本事故の直接原因は前述のとおりであり，簡単にいえば，土留め支保工の親杭の根入れ不足という原因に安全衛生管理体制などの原因が絡み合って発生したものである．

以下に，再発防止対策を述べることとするが，本事故に限定した防止対策だけでなく，事故に関連する基本的な土砂崩壊災害防止対策全般にも言及することにする．

4.1 地質などの調査

掘削工事は，自然地盤を対象とするだけに，着工前および施工中の地質などの調査は不可欠

なものである．本工事現場においては，ボーリングデータは基礎杭打設のための1箇所（GL＋0～－15mの部分）だけしかなく，崩壊箇所（GL＋5～＋10mの地山）については地質などの調査を実施していない．本工事現場のように，近くに川があり現場が傾斜地となっている場合，土留め支保工の設置箇所の地質などの状況が明らかでないときは，当該箇所について十分な地質などの調査を行わなければならない．

また，工事の進行に伴い，掘削時に確認した実際の地質などと着工前の調査結果を照合し，設計や施工計画の基礎となっているデータと食違いが発見されたときは，施工計画の変更，部材の補強などの措置を講ずることが重要である．

4.2 土留め支保工の設計

本工事現場においては，土留め支保工の設計の段階で，アースアンカー2段で施工する予定であったものを1段にしたり，親杭のH形鋼の断面のサイズを下げるため土圧計算に用いる側圧係数を0.3から0.2にしているように，主として資材の調達上の理由，経済的な理由から土留め支保工の設計が行われている．

また，親杭の転倒に対する抵抗を考えるうえで安全率を1.2とし，親杭の根入れ長を3.6mとしているが，砂質泥岩層に挿入されるのは親杭の先端のわずか30cmにすぎず，この30cmの部分で全体の低抗モーメントの約4割を占めることとなっている（図5）．そのため，30cmの親杭の打込み不足があった場合には，同様の計算方法によると安全率が1を下回り0.7となるため，このような設計は好ましいものではない．なお，これらの計算はコンピュータで行われているため，アウトプットされた計算結果は一見間違いがないように思える．この場合も，全記のように受働側の土圧の一部が異常に大きな値となっていることを見逃したのも，コ

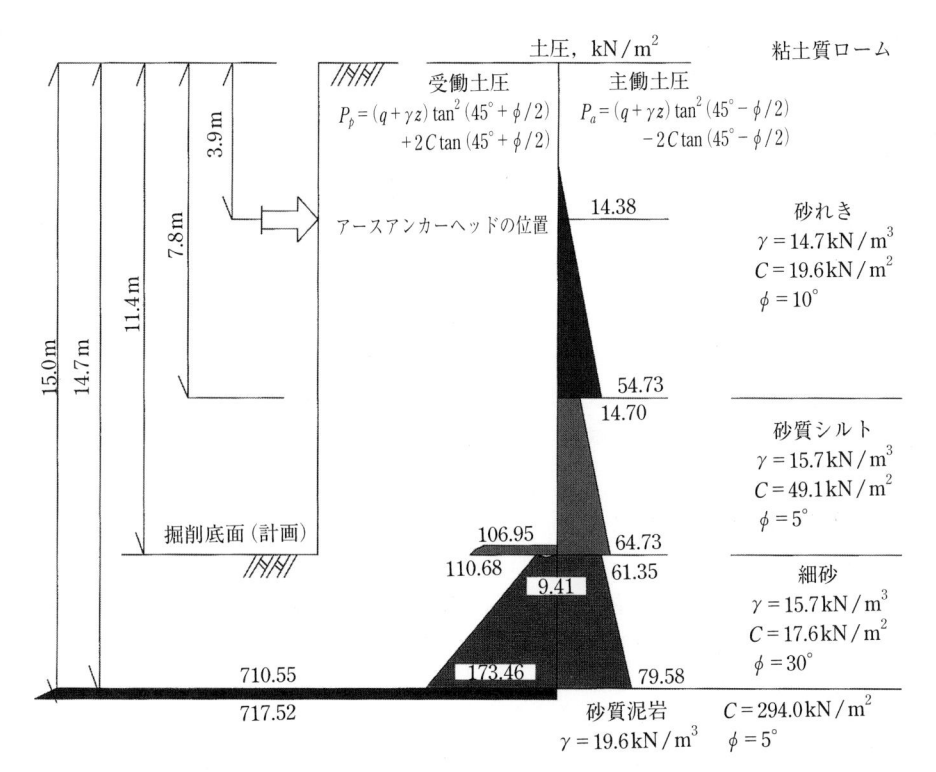

図5　設計時の土圧分布

ンピュータの計算結果を過信したものと思われる．コンピュータの計算プログラムは，このような場合，注意を促すようなシステムとして構築されている必要がある．

さらにいえば，1段式のアンカーは，何らかの理由でアンカーがその効力を失った場合，根入れ部を除くと，その時点で地盤を支えるものがなにもなくなってしまう危険性を孕んでいる．やむを得ず1段式のアンカーを採用する場合は，必要な根入れを確保するとともに，十分な強度を考慮した設計と慎重な施工が必要とされる．仮設構造物については，ややもすれば，このように経済性を重視したぎりぎりの設計が行われがちであるが，労働災害の防止という目的を考えれば，当然，工学的観点からの安全性を優先した設計がなされるべきであろう．

4.3 土留めの施工管理

土留め支保工の部材の材質，寸法，配置，取付け時期，取付け順序などを明記した組立て図を作成し，その組立て図どおり施工することが基本である．さらに施工段落においては，組立て図どおりに施工され，所定の地盤に打ち込まれていることなどを必要に応じ計測などにより確認し，施工精度の確保を図ることが重要である．

また，本工事現場においては，一次掘削終了後親杭の根入れ不足に気づいたため，東面の土留め支保工の前面に補強杭を5本打ち込んでいる．しかしながら，この補強杭についてはその効果について十分な検討も行わず設置したものである．施工ミスに気づいたときは，そのミスの内容を十分に把握し，その場しのぎの対応に終わることなく慎重に検討を行い，早急に有効な対策を講じなければならない．

具体的には，土砂崩壊の危険性の高い掘削作業を行う場合には，掘削作業，土留め支保工について十分な知識，経験を持った者を現場に配属するとともに，その施工内容についてチェックできる体制を確立することが必要である．

4.4 労働災害発生の急迫した危険がある場合における対応

親杭が浮いているということは土留め支保工の倒壊に直結する重大な事態であり，このような場合には，安易な補強方法に頼らず，直ちに作業を中止し，慎重に対策を検討すべきである．対策例としては，法尻に押さえ盛土として埋め戻しを行い，受働土圧を十分確保してから作業を続行することなどが考えられる．

4.5 土留め支保工の計測管理

土留め支保工の計測は，施工中の周辺地盤の変位，土留め支保工に作用する荷重，土留め支保工の変形，応力などを測定して設計上の諸条件と対比し，危険な事態に至らないように対応することが目的である．したがって，土砂崩壊の危険性の高い掘削工事においては，目視点検だけでなく，必要に応じ，傾斜計，土圧計，ひずみ計，その他の機器による監視を行うべきである．

4.6 支店などの安全管理体制

仮設構造物については，「仮設」という性格のため本設の構造物に比べ安全対策が軽視されがちである．しかしながら，土留め支保工，その他の仮設構造物は，現場の安全施工上不可欠なものであることを認識し，その設計，計算，施工について現場担当者や下請業者に任せてしまうのではなく，元請としてマニュアル，安全基準を作成するなど，現場に対する指導体制を充実しなければならない．

さらに，工事計画の作成，実際の施工などの具体的内容は現場に任せられているのが実情であろうが，重要な設備については，現場の施工が計画どおりに行われているか，その施工内

容についてチェックできる体制を店社（作業所の指導，支援および管理業務を行う本社，支店などの組織）に設けるべきであろう．具体的には，一定の事項については，現場から店社に対して報告したり，協議するシステムの創設などが挙げられる．

また，店社が行う安全パトロールについても現場の不安全箇所の指摘にとどまることなく，現場の施工管理上の問題点を把握するよう，その手法について工夫をすることも必要であろう．

5．土砂崩壊事故の防止対策の方向

大規模な掘削工事において，土留めの崩壊による労働災害は，変状が収束せずに急激で大きな変形や，急激な泥水の流入などが起こる場合，すなわち不安定さが加速し，避難が間に合わなかった場合に発生するといえる．労働災害を防止するうえで，確実に避けなければならないのは急速に発生する大変形である．通常，事故に至らないような変形は，その変化が比較的緩慢であるため対応が可能であるが，人的被害に至る例では変形が急激に進んだと考えられる．変状が収束するのか，加速度的に大きくなるものかを予測し，早めに手を打っておくことが必要であり，その見極めが必要となる[1]．

合理的な冗長性（Redundancy），たとえばフォールトレランス（冗長系による高信頼化の方法，つまり故障が発生することを認めるが，他の系でこれをカバーして，システムとして障害のないようにするアプローチ．基本的には多重系を構成する）やフェールセーフ（アイテムに故障が生じても安全性が保持されるように配慮する設計思想）の概念を建設の分野にも導入することが重要になってくるだろう[2]．情報化施工などを組み入れて全体系として安全であるような合理的な設計・施工を行うことが求められているといえる．

参考文献

1) 豊澤康男：総説 労働災害から見た山留めトラブル，基礎工，pp. 8-14 (1996-4).
2) J. O. Osterberg : "Necessary Redundancy in Geotechnical Engineering (The Twenty-First Karl Terzaghi Lecture)", Journal of Geotechnical Engineering, Vol. 115, No. 11, November (1989).

（豊澤康男）

国分川分水路改修工事現場トンネル水没事故

1. 事故の概要

　1991年（平成3年）9月，千葉県松戸市二十世紀ケ丘のトンネル工事現場でトンネルの水没による死亡事故が起きた．発注者の千葉県は，真間川流域の洪水対策事業の一環として，国分川の洪水の一部を江戸川へ放流する国分川分水路の建設事業を進めていた．全長3362 mの分水路のうち，トンネル区間は2555 m，掘削断面積は約60 m^2，完成時の水路の直径は7.6 mである．

　工事は，幾つかの工区に分けて発注されており，当時はトンネル入り口（坑口）から上流側の水門工事（松戸市和名ケ谷地先）を清水建設が担当していた．トンネルは下流側と上流側が完成し，残された区間を両側から掘り進めていた．中間縦坑を作業基地として，下流側に向かって作業していたのが飛島建設である（図1）．千葉県土木部は，出先機関として市川市高谷2丁目に真間川改修事務所を設け，工事の管理・監督に当たっていた．

　事故の起きた9月19日は，台風18号の影響で朝から雨が降っていた．雨は夕方から激しくなり，水門工事現場に近い和名ケ谷用水路から水があふれ，水門工事現場の掘削地に流入した．午後5時18分頃，掘削地に溜まった水の圧力でトンネル入口の仮締切り構造物が破壊して，トンネル内にいた飛島建設の社員や下請け会社の成豊建設の作業員など，計7人が溺死した．事故直前の現場の様子については証言者によって食い違う部分もあるが，裁判の記録などをもとに主なやり取りを再現してみる．

- 16：00 PM 過ぎ：雨が激しくなり，和名ケ谷用水路から水があふれ，水門工事現場の掘削地に流れ込む．
- 16：30 PM 頃：掘削地に流れ込む水の量が多くなる．
- 16：52 PM 頃：水門工事現場の清水建設の担当者から，真間川改修事務所にいた国分川建設課長（以下，県の課長）に電話で「用水路側から水が入り，仮設道路を4〜5 mの幅でオーバーフローしてきた．水の勢いが強くて止められそうにない」という内容の電話が入る．

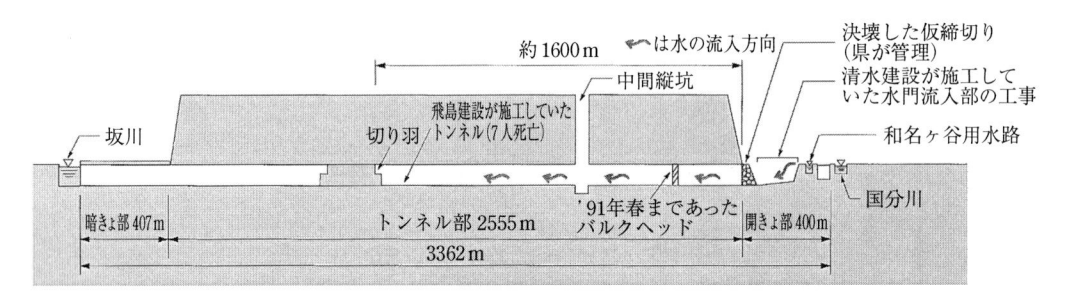

図1　事故当時の国分川分水路の概要

- 16 : 55 PM 頃：県の課長がトンネル工事を担当する飛島建設の現場代理人に電話をかけ，「上流の水門工事現場の方で，周りにある土手が崩れて水門工事現場に水が流れ込んでいる．清水建設が土のうを積んでせき止めている」などと連絡．飛島建設の現場代理人が部下にトンネル作業の中止を指示．
- 17 : 00 PM 頃：県の課長が再度，飛島建設の現場代理人に電話をし，「今後は清水建設と直接，連絡を取り合ってほしい．まだ大丈夫ですから，切り羽（トンネル先端の掘削面）の吹付けをしてください」などと伝える（裁判で県の課長は「大丈夫ですから」とは言ってないと主張）．電話を受けて，飛島建設の現場代理人が切り羽の吹付けを部下に指示した．その後，飛島建設の現場代理人は，仮締切りのある水門工事現場に自ら車で出向いて状況を確認．危険を察してトンネル内作業の中止と緊急避難を同行した部下に指示する．
- 17 : 14 PM 頃：飛島建設の現場代理人が，清水建設の作業所から飛島建設の作業所に電話をかけ，切り羽吹付け作業の中止と緊急避難を重ねて指示．
- 17 : 18 PM 頃：掘削地に溜まった水の圧力で仮締切りが破壊．トンネル内に水が流れ込んで，飛島建設の社員や下請け会社の作業員ら7人が溺死．

2．裁判所の判断

　事故から3年以上経った1995年（平成7年）2月には，工事を監督・管理する立場にいた千葉県真間川改修事務所の課長が千葉地方検察庁に業務上過失致死容疑で逮捕された．その後，起訴され，裁判が始まる．裁判では，事故は予見できたか，作業を中止してトンネル内の人たちを緊急退避させる注意義務があるかなどが争点となった．翌年10月，千葉地方裁判所は，県の課長に対して禁固1年6月の実刑判決を下した．発注者の災害防止義務と事故の予見可能性を認めたうえで，事故直前に県の課長から飛島建設に電話で伝えられたとされるトンネル切り羽のコンクリート吹付け指示を作業継続指示と位置づけ，「不適切極まりない」と断じた．

　控訴して争った東京高等裁判所では，1998年（平成10年）4月，一審判決を破棄し，禁固2年，執行猶予3年の有罪判決が下された．県の課長の弁護団は，現場から約12 km離れた事務所にいた課長に「大丈夫ですから」という発言ができるはずがないと主張し，県の課長も発言を否定した．これに対して裁判所は，課長の電話の内容は過失の成否に影響がないと説明した．吹付け指示が過失に当たるのではなく，緊急退避させなかったことが過失であると判断した．県の課長は判決を不服として上告したが，2001年（平成13年）2月に最高裁判所が上告を棄却して有罪が確定した．

3．仮締切り破壊のメカニズム

　千葉県が設けた国分川分水路事故技術調査委員会は，1992年（平成4年）9月，設計水位を上回る出水が仮締切り構造物が破壊した直接の原因だとする結果をまとめた．仮締切り構造物は，水門が完成するまでの仮設構造物として設置されていた．図2に示すように，H形鋼に木製の板（土留板）などを組み合わせて坑口をふさぎ，前面に大きな土のうが積み上げられていた．H形鋼は，アンカーボルトを用いて坑口のコンクリート構造物に固定する構造であ

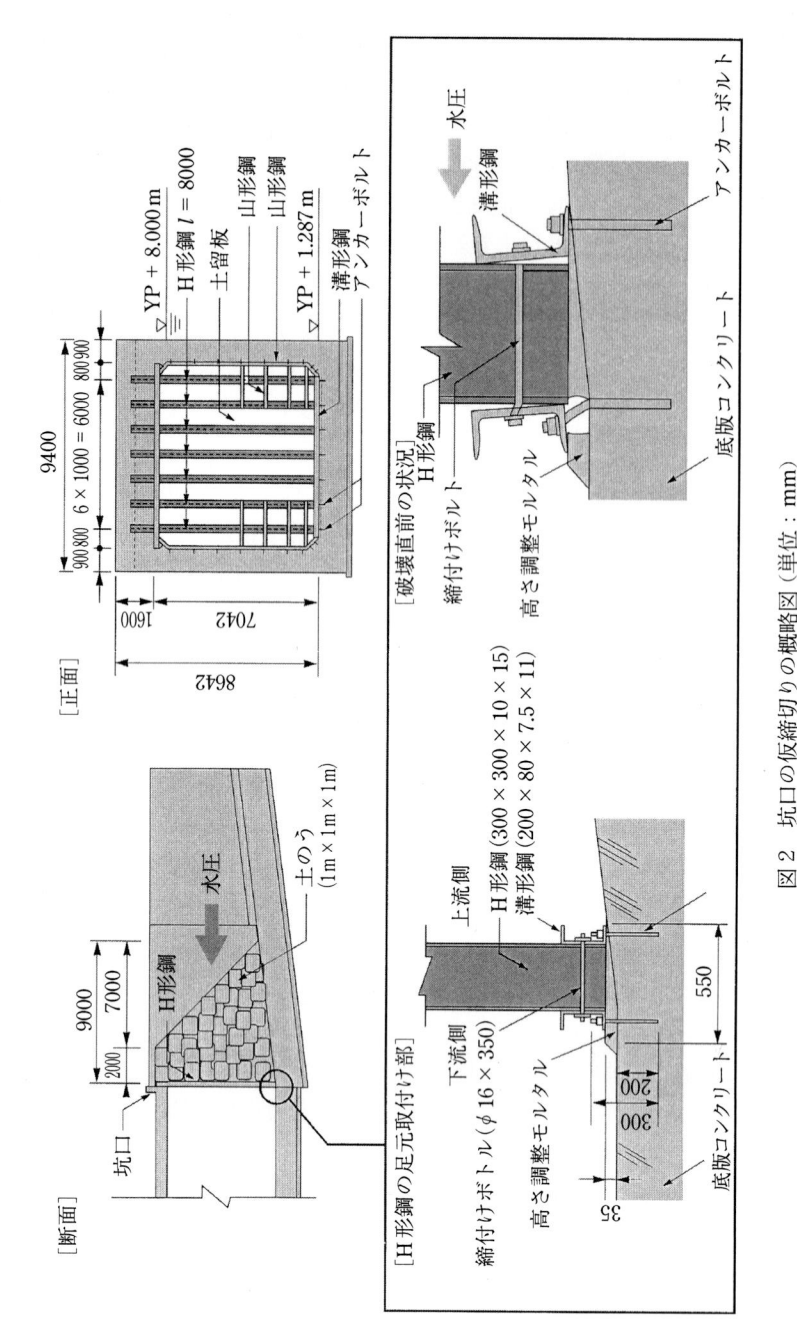

図2 坑口の仮締切りの概略図（単位：mm）

る．なお，H形鋼の下端の取付け部には，高さを調整するためのモルタルが敷かれていた．調査委員会が示した主な要因は以下のとおりである．
(1) 仮締切りが破壊する前の水位は，設計水位を少なくとも35 cm超えていた．
(2) 仮締切りをトンネル入口のコンクリート構造物に固定するアンカーボルトの材質と本数は，設計で想定した「SD295A」16本が，施工では強度が低い「SS400」14本になり，仮締切りの耐力が不足していた．
(3) H形鋼の下端取付け部の高さ調整モルタルが破壊した．
(4) 仮締切りに使われたH形鋼と溝形鋼をつないだ締付けボルトの上流側ナットのかかり具

合が不十分だった可能性が高い．

調査委員会は，設計水位（YP＋8.00 m）を上回る出水という直接の原因に，これらの要因が複合して仮締切りが破壊したと推定した．ただし，こうした要因を持った仮締切り構造物でも，設計水位であれば破壊しなかったと説明した．設計水位は，千葉県が過去3年程度のデータをもとに決めたものであるが，調査委員会は設計水位の適否について言及しなかった．

一方，産業安全研究所は，事故後，仮締切り底部の実物大の部分模型実験を行った．その結果，荷重の増加に伴って高さ調整モルタルにひび割れが発生し，仮締切りの底部が変形することを明らかにした．実験を踏まえて産業安全研究所は，モルタルに引張応力が作用するような構造にした設計上のミスが，仮締切り構造物の破壊を招いたという見解を示した．

4．事故の背景

事故の調査委員会は，仮締切り構造物の破壊に焦点を絞り，技術的な観点から事故の原因を探った．裁判所は，過失の有無について審理し，判決を下した．調査委員会の調べや裁判の過程で，事故の背景やメカニズムは少しずつ明らかになった．しかし，これで事故が総括できたわけではない．

以下では，事故の調査委員会や裁判では言及されなかった問題も含めて，事故を見つめ直す．

4.1　迅速な連絡の妨げとなった発注者と請負者との関係

結果論であるが，危険をいち早く察知してトンネル内の人たちを避難させていれば，事故は起きなかった．その妨げになったのは，危険の兆候を最初に知る人（清水建設）と，情報を受けて判断する人（発注者である県の課長），そしてトンネルの作業者に直接，避難指示を下す人（飛島建設）が異なっていたからだと考えられる．

連絡は，まず清水建設から県の課長へ，次に県の課長から飛島建設へと伝えられた．当時，県の課長がいたのは現場から遠く離れた真間川改修事務所である．清水建設の現場と飛島建設の現場は車で約5分の距離である．現場を見ることができない県の課長を間に入れて緊急時のやり取りをしていたことも，判断を遅らせた要因といえるだろう．

もし，トンネル作業を請け負っていた飛島建設が，早い段階から水の流入する掘削地の現場を見て自ら判断を下していたら，結末は違っていたかも知れない．

4.2　避難を遅らせた切り羽の吹付け

裁判の過程では，切り羽へのコンクリート吹付け指示が作業を継続させることになり，死亡事故を招いたと指摘された．これに対して，トンネル工事の専門家からは「吹付け指示は避けられなかったのではないか」という意見も寄せられた．

切り羽の吹付け作業は，掘削面が崩壊するのを防ぐために施される．このトンネルの土質は，崩れやすい細砂だった．おまけに，トンネルは地表面から15 m程度の浅い場所で掘られており，ほとんどの区間が市道の下に位置していた．切り羽の吹付けをしなければ，トンネルが水に浸かったときに道路や地盤の陥没を招くことは必至であった．事実，トンネルが水没した翌日には，道路が大きく陥没し，付近の住民が避難する騒ぎになった．

切り羽の吹付けをせずに工事関係者が退避し，道路陥没を招いて一般の人が死傷していたら，工事関係者はマスコミから強い非難を浴びたことだろう．地盤の陥没に対する心配が「切り羽を吹き付けた後の避難」という，当初の判断につながったと考えられる．

4.3 雨の日も作業をするトンネル工事

松戸市の事故前3時間の連続雨量は86 mmを記録した．この日の雨量は211 mmに達した．日雨量では過去10年間で最高の数値であった．事故直後，警察署の担当者は「台風が来て大雨が降っているのだから，作業を中止するのは常識じゃないか．ましてや，治水工事で水が集まるのはわかりきったことだ」と話した．

しかし，屋外で行う土木工事と違って，トンネルでは雨の日も作業をするのが通例である．飛島建設のトンネル現場では，その日も，いつものように作業を始めた．同社は「洪水多発地域に分水路を造るという工事の目的や雨に警戒を要する地域であることを認識していたが，仮締切り構造物がトンネル内への水の流入を防ぐと信じて作業を続けた」という内容の記述を事故の顛末書に残している．大雨が降ってからではなく，たとえば大雨の予報段階で作業中止を判断するなど，通例を見直す議論も必要である．

4.4 作業効率を重視して撤去したバルクヘッド

トンネルの入口から飛島建設の工区までの間には，1991年（平成3年）の春までバルクヘッドと呼ぶ地山の壁が残されていた．仮締切り構造物は，その代わりに設けたものである．千葉県の担当者は，水門工事が始まってからではバルクヘッドを撤去するための機械や土砂の搬出に不便になるので，仮締切りを設けたと説明している．

これに対して，飛島建設の事故の顛末書にはこんな記述がある．「1991年1月，バルクヘッドの撤去工事を真間川改修事務所より依頼されたが，当社は拒否するとともに安全性重視の観点から存置を要請いたしました」．

効率の追求は作業の常であるが，バルクヘッドを取り除かれなければ，水は切り羽まで及ばなかったといえる．

4.5 仮締切り設計・施工段階のすれ違い

裁判では，仮締切りの安全性の確保について，県の課長が必ずしも十分な関心と注意を払ってきたとはいえないと指摘された．県の課長は，建設コンサルタントである建設技術研究所の担当者にバルクヘッドの撤去工事の設計を依頼した際，仮締切りの設計を明確に指示せず，その後になって急に設計を指示した．しかし，現場では設計図どおりに施工できなかった．コンサルタントの担当者が現場を確かめていなかったからだという．結局，清水建設が設計を変更することになり，強度計算書の閲覧を県の課長に求めた．ところが，見せてもらえなかった．清水建設が，事故後にその当初の計算書を見ると，実際に現場に設置したボルトよりも強い材質のボルトを使う計算になっていた．すなわち，県が建設コンサルタントに委託して設計したときのボルトの強度と本数が施工者に伝わらなかったわけである．

当時の記録を見る限り，「仮締切りがトンネル作業者の命を守る最後の砦」という強い意識が工事関係者にあったとは感じられない．発注者，設計者，そして施工者と作業が進む間に，重要な情報が伝言ゲームのようにあいまいになっていったようにも思える．安全の専門家からは，「トンネル内で作業をする飛島建設が自ら仮締切り構造物を設計・施工していたら，こんな事故にはならなかったはずだ」という意見も寄せられた．

4.6 計画段階の選択で危険が増すことも

建設工事には，品質を保ちながら，安全に，より早く，より安く造ることが求められる．といっても，実際にそれぞれのバランスを取るのは難しい．コスト圧縮や工期短縮を優先することによって工事の難易度が高くなり，危険な要素が増えることもある．さかのぼれば，国

分川分水路事業の計画段階にも，そんな局面があった．

　これも結果論であるが，トンネルを下流側から上流側に向けて掘り，最後にトンネルの入口部分を貫通させる手順にしていれば，トンネルに水は入らなかった．それをしなかったのは，工期短縮と早期完成を優先したからである．幾つかのトンネル工法がある中で，当初，国分川分水路のトンネルは円筒形の機械で掘り進むシールド工法で検討していた．それが，切り羽にコンクリートの吹付けが必要なNATM（ナトム）工法になったのは，経済性を優先したからである．こうした計画段階の選択も事故の遠因だといえる．

【事故の顛末】
- 1992年9月19日：トンネルの水没によって7人が死亡する事故が発生
- 1992年8月21日：事故から約11ヵ月ぶりに工事を再開
- 1992年9月10日：国分川分水路事故技術調査委員会が，「設計水位を上回る出水が直接の原因」との報告書をまとめる
- 1993年9月10日：千葉県警察の捜査本部が千葉県真間川改修事務所国分川建設課長（当時）を業務上過失致死容疑で千葉地方検察庁に書類送検．柏労働基準監督署は，切り羽付近で警報音を聞くことができる有効な設備がなかったことなどを理由に，飛島建設と同社の現場代理人を労働安全衛生法違反容疑で千葉地検に書類送検（1994年9月に罰金刑が確定）
- 1994年3月22日：国分川分水路が完成
- 1995年2月7日：千葉地検が証拠隠滅の恐れがあるなどの理由で，県の課長を業務上過失致死容疑で逮捕．県土木部などを家宅捜索
- 1995年2月27日：千葉地検が県の課長を業務上過失致死罪で起訴
- 1996年10月29日：千葉地方裁判所が禁固1年6月の実刑判決を言い渡す．県の課長は控訴
- 1998年4月27日：東京高等裁判所が禁固2年，執行猶予3年の判決．県の課長は上告
- 2001年2月7日：最高裁判所が上告棄却．県の課長の有罪が確定

参考文献

1) 千葉県土木部河川課真間川改修事務所：国分川分水路事業パンフレット．
2) 飛島建設：事故発生に関する顛末書（1991年9月）．
3) 第121回国会衆議院「建設委員会議録第二号」（1991年10月3日）．
4) 国分川分水路事故技術調査委員会：国分川分水路事故技術調査委員会報告書要旨（1992年9月10日）．
5) 千葉地方裁判所刑事第二部「国分川分水路事故刑事事件第一審判決」（1996年10月29日）．
6) 東京高等裁判所第五刑事部「国分川分水路事故刑事事件第二審判決」（1998年4月27日）．
7) 木嶋康雄ほか：トンネルと地下，Vol.20, No.7（1989年7月）．
8) 菅　健彦：日経コンストラクション, p.150（1991年11月22日号）．
9) 菅　健彦：日経コンストラクション, p.50（1992年10月23日号）．
10) 菅　健彦：日経コンストラクション, p.96（1996年12月13日号）．
11) 菅　健彦ほか：日経コンストラクション, p.51（1997年8月8日号）．
12) 菅　健彦：日経コンストラクション, p.30（1998年5月22日号）．
13) 豊沢康男：日経コンストラクション, p.46（2001年5月11日号）．

（菅　健彦）

横浜市立大学附属病院患者取違え事故

1. 事故の概要

　1999年（平成11年）1月11日，横浜市立大学附属病院において，2人の患者の手術を行う際，それぞれ本来行うべき手術を両者を取り違えて手術を行った．手術を取り違えられたのはA氏，B氏で，それぞれ，A氏は心臓疾患のため僧帽弁形成術または僧帽弁置換術を行うこととなっており，B氏は肺疾患のため右肺上葉切除術を行う予定となっていた．直接の原因は，病室から患者を手術室に運ぶ病棟看護士から手術室看護士に受け渡す段階で，カルテを入れ違えたことによるものである．この事故を契機として，その後，一連の医療事故が白日のもとにさらされるようになり，医療事故への国レベルでの対策が本格化されるきっかけとなった．

　この事故により，多忙を極める看護士業務，患者と医師の希薄なコミュニケーション，患者の確認体制と手段などの問題が提起され，医療現場がいかに多くのミスの原因を抱え，これまで十分な対策が検討されてこなかったかが問いかけられた．この事故も，患者，看護士，医師の間の連携や病院の人員配置の問題など組織要因が関与した組織事故とみることができる．その意味で，直接的な原因ばかりでなく，それを引き起こした間接的な要因，また背後に横たわる要因についても言及する．

　また，本稿においては，横浜市により詳細な事故報告書が公開されている[1]ため，それに基づいて検討を行った．

2. 事故の経緯

2.1 病棟から手術室までの移送

　はじめに，事故の概要を図1に示す．事故当日は，当該病棟（第一外科）では，3件の手術がいずれも同時刻の午前9時から予定されていた．なお，病院全体では同9時から9件の手術が予定されていた．

　午前8時20分頃，深夜勤務の病棟看護士（D）ともう1人の看護士がエレベータまで搬送し，もう1人の看護士が呼出しを受けたため，看護士（D）は1人で手術室のある4階エレベータホールまで運んだ．このとき，看護士（D）は第一外科の手術患者3人全員を手術室まで運ぶ必要があり，最初にA氏，B氏を運び，次にC氏を運ぶ予定であった．看護士（D）は手術室交換ホールまで2台のストレッチャを交互に動かしながら移送した．病院の規定では，1人で2台のストレッチャを運んではならない規則になっていたが，過去にも状況によっては1人の看護士が2人の患者を同時に運んだことはあったようである．

2.2 手術室交換ホールでの患者の受渡し

　病棟看護士（D）は，手術室ホールに到着後，2人を2台のハッチウェイ（ベルトコンベアに

2. 事故の経緯

概要	事故番号　発生日時（曜日）　所在地
	平成11年1月11日、横浜市立大学附属病院で心臓手術患者と肺手術患者を手術ホールで取り違え、取り違えたまま手術をおこなってしまった。この取り違え事故は、大きな波紋を呼び、医療事故が大きくクローズアップされるきっかけとなった。この事故は、患者を生身の人間として識別しない状況、多忙な業務、硬直化したルール、明確な患者識別法の欠如などの問題により生じた
背景	・医療関係者と患者のコミュニケーション、・多忙な業務の中でのルール違反の黙認、・確実な患者確認方法の欠如、・過去の同種事例の水平展開されず

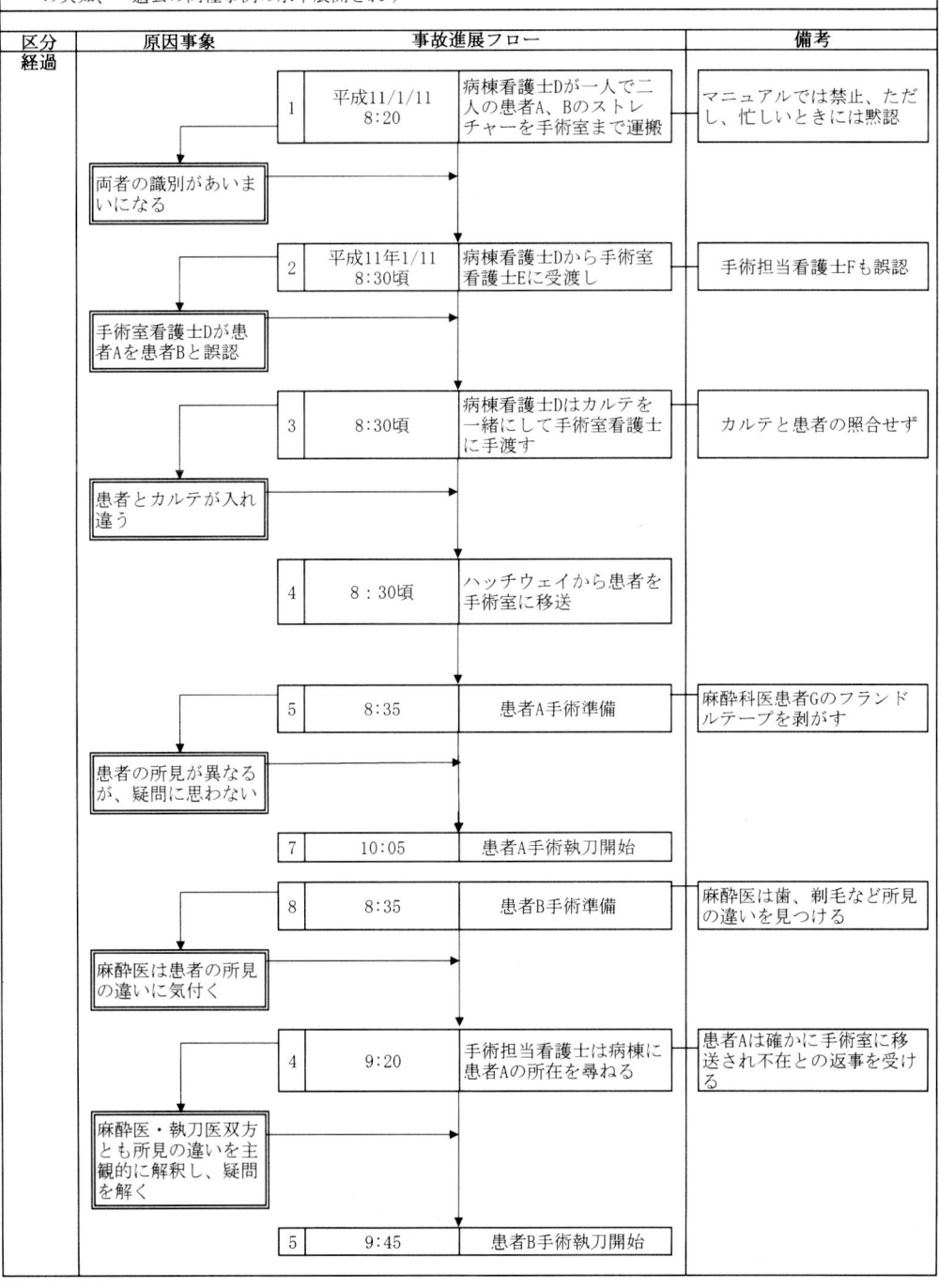

区分	原因事象	事故進展フロー	備考
経過		1　平成11/1/11 8:20　病棟看護士Dが一人で二人の患者A、Bのストレッチャーを手術室まで運搬	マニュアルでは禁止、ただし、忙しいときには黙認
	両者の識別があいまいになる		
		2　平成11年1/11 8:30頃　病棟看護士Dから手術室看護士Eに受渡し	手術担当看護士Fも誤認
	手術室看護士Dが患者Aを患者Bと誤認		
		3　8:30頃　病棟看護士Dはカルテを一緒にして手術室看護士に手渡す	カルテと患者の照合せず
	患者とカルテが入れ違う		
		4　8:30頃　ハッチウェイから患者を手術室に移送	
		5　8:35　患者A手術準備	麻酔科医患者Gのフランドルテープを剥がす
	患者の所見が異なるが、疑問に思わない		
		7　10:05　患者A手術執刀開始	
		8　8:35　患者B手術準備	麻酔医は歯、剃毛など所見の違いを見つける
	麻酔医は患者の所見の違いに気付く		
		4　9:20　手術担当看護士は病棟に患者Aの所在を尋ねる	患者Aは確かに手術室に移送され不在との返事を受ける
	麻酔医・執刀医双方とも所見の違いを主観的に解釈し、疑問を解く		
		5　9:45　患者B手術執刀開始	

図1　事故の進展フロー

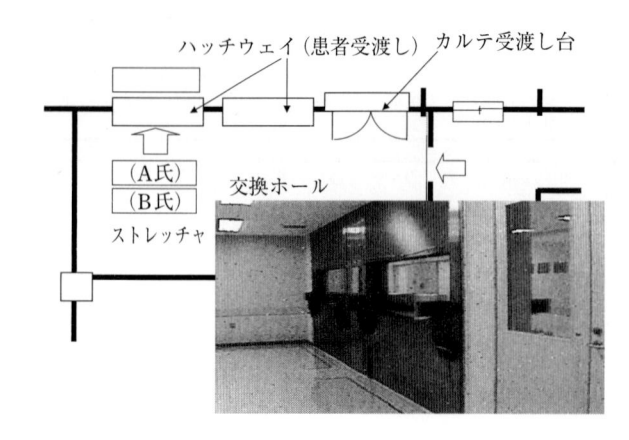

図2 手術ホールの位置関係とその現場写真（ハッチウェイおよびカルテ受渡し台）

よる患者移送口）に2人を並べ，担当の手術室看護士（E）に伝えた．看護士（E）は，患者（A）に向かって「Bさん，おはようございます」と声をかけた．その後，看護士（D）は，患者（A）をハッチウェイに乗せ手術室に送った．

手術室側では，看護士（E）は，「金曜日にお伺いした看護士（E）です．Bさん（患者）よく眠れましたか」と声をかけ，患者（A）は，「はい」と答えた．続いて，病棟看護士（D）は患者（B）さんをハッチウェイに乗せた．また手術担当看護士（F）は，患者（B）に，「Aさん，寒くないですか」と問いかけ，患者（B）は，「暑くはないね」と答えた．ここでは，手術室看護士（E）は，3日前に患者（A），（B）を訪問し面談しているが，両者を識別できるほどよく覚えていなかったようである．また，手術担当看護士（F）は，2人の患者とは面識がなく，手術室看護士（F）が話しかけた際に，A氏をB氏と思い込んだようである．

2.3 カルテの受渡し

病棟看護士（D）は，患者（A），（B）の手術担当看護士への申し送りをハッチウェイ横にあるカルテの受渡し台で行った（図2）．そのとき，看護士（D）は，患者（A），（B）のカルテを一緒にして渡した．手術担当看護士は，それぞれ自分の担当の患者のカルテを手術室に運んだ．つまり，カルテは本来の執刀対象者のものを持っていったことになり，患者だけが入れ違ったことになる．

2.4 手術室にて

（1）患者（A）の手術の経緯

肺疾患のため，右肺上葉切除術を行う予定となっていた患者（B）の手術をするはずであった手術室には患者（A）が運び込まれていた．麻酔科医（G）は患者（A）の背中に貼られていたフランドルテープを見つけたが，「何だ，このシールは」といってはがした．このフランドルテープは，狭心症の予防薬で，テープから皮膚を通じて薬成分が吸収される形式であり，心臓病患者に特有のものである．

執刀医の中には，主治医グループのメンバー（研修医）も含まれていたが，患者の顔を見ても気づかなかった．また，開胸手術においても，患者（B）の腫瘍があると思われる箇所に嚢胞状病変が認められたので，そこを切除して終え，術前の所見と変わらず何の疑問も持たなかった．

（2）患者（B）の手術の経緯

心臓肺疾患のため，僧帽弁形成術または僧帽弁置換術を行うこととなっていた患者（A）の手術をするはずであった手術室には，患者（B）が運び込まれていた．手術担当看護士は，「Aさん，心電図のシールを貼って，血圧計を巻きますよ」と声をかけたところ，患者（B）は「はい」と答えた．麻酔科医（H）も，「Aさんですか，おはようございます」と声をかけたとき，

患者（B）はうなずいた．麻酔科医（H）は，歯が全部揃っていることに気づくとともに，麻酔科医（J，教授）から剃り毛が不十分などなどを指摘された．さらに，幾つかの観察結果が術前の所見と食い違っていることに気づき，患者が本人ではないのではないかと疑問を持った．

しかしながら，これらの疑問点は合理的に説明できると議論ののち解釈され，念のために病棟に連絡した．病棟看護士は「確かにAさんは手術室に降りています」と返事をした．これにより，疑問は最終的な確認がなされなかった．また，外科グループの指導的立場の外科医（K）は，診察のときと患者の様子が異なることを指摘し，「違うのではないか」といったが，僧帽弁逆流などの部位が同一であり，患者（A）は確かに手術室に降りていることなどを話した結果，患者の症状の違いについても合理的に解釈ができないわけではないので，最終的に執刀を行った．

3．患者取違え事故の背景

3.1 医療関係者と患者とのコミュニケーション

手術に係わる手術室看護士や手術担当看護士は，ほとんどが事前に顔合わせをしていない．唯一顔合わせしている手術室看護士（E）も事前訪問が患者の識別が目的ではなかったことから，その場で本人の識別はできなかった．また，患者（A）の麻酔科医も手術前の所見との食違いなどから患者の様子の違いに気がついていたものの，本人がどうかの識別はできなかった．同じく，執刀医の2名は患者（B）の主治医であるにもかかわらず，本人の確認はできなかった．また，患者（B）の麻酔科医は手術前に訪問していたこともあり，本人かどうか疑問に思い，病棟に確認したが，本人であるかどうか最終的な確認はできない状況であった．また，手術に立ち会った外科グループの指導的立場にいる医師は，所見や外来診察時の印象の違いから疑問を呈するが，受け入れられなかった．

このように，患者と医療関係者との間の個人的な連携や相互理解が，日々の多忙な医療業務の中で希薄になり，「患者の顔」を知らずに医療行為を実施しても，それはそれでしかたがないという意識に陥っている．これには，各看護婦，麻酔科医，執刀医の連携の希薄さ，手術スケジュールと事前検討の問題，看護士の慢性的な人員不足などの組織の問題が関与している．患者を人間として遇するのであれば，患者との事前のミーティングは必要最低限のマナーであると思われる．少なくとも，患者側にたてば，一命を預けるかも知れない医師に会って信頼関係を確認したいと思うであろう．

3.2 多忙な業務

病棟看護士の患者運搬の経緯をみれば，多忙な業務の実態が垣間見られる．手術室への搬送についてのみ見ても，午前9時に一斉に手術が開始されるということであれば，それに間に合わせなければならない看護士の多忙さは容易に想像しうる．また，最初は搬送に係わった別の看護士が呼出しを受けていることをみても，看護士の仕事がルーチンワークだけではなく，突発的なタスク（仕事）が連続的に発生している状況も理解できる．

マニュアルでは，2人のストレッチャを同時に1人の看護士が運んではいけないことになっていたようであるが，そのような規則が日常的に守られていないことは明らかである．このように，看護士が慢性的に不足する状況が多忙を生み出し，看護士1人当たりのタスク（仕事）が増え，さらなる多忙を加速するといった悪循環に陥っている様子が懸念される．また，医

師グループについても，手術前に顔合わせができない多忙な状況があったと推察できる．

このような業務過多の問題は，組織としての対応を必要とする．すなわち，病院経営の問題として職員の処遇や人員配置の観点から見直しを必要とする．また，一律に手術は午前9時に始まるなどの規則は，このような業務過多の状況を反映していないルール硬直化の見本であると考えられる．

3.3 患者確認

本事故は，病棟看護士から手術室看護士への受渡しがあった後に，確実な患者確認がなされていれば発生しなかったものである．1992年（平成4年）にも，熊本市民病院で同じような患者取違え事故が発生し，間違った患者の臓器が切除されるという事故が発生しており，この教訓が医療界で周知されていなかったことが今回の事故につながった．

本事故では，受渡し後に，患者本人に自分の名前をいわせる本人確認が1回でもなされれば防止できたものであった．このような本人確認の措置がマニュアル化されていなかったのは，極めて不適切だといえる．事故を起こした背景には，まさか患者を取り違える事故はないという前提，あるいは患者取違えそのものを想定していないという状況が推察される．ここでの患者確認のやり方は，主治医や事前面接者，複数人が手術に立ち会っていることから，誰かが，どこかで気づくだろうという消極的な確認システムである．このようなシステムでは，誰かがどこかで確認しているだろうという社会的手抜きが発生しやすく，「誰が，何時，何処で，どのように」といった明確な確認手段を規定しなければならない．

4. 事故の教訓

(1) 患者としての「人間」を見ていない医療行為の危険性
(2) 業務多忙が生み出す短絡行動やルール違反の危険性
(3) 硬直化したルールや規則がちょっとした違反を生み出す危険性
(4) 明確な確認システムが構築されていない状況での社会的手抜きによる確認不足の危険性
(5) 同業他社の事故の水平展開ができていないことの危険性

参考文献

1) 横浜市立大学医学部附属病院の医療事故に関する事故調査委員会, 横浜市 (1999).

（高野研一）

東海村核燃料加工工場臨界事故（JCO事故）

1. 事故の概要

　1999年（平成11年）9月30日，核燃料加工工場（JCO）で，わが国原子力産業界初の臨界事故が起こった．沈殿槽についた覗き窓のボルトを外し，濃縮度18.8％の硝酸ウラニウム溶液〔$UO_2(NO_3)_2$〕を漏斗（じょうご）とステンレス製バケツを使って，ウラン16 kg-U相当を沈殿槽に注いだところで臨界に達し，この事故で350 m圏内住民の避難，10 km圏内住民の屋内退避が行われ，結果的に作業者2名が死亡した．この事故の直接の原因は，作業者が本来クロスブレンディング（小分けした容器を互い違いに混合する複雑で手間のかかる混合法）で行うべきところ，沈殿槽で一気に溶液全体の均質化を行おうとしたマニュアル違反である．この背後には，経営層・管理層が進めた安全体制の緩慢な後退，工程管理・手順管理の形骸化，工程優先の職場風土など，安全文化に係わる問題点があったとされている．

　本事故は，顕在的には人間のミスや違反（不安全行為）が引き金となってはいるが，その行為の背景を探っていくと，組織要因の問題に突き当たる．これは，システムが複雑化・大規模化すれば，その信頼性・安全性を維持するために，前述の深層防護（多重防護）の考え方を導入せざるを得なくなることを示している．これらの複数の防護層に，偶然あるいは意図的な欠陥が生じると，その防護層の数が多く，相互作用も複雑になりやすいため，十分な検査や監視が行き届かなくなる．また，防護層の弱体化・無力化が意図的に組織のコンセンサスが得られる形で実行されれば，ますます押し止めることは難しくなり，その結果として大惨事が発生したとする見方をとることができる．

　本稿は，JCO事故調査報告書[1]，および原子力学会ヒューマンファクターマシンシステム部会が取りまとめた資料[2]および（財）電力中央研究所が発行した報告書[3]をベースに記述する．

2. 事故の経緯

2.1 臨界事故発生当日以前の状況

　（株）ジェー・シー・オー（JCO）は，東京都港区新橋に本社を置く，住友金属鉱山が100％株式を保有する系列企業であり，軽水炉，高速増殖炉，新型転換炉用のウラン燃料の製造および付帯する業務を行う会社である．臨界事故を起こした転換試験棟では，八酸化ウランに含まれる不純物を除去して純度を高める精製工程と，これを硝酸に溶かして製品のウラン溶液（硝酸ウラニル）を作る最終の溶解工程を行っていた（図1）．

　この試験棟では，1997年（平成9年）の稼動は1カ月，1998年（平成10年）は3カ月だけであった．事故に至る1999年は，9月10日から作業が開始され，10月8日に作業を終了する予定であった．予定より早く，29日には精錬された八酸化三ウラン（U_3O_8）粉末がすべて

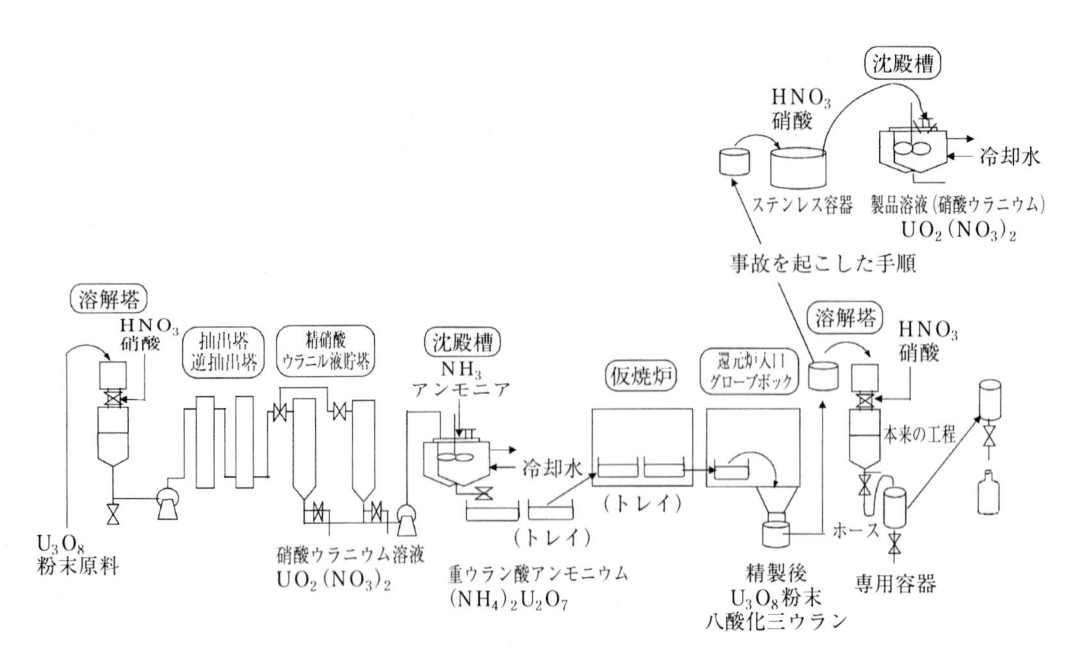

図1　JCOにおけるウラン溶液製造工程（本来の工程と事故を起こした手順）

でき上がり，溶解工程を開始した．4バッチ分（9.6 kg-U）をステンレス製バケツで溶解し（非公式マニュアルに従う），職場長の許可を得ずに沈殿槽に注入した（通常は，貯塔に移送することになっている）．午後1時から作業を開始したため，1日ですべての工程を終えることはできなかった．

2.2　臨界事故発生当日

9月30日には，2名の作業者は午前8時に転換試験棟に行き，同8時半頃から作業を開始し，3バッチ分（7.2 kg-U）の溶解作業を終え，休憩所に移動した．その後，リーダーは2名と合流し，同10時10分頃から作業を開始した．このとき，29日に溶解した4バッチ分と当日作成した1バッチ分の合計5バッチ分は沈殿槽に入っていた．さらに作業は継続し，7バッチ目を沈殿槽のハンドホール（保守点検用のサンプリング孔）に漏斗を注入する途中で同10時35分臨界に至った．事故に至るまでの進展を図2に示す．

2.3　臨界事故発生後

臨界事故発生後，40分からから1時間で科学技術庁（現文部科学省），東海村，茨城県に通報がなされ，午後0時30分には，防災無線で全住民に対して屋内非難要請を出した．その後，午後3時には現場周辺350 m圏の住民に対して退避要請を出し，茨城県は同10時30分に，現場から10 km圏に住む住民に対し屋内退避要請を出すに至った．

一方，臨界を終息させるため，10月1日，午前2時35分より，沈殿槽を覆う冷却材を抜き取る作業が始まるなどの作業が開始された．10月2日にはすべての退避要請が解除され，終息に至った．その後，農水産物の風評被害，地元商工会の損害請求など一連の損害賠償請求が行われた．

| C | 事故番号 | 発生日時(曜日) | 所在地 |

1999年9月30日、東海村の核燃料加工工場(JCO)で我が国初の臨界事故が発生した。高速炉用燃料の製造過程で、製品の均質化を手順に違反して大容量の沈殿槽で行おうとして、濃縮度18.8%の硝酸ウラニル溶液を漏斗とステンレスバケツを使って、ウラン16kg相当を沈殿槽に注いだところで臨界に達した。この事故は、裏マニュアルの存在や工程管理の形骸化、教育の不備、設備の問題が指摘されているが、背景には会社の経営方針などの組織要因が大きく作用していたとされる。

背景
・安全管理体制の後退、・作業効率優先の手順書改定、・安全教育の欠如、・生産性優先、・熟練技術者のリストラ、・作業工程管理の変更

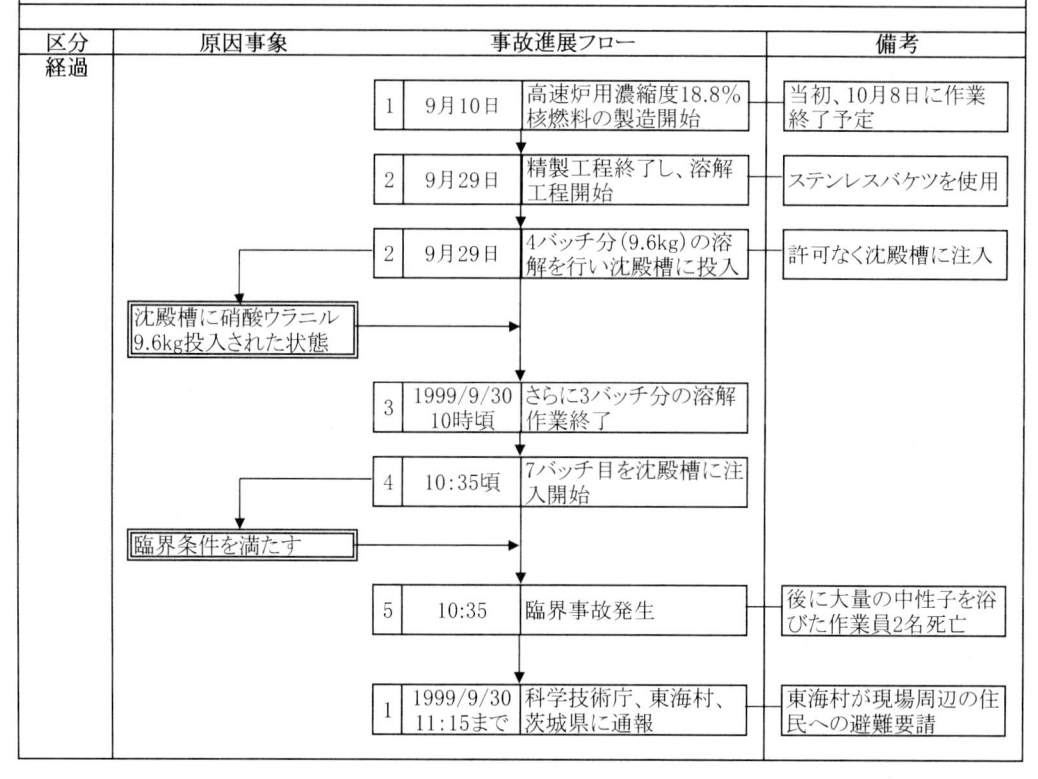

区分	原因事象	事故進展フロー	備考
経過		1　9月10日　高速炉用濃縮度18.8%核燃料の製造開始	当初、10月8日に作業終了予定
		2　9月29日　精製工程終了し、溶解工程開始	ステンレスバケツを使用
		2　9月29日　4バッチ分(9.6kg)の溶解を行い沈殿槽に投入	許可なく沈殿槽に注入
	沈殿槽に硝酸ウラニル9.6kg投入された状態		
		3　1999/9/30 10時頃　さらに3バッチ分の溶解作業終了	
		4　10:35頃　7バッチ目を沈殿槽に注入開始	
	臨界条件を満たす		
		5　10:35　臨界事故発生	後に大量の中性子を浴びた作業員2名死亡
		1　1999/9/30 11:15まで　科学技術庁、東海村、茨城県に通報	東海村が現場周辺の住民への避難要請

図2　事故の進展フロー

3．臨界事故の背景

3.1　安全管理体制の形骸化

　1984年(昭和59年)の事業許可時には，核燃料取扱主任者である安全主管者のもとに放射線安全管理者，衛生管理者，核燃料作業管理者，施設管理が任命され，さらに放射線安全管理者のもとに臨界管理主任者および放射線管理主任者が所属していた．それが，事故発生時には安全主管者のもとに核燃料取扱主任者および安全専門委員会が設置され，そのもとに安全管理統括者，品質管理統括者などが設置されていたが，問題は兼務が多いことである．安全管理統括者と品質管理統括者が兼務となっていたほか，計画グループ長と核燃料取扱主任者が兼務，さらに1994年(平成6年)の保安規定の改定時に放射線管理主任者と臨界管理主任者の職位が廃止されていた．

　このように，安全管理体制・組織の形骸化が進められている状況であった．

3.2 業務改善活動による手順書改定

1986年（昭和61年）の溶液製造工程開始以来，作業工程には大きな3回の変更があり，いずれも作業時間短縮や作業性の向上を目的としていた．これらの手順書の改定は，改善提案により現場作業手順の変更が行われ，その作業実態に合わせて，1996年（平成8年）に手順書の改定が行われていた．

この手順書の改定は，ステンレスバケツ（SUSバケツ）による製品再溶解，同じく原料溶解，および貯塔による均質化であり，今回の事故に発展したSUSバケツの使用やクロスブレンディングによる均質化（でき上がった溶液のビーかに小分けして何度も混ぜ合わせる時間と手間のかかる工程）の代替などの発想が含まれている．

3.3 省略された臨界教育

作業員には，臨界に関する教育がほとんどといってよいほど行われなかった．この理由は，作業員が臨界という概念を理解できなかったこと，手順書に準拠して作業を行えば臨界は起こらないことなどを勘案したとされている．また，被災した作業員は転換試験棟での作業経験がないにもかかわらず，上司が作業手順の周知および安全上の指導を行わなかった．

このように，教育の主体をOJT（On the Job Training）に置きながら，作業前の教育すら怠っていた．

3.4 生産優先の工程管理

事業認可条件では，1バッチ（2.4 kg-U）ずつ処理を行うという工程管理が定められていた．1986年（昭和61年）には，転換試験棟内で6～7バッチのウラン溶液を均質化する作業を開始した．また，精製工程において複数のバッチを同時並行的に処理する計画をたて，その計画をも逸脱してより多くのウランを並行して処理していた（開始時期不明であるが，事故時には最大10バッチが同時処理されていた）．

このように，徐々に生産性を重視するあまり，1バッチ処理という工程管理が崩れていったのである．

3.5 経営合理化による人員削減

転換試験棟での高速炉用燃料の製造は，不定期であり，しかも小規模かつ厳しい品質保証が義務づけられた〔1998年（平成10年）の売上げ高は2％にすぎない〕．この業務を担当するスペシャルクルーについても，前回2人いた転換試験棟での熟練作業者が相次いで離れ，さらに前回の作業から3年のブランクがあった．

今回の作業では，高速炉用燃料の溶液製造工程については経験も安全上の知識も持ち合わせていない3名がチームを組んで作業に当たることになった．特に，この3名は濃縮度の低い軽水炉用燃料（高速炉用燃料の濃縮度18.8％に対し，軽水炉用は濃縮度が5％以下と低いため，臨界に達する総量は規制値でも6倍以上）での従事経験が長く，ウラン溶液の臨界には注意を払っていなかったと思われる．また，海外からの安価なウランの輸入が増え，1997年（平成9年）の生産量はピーク時の70％程度となっていた．このため，1996年（平成8年）以降のリストラにより，直接生産部門の人員は68名から38名へ大幅に減少している．

このように，経営環境の厳しさにより，合理化を目指す経営層が，熟練者の減少や兼務の増加といった労働の質に影響を及ぼしていたことは明らかである．

3.6 作業スケジュール優先の風土

JCOでは，作業の効率性を重視した作業改善が希薄な安全意識のもとで行われていたこと

は既に述べたが，さらにスケジュールを優先する風土も見受けられる．すなわち，10月8日を作業完了とした当所の計画よりも大幅に早い9月30日には最終工程に入れるほど作業を急いだことから想像できる．これは，10月1日にこのスペシャルクルーに新人が入ってくる予定であり，OJTの関係で9月30日までに作業を終えようとしていたことを示している．

このように，事業所内には，作業者が工夫によって工程を前倒しにすることをよしとする風土があったと考えられる．

3.7 安全性確認

作業クルー自身も沈殿槽を用いて均質化を行うことには懸念を抱いていたようである．安全性を確認するため，可否を核燃料取扱主任者に確認していたが，主任者は軽水炉用燃料であると勘違いし，特段，計算もせずに安全性に問題がない旨の返答をしていたようである．もし，慎重に計算をするために詳細な条件を聞き出し，臨界条件を満たさないことを確認していれば，この事故は防げるはずであり，引き返せる最終ポイントであった．

4．事故の教訓

(1) 安全管理体制の緩慢な後退による組織全体の安全意識低下の危険性
(2) 安全意識の低下した状態での作業効率優先の手順書の改定がもたらす危険性
(3) 安全教育欠如による作業者のルール違反の危険性
(4) 生産性を優先することによる管理のなし崩し的な形骸化の危険性
(5) 現場の技術力の低下をもたらす熟練者のリストラによる危険性
(6) 生産性を優先した安易な作業工程の変更の危険性
(7) 習慣的かつ安易な確認により許可を出すことの危険性

参考文献

1) ウラン加工工場臨界事故調査委員会 第二回資料2-3-1ほか，1999年10月15日．
2) 日本原子力学会ヒューマンシステム研究部会：JCO臨界事故におけるヒューマンファクター上の問題，JCO事故調査特別委員会 (2001)．
3) 佐相・合田・広津：ウラン加工工場臨界事故に関するヒューマンファクター的分析—臨界事故発生に係わる好意の分析（中間報告）—，電力中央研究所 調査報告，S99001 (1999)．
4) 佐相・合田・広津：ウラン加工工場臨界事故に関するヒューマンファクター的分析（その2）—臨界事故の組織要因の検討—，電力中央研究所 調査報告，S00001 (2000)．

（高野研一）

雪印乳業・食品中毒事件

1. 事件の概要

　雪印乳業（株）大阪工場（図1[1]）製造の低脂肪乳などを原因とする食中毒事件は，2000年（平成12年）6月27日に最初の届出がなされて以降，報告があった有症者数は近畿2府4県と岡山，広島両県の14 780名に達し，近年，例を見ない大規模食中毒事件となった．

　大阪市は，当該工場製造の低脂肪乳について，製造自粛，回収，事実の公表を指導し，6月29日に本事件の発生を公表，6月30日に回収を命令した（図2[1]）．

　7月2日，大阪府立公衆衛生研究所が低脂肪乳から黄色ブドウ球菌の「エンテロトキシンA型」を検出したことから，大阪市はこれを病因物質とする食中毒と断定し，大阪工場を営業禁止とした．また，7月2日以降，大阪府警が業務上過失傷害の疑いで捜査を開始していたが，8月18日に「低脂肪乳」などの原料に使用されたと思われる同社大樹工場製造の脱脂粉乳から「エンテロトキシンA型」を検出した旨を大阪市に通知した（図3[1]）．

　北海道庁は，大阪市の調査依頼および当時の厚生省（現 厚生労働省）の指示を受けて，8月19日から同工場の調査を行い，当該脱脂粉乳の製造に関連した停電が発生していたこと，生菌数に係わる基準に違反する脱脂粉乳を使用していたこと，脱脂粉乳の保存サンプルから「エンテロトキシンA型」の検出などの調査結果を8月23日に公表した．さらに，大樹工場に対して食品衛生法第違反として乳製品製造の営業禁止を命じるとともに，脱脂粉乳について回収を命じた．

図1　雪印乳業・大阪工場[1]

図2 自主回収された牛乳パック[1]

図3 雪印乳業・大樹工場[1]

2. 事件の経過

【大阪工場】
(1) 2000年(平成12年)6月26日,和歌山県で最初の雪印の低脂肪乳による食中毒が発生した.
(2) 翌日,消費者窓口に電話連絡され,大阪から社員が駆けつけて残っていた低脂肪乳を飲み,検査のため持ち帰った.
(3) 同社の西日本支社は,「苦情はままあること」として具体的な対応はとらなかった.
(4) 翌々日(6月28日),苦情が相次ぎ,大阪市が大阪工場に立ち入り調査に入った.
(5) 西日本支社は,緊急品質管理委員会を断続的に開き,札幌市で開かれていた株主総会に参加していた支社長ら幹部と電話連絡をしたが,社長には知らされず結論は出せなかっ

た．同夜には「通報が7件に達している．（新聞に）社告を出した方がいい」と，いち早い対応を促す大阪市保健所からの連絡が入った．午後10時には，大阪市から自主回収要請があったが，結論を先延ばしした．
(6) 6月29日，午前1時半に，西日本支社が自主回収と社告の掲載を本社に要求した．支社側は，幹部と電話連絡を繰り返した結果やっと自主回収だけを決めた．
(7) 29日朝から，240の牛乳販売店やスーパーなどの本部に自主回収の連絡を開始した．
(8) 本社が社告掲載を決定したのは29日の午後2時過ぎであり，記者会見は同9時15分であった．最初の苦情から約58時間後，2日半が経過していた．この間に食中毒発症者数は，拡大の一途をたどった．
(9) 30日，和歌山市保健所が黄色ぶどう球菌の毒素産出遺伝子を検出したと発表．
(10) 7月1日，午後3時の記者会見で，毒素検出と製造工程の一部に汚染が見つかったことを公表した．調合タンクなどで余った低脂肪乳を予備タンクに戻す仮設のチューブをつなぐバルブ部分に黄色ブドウ球菌が繁殖していたとのことである．
(11) 同日に大阪工場は操業を中止した．発症者は近畿など8府県で6121人となっていた．
(12) 7月2日，大阪市保健所は大阪工場を無期限の営業禁止処分にした．

【大樹工場】
(1) 8月18日，大阪市は北海道にある雪印乳業・大樹工場製の脱脂粉乳を汚染要因の一つと名指ししたが，雪印は原因究明を行わなかった．
(2) 翌19日，北海道庁が大樹工場に立ち入り検査した．
(3) 8月22日，原因は停電後の処置の不良により黄色ブドウ球菌から毒素「エンテロトキシンA」により汚染された脱脂粉乳であると判明した．
(4) 帯広保健所は，23日，大樹工場を無期限の営業禁止処分にした．

3．事件の背景

【大阪工場】
　まず，ずさんな製造工程での衛生管理が挙げられる．製造工程については，製造ラインの共用，仮設ホースの使用，屋外における調合作業，再製品の使用などに問題点が発見された．また衛生管理では，貯乳タンク内の温度管理，洗浄などに問題があった．一例を挙げると，工場のバルブは週1回，分解して中性洗剤で手洗いするよう規定されていたが，実際は3週間実施されていない逆止弁があった．厚生労働省の総合衛生管理製造過程（HACCP）方式の承認を受けていたが，仮設配管が盲点であった．
　森永ヒ素ミルク事件の後，国内にいっせいに導入された超高温殺菌（UHT）工程への過信が根底にある．実は，高温で殺菌できる細菌が原因ではなく，加熱によっても死滅しない大樹工場製の脱脂粉乳に含まれた化学物質である「エンテロトキシンA」が犯人であった．

【大樹工場】
　不適切な停電時の措置が「エンテロトキシンA型」の発生を招いたといえる．大樹工場では，事件の4カ月前の3月31日に停電が起きている．積雪により電気室の屋根が破損し発電装置が停止したが，加温中の原料乳を冷却せず長時間放置していた．このため，黄色ぶどう菌が繁殖して，毒素が発生した．4月1日製造の脱脂粉乳が社内衛生管理基準を超える一般細

菌が検出されたが，この汚染粉乳が廃棄されず再利用されたもので，これが大阪工場に運び込まれて食中毒を起こした低脂肪乳の原料として使用された．

また，書類の改ざんが行われていた．大樹工場は，東洋一といわれるナチュラルチーズの生産施設であり，粉乳は月に2，3回しか製造していないことも関係している．

【全社的な問題】

リスクマネジメントの欠如と過去の経験の風化が挙げられる．両工場だけでなく，全社的にリスクマネジメント，とりわけ危機管理が欠如していたことが次々明らかになった．情報の適時開示，説明責任が果たされなかったことは記憶に新しい．本事件の少し前に，目薬への異物混入の脅迫を受けた製薬会社（S社）が，速やかに事実を公表し，製品を回収して最悪の事態から脱出するという事例があり，対照的な結果となった．

「エンテロトキシンA型」は乳製品で発生することは極めて珍しいが，雪印乳業は森永ヒ素ミルク事件と同じ1955年（昭和30年）に八雲工場で事故を起こしている．教訓が活かされておらず残念なことである．

4．学ぶべき教訓

雪印乳業は，本事件の1年半後の2001年（平成13年）11月に子会社の雪印食品でBSE問題に関連して，輸入牛肉の偽装事件を起こした．相次ぐ不祥事により，1925年（大正14年）に設立された伝統ある雪印乳業は信用を失い，社会から厳しい制裁を受け，事業規模も大きく縮小する結果となった．内部から崩壊したのである．同社は，その後，原点にたち返り，地道な活動で復活の途上にあり，その対応に教訓を読み取ることができる．

経営改革，品質保証，企業倫理，お客様満足，企業風土改革を謳い，三つの改革の柱として「安全・安心に向き合う」，「お客様に向き合う」と「食の責任を認識する」の雪印に変革するというもので，新しい品質マネジメントシステムの構築と実践，危機管理システムの体制整備などに取り組んでいる．なお，行動基準，倫理規定などは同社ホームページからアクセスできる．

参考文献

1) よみうり写真館，YOMIURI Photo Data Base，読売新聞社．
2) 雪印食中毒事件に係る厚生省・大阪市原因究明合同専門家会議：雪印乳業食中毒事件の原因究明調査結果について―低脂肪乳等による黄色ブドウ球菌エンテロトキシンA型食中毒の原因について―（最終報告），平成12年12月．
3) 北海道新聞取材班：検証・「雪印」崩壊，講談社文庫（2002-5）．
4) 雪印乳業ホームページ：www.snowbrand.co.jp

〔坂　清次〕

ジャケット型マッサージ器による窒息事故

1. はじめに

　ジャケット型マッサージ器による窒息死亡事故は，2001～2002年（平成13～14年）の2年間に3件発生した．発生都道府県は，東京都，北海道，兵庫県で，製品はすべて同一会社のものであった．製品が広く全国販売され，事故発生も全国に広がっていることから，特定の時期，場所によるものではないことがわかる．また，製品の生産は1996年（平成8年）に終了しており，事故発生まで相当期間経っていることから，老朽化による可能性も否定できず，結局，製品の欠陥か，老朽化によるものかは決定していない．

　メーカーは，和歌山県有田市のA社であり，販売会社は東京のB社であった．2001年に発生した事故2件は，1984年（昭和59年）から1996年（平成8年）に生産された健康器具C，また2002年（平成14年）に発生した事故1件は別の健康器具Dによるもので，1978～1984年（昭和53～59年）の間に生産されたものであった．事故後，両方で5千数百台に上るとみられる製品は相当数回収廃棄されており，3件以外の事故の発生報告はない．

2. 3件の事故

2.1 最初の事故

　2001年（平成13年）1月7日，A社によって生産された健康器具Cを使用していた東京都小金井市の無職の女性（70歳）が，ジャケットが膨らんだままの状態で窒息死しているのが同月16日に発見されて報道された．小金井署は，健康器具が誤作動した可能性もあるとみて業務上過失致死容疑で捜査を開始した．

　新聞紙上に発表された捜査結果では，健康器具Cはジャケットタイプで，ジャケット内に送り込んだ空気圧によって血行をよくする効果があり，空気がジャケット内に一定量送り込まれると自動的に空気が抜ける仕組みになっていたが，何らかの理由で空気が抜けなくなったものと考えられている．製造後，8年経っての事故であった．

2.2 二度目の事故

　二度目の事故は，同年2月22日，北海道稚内市で会社社長の女性（67歳）が，同じ健康器具Cを着用したまま死亡しているのが発見された．死亡した女性は，1人暮らしであったが，来訪した親戚に発見され，旭川医科大学で解剖の結果，胸部圧迫で窒息死したことが判明した．

　この健康器具Cは，1984～1996年（昭和59年～平成8年）までに製造され，約3770台が販売されていた．和歌山県は，薬事法に基づきメーカーに製品回収命令を出し，A社は製品の使用停止を呼びかけるとともに製品回収を始めた．しかし，基本的に製品に欠陥はないとして，県の使用停止命令に対しては命令取消を求めて提訴していたが，敗訴が確定した．製

造後，9年経っての事故であった．

2.3 三度目の事故

二度目の事故から2年近く経った2002年（平成14年）12月下旬，健康器具Cに類似したDを使用していた兵庫県内の男性が死亡していたことが和歌山県の調査で明らかになった．Dは古い型で，Cに引き継がれた型であったが，緊急停止ボタンなども取り付けられており，空気の締付け具合も弱く，安全性が低いとは考えられていなかった．

ただし，Dは1978年（昭和53年）に製造開始されたもので，1984年（昭和59年）に製造を停止して20年近くが経過しており，老朽化の問題が無視できない．

3．おわりに

健康器具Cは，製造後8年目，9年目に事故を起こしており，Dにいたっては20年近く経っての事故である．どちらの型も器具自体の欠陥は報じられておらず，空気圧も他のメーカーの類似器具より低く，瞬間減圧スイッチがついているなどの利点もあり，機械的問題は少ないと考えられる．しかし，現実に事故が起こっていることから，使用は禁止され，全製品の回収が進められた．その意味で，外力の働く健康器具においては，1人での使用や故障に万一の問題がのこるものと判断される．

また，製造後20年近く経って事故を起こした健康器具Dはともかく，Cは製造後8年目，9年目の事故であり，一般的な機械の老朽化年数である5年ないし7年の使用制限が必要なのかも知れない．

（本位田正平）

事故・災害年表

発生年月日	事故・災害
1955年(昭和30年) 6月頃～	森永ヒ素ミルク中毒事件
1973年(昭和48年) 7月7日	エチレンプラント水素塔爆発事故
1973年(昭和48年) 9月25日	西武・高槻ショッピングセンター火災
1973年(昭和48年)10月8日	ポリプロピレンプラント爆発事故
1974年(昭和49年) 6月1日	英国フリックスボロー爆発事故
1975年(昭和50年)(発覚)	6価クロム不法投棄事件
1979年(昭和54年) 3月20日	大清水トンネルでの建設工事中の火災
1982年(昭和57年) 8月8日	テフロン焼成炉爆発事故
1985年(昭和60年) 8月12日	日本航空ジャンボ機「B747」墜落事故
1986年(昭和61年)10月4日	天井クレーンのガーダの折損による落下事故
1986年(昭和61年)12月28日	余部鉄橋車両転落事故
1989年(平成元年) 5月22日	健康センター新築工事土砂崩壊事故
1990年(平成2年) 3月18日	長崎屋・尼崎店火災
1991年(平成3年) 5月14日	信楽高原鉄道車両衝突事故
1991年(平成3年) 9月19日	国分川分水路改修工事現場トンネル水没事故
1992年(平成4年) 8月28日	液化窒素貯槽爆発事故
1992年(平成4年)10月16日	富士石油・袖ヶ浦製油所爆発事故
1994年(平成6年) 4月26日	中華航空機名古屋空港着陸失敗事故
1995年(平成7年) 3月7日	ごみ処理施設での製本ごみの粉塵爆発事故
1995年(平成7年) 7月31日	圧縮空気貯槽破損事故
1995年(平成7年)12月8日	高速増殖原型炉「もんじゅ」ナトリウム漏洩事故
1997年(平成9年) 1月2日	オイルタンカー「ナホトカ号」油流出事故
1997年(平成9年) 4月23日	廃プラスチック油化施設での漏洩・火災
1999年(平成11年) 1月11日	横浜市立大学附属病院患者取違え事故
1999年(平成11年) 9月30日	東海村核燃料加工工場臨界事故(JCO事故)
1999年(平成11年)10月29日	首都高での過酸化水素運搬タンクローリー爆発事故
1999年(平成11年)11月15日	純国産ロケット「H-II8号機」爆発事故
2000年(平成12年) 3月8日	地下鉄日比谷線脱線衝突事故
2000年(平成12年) 6月10日	ヒドロキシルアミン製造工場の爆発事故
2000年(平成12年) 6,7月	雪印乳業・食品中毒事件
2000年(平成12年) 8月24日	韓国でのMEKPOの爆発・火災
2000年(平成12年)12月1日	住友化学工業・千葉工場火災
2001年(平成13年) 1月7日,2月22日	ジャケット型マッサージ器による窒息事故
2001年(平成13年) 1月31日	日本航空機ニアミス事故
2001年(平成13年) 4月15日,30日	セルフガソリンスタンドでの静電気着火火災

索　引

ア　行

悪循環……………………………161
圧力波……………………………52
油回収船…………………………114
油処理剤…………………………114
油流出事故………………………114
余部橋りょう……………………93
安全意識…………………………102
安全管理体制……………………165
安全文化…………………………163
安全弁……………………………35
安全率……………………………149
一般廃棄物………………………42
イベントチェーン………………135
医療現場…………………………158
インターロック…………………25
受入検査…………………………141
宇宙開発委員会技術評価部会…122
宇宙航空研究開発機構…………121
運転手順書………………………111
液体水素ターボポンプ…………122
エチレンガス……………………1
越権行為…………………………103
エラーマネジメント……………81
延焼経路…………………………6
延性破壊……………………35,48
屋内退避要請……………………164
汚染者負担の原則………………144
汚染土壌…………………………142

カ　行

改修勧告…………………………106
海上防災…………………………118
海洋汚染…………………………115
拡散予測…………………………114
確認体制…………………………158
確認不足…………………………162
核燃料加工工場…………………163
加工痕……………………………122
火災……………………………16,53
過酸化水素………………………57
仮設構造物…………………150,153
過度な目的志向…………………102
過熱………………………………36
過熱限界蒸気爆発………………36
環境基本法………………………144
患者取違え………………………161

間接原因…………………………25
カント……………………………126
管理体制…………………………148
危機管理…………………………171
危険物……………………………65
危険要因………………………20,79
技術革新…………………………20
技術発展…………………………21
規制緩和推進計画………………75
機能安全要求仕様………………25
キャビテーション……………73,122
給油取扱所………………………75
強風………………………………94
業務過多…………………………162
業務上過失致死…………………172
許容応力…………………………89
き裂発見能力……………………84
緊急退避…………………………153
金属イオン………………………64
金属疲労…………………………123
空気呼吸器………………………5
空気ばね…………………………131
クラック…………………………12
クレーン構造部分………………89
訓練監督者………………………133
経済性……………………………157
刑事責任…………………………97
傾斜計……………………………150
顕在化……………………………20
原子力安全………………………112
建設工事中………………………20
現場への伝達……………………99
高圧示差熱天秤…………………55
工期短縮…………………………156
航空管制…………………………135
航空管制官………………………133
航空事故調査報告書……………135
高サイクル………………………123
厚生省……………………………141
高速増殖原型炉…………………108
硬直化したルール………………162
後部圧力隔壁……………………81
ゴーイングアラウンドモード…104
黒煙の押し寄せ…………………5
国際原子力事象評価尺度………111
誤作動……………………………172
コスト圧縮………………………156
誤操作…………………………2,10

（176）索 引

粉ミルク	139
コミュニケーション	3,100,158
混合危険	57
混触事故	59
根本原因	25

サ 行

再スタート	14
再スタート操作	3
作業効率優先	167
作業手順マニュアル	25
産業廃棄物	42
信楽高原鉄道	100
シクロヘキサン	12
事故対策本部	122
事故調査検討会	127
自動運転	22
自動操縦	104
自動操縦装置	104
社会的手抜き	162
ジャンボ（全断面削岩機）	16
従業員教育	68
熟練者	166
手動操縦	104
純国産ロケット	121
蒸気爆発	12
詳細目視検査	82
冗長性	151
情報共有	3
消防庁	77
情報の欠如	97
消防法	75
蒸留設備	61
蒸留プロセス	65
初期対応	31
食中毒事件	168
食品添加剤	141
食品添加物規制	141
信号故障	100
人災	19
推定脱線係数比	129
水平展開	162
水没	152
スレット	81
正常化の偏見	31
静電気除去シート	77
静電気着火	76
制度設計	80
製品安全データシート	45
製本ごみ	42
石油連盟	77

設計欠陥	15
絶対安全	112
セルフガソリンスタンド	75
船体破損	116
総合衛生管理製造過程（HACCP）方式	170
組織要因	158

タ 行

対応行動	31
帯電	76
代用閉塞方式	101
多重防護	163
脱線	126
脱線係数	127
脱線検知	131
脱線防止ガード	129
脱硫装置	38
タンクローリ	57
断熱貯槽	35
短絡行動	162
チェック体制	32
地下水汚染	142
チタン合金	123
窒息死亡事故	172
注意義務	153
中華航空	104
直接原因	25
低温液化ガス	35
低温脆性破壊	35
定期自主検査	33
低脂肪乳	168
適合確認	26
溺死	152
鉄道運行規則	103
鉄道事故調査委員会	100
テフロン焼成炉	22
テレメトリデータ	124
天井クレーン	88
転覆	96
動力炉・核燃料開発事業団	108
土砂崩壊	147
土壌汚染対策法	144
土留め支保工	150
トンネル	152
トンネル工事	19

ナ 行

名古屋空港	104
ナトリウム漏洩事故	108
ニアミス	135
二次主冷却系	109

索　引

日本自動車工業会	77
熱交換器	38
熱サイクル	38
熱収縮	39
熱分解	50
熱平衡	36
熱膨張	40
燃焼拡大	6
乗り上がり脱線	127

ハ　行

廃棄物処理法	144
背後事象	81
廃プラスチック	53
爆ごう	63
ハザード（潜在危険）	25
発火温度	55
破面	89
バリエーションツリー分析	81
ビーチマーク	88
飛散物	52
ヒ素	139
非定常作業	10
ヒドロキシルアミン	61
避難	6
ヒューマンエラー	10
ヒューマンファクター	27,81
疲労	88
疲労き裂	89
疲労破壊	122
便名取違え	136
不安全行為	163
フェールセーフ	84,151
フォールトトレランス	151
二つの設計思想	107
ブドウ球菌	168
フランジ接合部	73
プレッシャー	103
粉塵	50
粉塵爆発	44
噴霧	50
ヘキサン溶液	73
ベルトコンベア	42
変更管理	14
放火	5,27
防火管理体制	32
防火対応	56
放電	76
掘下げ不足	148
ポリプロピレン製造装置	8

マ　行

摩擦熱	50
マニュアル	10,161
マニュアル違反	163
マン-マシンシステム	135
ミス介在	98
メチルエチルケトンパーオキサイド	67
モード解除	104
もんじゅ	108

ヤ　行

役割人格	31
有機過酸化物	69
優先権	104
油化	53
油濁	114
溶接補修	88
予見	153
横浜市立大学附属病院	158

ラ　行

ライフサイクル	22
リスク	75
リスクアセスメント	52
リスク評価	25
リスクマネジメント	80,81,171
リターン	80
輪重	127
ルール違反	167
冷却材	109
漏洩着火	73
老朽化	173

英数字

H-ⅡAロケット	121
ICAO	132
INES	111
JCO	163
MEKPO	67
MSDS (Material Safety Data Sheet)	45,60
SHELモデル	81
TCAS	133
TNT収率	64
TNT相当量	63
200万回疲労強度	90
6価クロム	142

JCLS	〈㈱日本著作出版権管理システム委託出版物〉
2005	2005年11月15日 第1版発行

事故・災害事例と その対策		
著者との申し合せにより検印省略	著 作 者	特定非営利活動法人 安 全 工 学 会
ⓒ著作権所有	発 行 者	株式会社 養 賢 堂 代表者 及川 清
定価 4200 円 (本体 4000 円) (税 5％)	印 刷 者	株式会社 精興社 責任者 青木宏至
発 行 所	〒113-0033 東京都文京区本郷5丁目30番15号 株式会社 養賢堂 TEL 東京(03)3814-0911 振替00120 FAX 東京(03)3812-2615 7-25700 URL http://www.yokendo.com	

ISBN4-8425-0377-7 C3053

PRINTED IN JAPAN 　　製本所　板倉製本印刷株式会社

本書の無断複写は、著作権法上での例外を除き、禁じられています。
本書は、㈱日本著作出版権管理システム (JCLS) への委託出版物です。本書を複写される場合は、そのつど㈱日本著作出版権管理システム (電話03-3817-5670、FAX03-3815-8199) の許諾を得てください。